딸이 조용히 무너져 있었다

딸이 조용히 무너져 있었다

의사 엄마가 기록한 정신질환자의 가족으로 살아가는 법

초판 1쇄 발행 / 2023년 9월 1일
초판 6쇄 발행 / 2024년 6월 20일

지은이 / 김현아
펴낸이 / 염종선
책임편집 / 하빛 최지수 신채용
조판 / 황숙화 박지현
펴낸곳 / (주)창비
등록 / 1986년 8월 5일 제85호
주소 / 10881 경기도 파주시 회동길 184
전화 / 031-955-3333
팩시밀리 / 영업 031-955-3399 편집 031-955-3400
홈페이지 / www.changbi.com
전자우편 / human@changbi.com

ⓒ 김현아 2023
ISBN 978-89-364-7941-1 03180

딸이 조용히 무너져 있었다

김현아 지음

의사 엄마가 기록한
정신질환자의 가족으로 살아가는 법

창비
Changbi Publishers

세상이 무너지다

아이는 천천히 팔소매를 걷어 보였고 나는 숨을 멈추었다. 아이의 하얀 팔에는 헤아릴 수도 없이 많은, 가로로 그어진 칼자국들이 있었다.

"언제, 어떻게, 도대체 왜?"

사고를 멈춘 머릿속에서 많은 질문들이 뒤섞여 아우성치고 있었지만 아이는 태연히 말했다.

"그러니까 안 보는 게 낫다고 했잖아, 충격받는다고……"

아이들이 많이 아프다고 했다. 하지만 흘려들었다. 한 아이가 또 성적의 중압감을 못 이기고 스스로 생을 마감했다는 뉴스가 나와도 "우리나라는 경쟁이 너무 심해. 불쌍하지만 어쩔 수 없었겠지, 뭐." 하면서 남의 일이라고 흘려들었다. 다른 아이가 학교에서 집단 따돌림과 괴롭힘을 당하다 견디지 못하고 목숨을 끊었다는 뉴스가 나와도 "우리나라의 교육 환경이 어쩌다 이 지경이 되었을까?"하면서 또 무심히 흘려들었다. 젊은 사람들의 자살률이 계속 증가하고 우울증 발생 빈도도 폭등하고 있다는 기사를 접해도 그저 남의 일이라고 생각했다. 우리 집처럼 밝은 부모 밑에서 자라는 아이들은 그런 일을 겪을 리 없다고 생각했다. 그런 나의 무지는 송두리째 깨졌다.

아이가 이런 말을 했다.

"오래전부터 난 속에서 뭔가가 잘못되었어. 내 마음속에 항상 살고 있던 우울이 이제는 날 집어삼키려 해. 난 내가 너무 미워. 왜 힘든지 묻지는 마. 우리 집 같은 환경에서 뭐가 우울하냐고 할 거잖아. 아무도 날 이해해주지 못해. 그냥 힘들다고 하면 이해가 안 되는 거잖아."

뭔가 잘못되고 있었다. 붙임성과 사회성이 없어서 힘들어하는 큰애에 비해 둘째는 어려서부터 모든 사람들의 사랑을 받았다. 그런 둘째가 무너지고 있었다. 아니, 이미 완전히 무너져 있었다.

그날로부터 한달 후 세상을 떠난 어느 아이돌 그룹 멤버가 유서에서 우리 아이와 똑같은 말을 했다는 것을 알았다.

난 속에서부터 고장났다.
천천히 날 갉아먹던 우울은 결국 날 집어삼켰고
난 그걸 이길 수 없었다.
(…)

왜 힘든지를 찾으라니. 몇번이나 얘기해줬잖아. 왜 내가 힘든지. 그걸로는 이만큼 힘들면 안 되는 거야? 더 구체적인 드라마가 있어야 하는 거야? 좀더 사연이 있었으면 하는 거야?

이미 이야기했잖아. 혹시 흘려들은 거 아니야? 이겨낼 수 있는 건 흉터로 남지 않아.[1]

그렇게 둘째 딸이 양극성 스펙트럼 장애 bipolar spectrum disorder 를 진단받은 것은 햇수로 7년 전의 일이었다. 그 7년 동안 아이는 보호병동에 16번 입원했다. 학교도 더이상 다니지 못했다. 그 이전과는 다른 인생 궤도로 들어선 나 역시 완전히 다른 사람이 되었다.

"어떻게 이런 일이 내게 있을 수 있을까?" 하며 삶을 저주하기도 하고 아이의 미래를 생각하며 끝없는 비탄에 빠지기도 했다. 도무지 희망이라고는 없어 보이는 하루하루를 보내며 가슴이 수없이 찢기고 베어져나가는 가운데, 한편으로는 삶의 어떤 비극이라도 견뎌낼 수 있도록 해줄 것 같은 단단한 보호막이 조금씩 생겨나기도 했다.

정신질환을 가진 가족과 함께 산다는 것은 언제 터질지 모르는 폭탄을 안고 사는 것과 같다고 한다. 환자가 좋은 상태일 때에는 안도하면서도 언제 어떤 식으로 파국이 찾아올지 알 수 없다는 두려움을 가슴에 담고 매일매일을 살아가기 때문이다. 그것은 몇시간 동안 카카오톡 메시지 확인 표시 숫자가 바뀌지 않는 것만 보아도 아이가 더이상 이 세상 사람이 아닐지도 모른다는 생각을 매일매일 하는 그런 형태의 삶을 의미한다.

초여름 저녁의 미풍이 기분 좋게 얼굴을 스치는 어느날 저녁, 나는 아이와 저녁을 먹고 아이가 사는 동네에서 제일 맛있는 수제 아이스크림 가게에 발을 들였다. 소금, 쌀과 같은 특이한 재료로 젤라또를 만들어 판매하는 가게라 보통 때는 손님들이 줄을 설 정도로 붐볐지만 이날은 아직 이른 시간이어서인지 가게 안에 앉을 자리가 있었다. 아이스크림을 주문하는데 아이가 가게 문을 들어서는 또래 여자아이에게 반갑게 인사했다. "어머, 친구구나?" 나도 알은체하며 그 여자아이와 같이 들어오는, 아마도 엄마와 언니일 것으로 생각되는 동반자들에게도 인사를 하려 했다. 그러나 그들은 고개의 움직임만으로도 강풍이 일 만큼 단호하고 냉랭하게 나를 외면했다.

어안이 벙벙한 것도 잠시, 나는 표정을 추스르고 주문한 아이스크림을 받아 친구와 반갑게 수다를 떠는 딸아이에게 건네주고 가게를 나왔다. 그 아이는 얼마 전 정신건강의학과 보호병동에서 퇴원한 우리 아이가 병동에서 사귄 친구였다. 그 친구의 엄마와 언니가 내게 보인 반응은 어떻게 보면 가족 중에 그런 환자가 있다는 것을 무시무시한 재앙으로 여기는, 아직까지도 뿌리깊은 선입견이 표출되었을 뿐일 터이다.

이 책은 우리 가족의 고통의 기록이다. 우리가 겪은, 그리고 아직도 현재진행형으로 겪고 있는 고통을 우리와 같은 상황에 놓인 많은 사람들과 나누기 위한 기록이다. 현대 의학의 눈부신 발전에도 불구하고 아직까지도 만족스러운 치유책이 없는, 그래서 더한 편견과 낙인으로 괴로움을 겪는 정신질환 환자들과 그 가족들에게 이것이 누구의 잘못도 아니며 여느 신체질환과 다를 바 없는 질환임을 설명하고, 어떻게 하면 이 삶의 질곡에서 고통을 덜 수 있을지 그리고 가족 간에 서로를 외면하지 않고서 손잡고 함께 살아갈 수 있을지를 이야기하고 싶었던 것이 이 책을 집필한 계기이다. 짧지 않은 아이의 투병기간 중에 '나와 남편 모두 의사로 일하는 우리도 이렇게 힘든데, 우리처럼 전문 지식을 가지지 않은 사람들은 이런 상황을 어떻게 견뎌낼까?' 하는 의문을 항상 가져왔기 때문이다. 겉으로는 아무 어려움 없이 사는 것처럼 보이는 우리 가족에게 정신질환 가족과 함께 사는 삶 이야기를 듣는 것이 조금이나마 위안과 도움이 되기를 바라는 마음이다.

차례

첫째 해

부인과 낙관

정신적인 또는 신경질적인 열병과 광기 안에서
무어라 말해야 할지, 그것에 어떤 이름을 붙여야 할지 모르겠어.
나의 생각들은 무수한 바다를 항해한다네.

— 빈센트 반 고흐, 폴 고갱에게 보내는 편지

빈센트

　삶은 이렇게 지나가고 흘러간 시간은 다시 돌아오지 않아. 그림
을 그릴 수 있는 기회도 한번 가면 다시 돌아오지 않는다는 걸 잘
아니까 열심히 작업하고 있다. 이제 더 심한 발작이 일어나면 그림
을 그리는 능력이 파괴되어 다시는 그릴 수 없을지도 모른다. (…)
한마디로 나는 병이 나을 수 있도록 노력하고 있어. 자살하려다가
물이 너무 찬 걸 알고는 강둑으로 기어 올라가는 사람처럼 말이다.[1]

　빈센트 반 고흐 Vincent van Gogh 가 현대 정신의학의 기준에서 정
확히 어떤 질환을 앓았는지는 알기 어렵다. 이미 사망한 지 130년
이 넘은 이 천재 화가에 대해 우리가 알고 있는 것은 그가 자주
정신발작을 일으켰고 귀를 자른 적까지 있으며 결국 생을 자살

로 마감했다는 정도이다. 빈센트는 어린 시절부터 어려운 아이였다. 그의 아버지는 그가 자주 멜랑콜릭하다며 걱정을 했다.[2] 빈센트는 화가로 생활하기 전, 목사였던 아버지의 영향으로 신학교에 들어갔지만 학업을 제대로 마치지는 못했다. 신학교는 고사하고 중학교에서도 학업을 이어나가기 어려웠고 일정한 직업을 유지하기도 어려웠다. 그림에 흥미를 보인 후 그는 종종 들판으로 나가 네덜란드의 혹독한 겨울에 몸으로 노동하는 농부들의 모습을 화폭에 담았고, 그렇게 그린 그림을 가족들의 저녁식사 시간에 가지고 와서 식탁 앞에 놓고 "오늘은 이 사람들의 고통을 생각하면서 식사해요"라고 하여 가족들을 경악시키기도 했다. 볼셰비키혁명이 일어나려면 50년도 더 기다려야 하는 시대였다.

빈센트의 아버지는 아들이 정상이 아니라고 생각하며 항상 아들을 걱정하다가 뇌출혈로 세상을 떠나게 된다. 빈센트의 어머니는 아버지의 죽음이 빈센트 때문이라고 여겨 평생 빈센트를 용서하지 않았다. 그런 빈센트를 감싼 것은 그의 동생 테오였다. 테오는 종종 이상행동을 보이는 형을 두려워하면서도 그런 형이 변변한 수입도 없이 그림을 그리는 것을 물적·심적으로 도왔다.

빈센트의 생전 행적에 대한 많은 기록에서 주위 사람과의 교류의 어려움, 집착적인 행동, 자제심이 부족한 충동성 등의 행동 패턴들을 볼 수 있다. 빈센트는 벌이가 부족해 모델을 고용할 수 없었기에 주변 사람들을 모델로 초상화를 그렸다. 대화를 나누는 일은 어려웠지만 초상화를 그려주는 것이 그 나름으로 세상 사람들과 교류하는 유일한 방법이었다. 많은 이들이 빈센트가 이상한 사람이라고 생각하면서도 그의 모델이 되어준 것을 보면 그에게 타인에 대한 공격성이 있었던 것은 아님을 알 수 있다. 그가 오베르쉬르우아즈의 라부 여인숙 2층에서 생활하며 생의 마지막을 보낼 때 하루 중 유일하게 말을 한 순간은 아침에 식사하러 내려와 여인숙 주인의 딸에게 밥을 달라고 할 때뿐이었다고 한다. 그외의 시간에 그는 화구를 짊어지고 들판에 나가 그림만 그렸다.

빈센트는 자살로 삶을 마쳤다고 알려져 있지만 이를 의심하는 후대의 사람들이 많은데, 역시 130년이 지난 현재 시점에서 진실을 알 수는 없다. 하지만 모든 마을 사람들이 정신이 이상한 사람으로 생각하던 빈센트에게 쉽게 총이 주어지지는 않았을 것이라는 점, 그가 총을 맞은 부위가 각도상 스스로 장총을 쏘았다고 보기에는 어려운 곳이라는 점, 그가 총상을 입고 죽어가는 상태에서도 긴 거리를 걸어와 라부 여인숙까지 도달한 후 놀란 주변 사람들에게 "나의 죽음은 누구의 잘못도 아니다"라는 말을 남긴 점 등으로 볼 때 타살 의혹도 강하게 제기된다. 당시 오베르쉬르우아즈는 파리 부유층의 여름 휴양지였는데, 파리에서 놀러 온 부잣집 도련님들이 어딘지 이상한, 지금 기준으로 보아 그림 '덕후'(오타쿠)처럼 보이는 빈센트를 다양한 방법으로 괴롭혔다는 기록이 있는 것으로 보아 이들이 '장난 끝에 살인'으로 그의 삶을 끝냈을 가능성도 배제할 수 없다. 그러나 자살이건 타살이건 그의 죽음이 고통스럽고 마음 아픈 것은 변함이 없다.

그동안 빈센트의 병명은 '측두엽간질'이었을 것이라는 설이 우세했다. 의식을 잃지 않으면서 환청, 환각, 불안, 공포심을 느끼는 간질의 한 종류이다. 그러나 그의 질환이 전형적인 양극성 장애 bipolar disorder 였다는 가설도 대두되고 있다. 그가 남긴 많은 기록들, "가끔은 머릿속이 멍하지만 또 가끔은 불타는 것처럼 뜨거워지고 생각이 혼란스러워진다" "표현할 수 없을 정도로 심한 공포심을 느낀다" "좀 느긋하게 기다려도 될 일을 너무 서둘러서 말로 하거나 행동으로 옮긴다" "손발을 묶인 채 깊고 어두운 구덩이에 누워 있는 것처럼 아무것도 할 수 없을 정도로 무기력한 기분이다" 같은 표현들에서 보이는 증상은 양극성 장애 환자들이 호소하는 불안, 공황, 조증 삽화 躁症, episode (증상이 존재하는 시기. 증상이 없는 시기와 뚜렷하게 구분될 때 사용하는 용어), 우울, 무기력감과 매우 유사하다. 그가 자해를 행한 것도 고갱과의 다툼 후 귓불을 자른 것이 처음은 아니었고 그 이전에도 나무 막대기 등으로 자신의 몸에 상처를 냈다는 기록들이 나온다.

빈센트의 정신질환을 그가 성적으로 방종한 생활을 한 끝에 얻은 매독 때문이라고 보는 견해는 잘못된 것인데, 그가 매독에 걸릴 정도로 방탕한 생활을 한 것 자체가 그의 질환 때문이고 이 역시 일부의 양극성 장애 환자에게서 보이는 성에 대한 집착 증상과 일치한다. 즉, 인과관계가 거꾸로이다. 알려진 대로 빈센트는 술과 담배에도 탐닉했었다. 의지의 문제는 아니었다. 그는 "술과 담배가 내게 위안을 주고 기분을 이완시키는 유일한 것"이라고 말한다. "내 안의 폭풍우가 너무나 요란하게 요동치면 술이라도 먹어서 내 자신을 마비시켜야 한다. (나는) 미친 것이다." 술, 담배, 성적 방종은 고통을 완화하는 그의 수단이었을 뿐이다.

그런 고통 속에서도 빈센트는 상태가 좋을 때에는 그림에 정진했다.

"3일 연속으로 밤을 새워 그림을 그렸다. 낮에는 잠을 잤다. 내게는 밤이 낮보다 훨씬 더 생기 넘치고 색이 충만한 것 같다."

"가끔은 정신이 아주 명료해지고 자연이 너무나 아름답게 느껴져서 내 자신도 잊게 되고 그림 그리는 것도 꿈처럼 느껴진다. 하지만 좀 두렵기도 한데 상태가 안 좋아지면 다시 우울이 찾아올 것을 알기 때문이다."[3]

빈센트의 정신질환 병력에서 가장 유명한 사건은 앞서 얘기했듯이 그가 자신의 귓불을 잘라낸 일이다. 동생 테오가 형의 상태를 좀더 안정시키기 위해서는 벗이 필요하다는 생각에 형과 뜻이 잘 맞을 것 같았던 폴 고갱을 형이 살던 아를에 보냈는데, 두 달도 못 되어 고갱이 빈센트와는 같이 생활할 수 없다는 뜻을 표명했다. 처음에는 서로의 초상화도 그려주며 의기투합한 두 사람이었지만 고갱 역시 빈센트와 같이 살기에는 대단한 성격의 소유자였고 결국 크리스마스를 며칠 앞두고 짐을 싸들고 빈센트를 떠난다. 바로 다음 날 빈센트는 귀를 자르고 잘린 귓불을 알고 지내던 매춘부에게 건네준 후 정신병원에 입원하게 된다. 이를 양극성 장애 환자에게 동반되거나 종종 양극성 장애와 혼동되기도 하는 경계성 인격장애borderline personality disorder의 전형적 증상으로 해석하는 견해들도 있다. 경계성 인격장애의 중요한 증상으로 버림받는 것에 대한 과도한 두려움, 그리고 이에 대해 자살 혹은 자해로 반응하는 행동적 특성이 있다. 입원 후 그는 극심한 환각에 시달렸고 기억을 잃어버렸다.

이후 반복되는 증상 악화와 입원 그리고 이를 버티기 위한 과도한 음주는 빈센트의 건강을 더 나쁘게 만들었는데, 그의 인생 말년은 아마도 음주와 이에 따르는 여러가지 신체적 손상에 의해 크게 좌우되었을 것으로 생각된다. 그는 종종 아무것도 할 수 없을 정도로 심한 정신적 혼란을 겪기도 했으며, 술을 마시면 마시는 대로 몸이 나빠졌고 중단하면 중단하는 대로 알코올 중단 후 따라오는 섬망에 시달렸다.

자신의 질병에 대해 치료는 고사하고 진단조차 제대로 내릴 수 없었던 그 시대에 빈센트는 질병이 가져오는 이루 말할 수 없는 고통에도 불구하고 화가로 활동했던 10년 남짓한 기간 동안 875점의 회화와 1,000점이 넘는 데생을 남겼다. 그가 생전에 그림을 거의 팔지 못했고 심지어는 그가 그림을 그려 준 사람들도 그 가치를 못 알아보고 그림을 마구간에 처박아두었다는 사실은 그의 작품을 보는 오늘의 우리에게 더 처연한 감정을 일으킨다. 다음은 빈센트가 죽기 한달 전 어머니에게 남긴 편지이다.

살아온 지난 기억들, 이별한 이들, 죽어버린 사람들, 영원히 계속될 것 같던 떠들썩한 사건들…… 이 모든 것이 마치 망원경을 통해 희미하게 바라보는 것처럼 기억날 때가 있지요. 과거는 이런 식으로만 붙잡을 수 있나봐요. 저는 앞으로도 고독하게 살아갈 것 같아요. 가장 사랑했던 사람들도 망원경을 통해 희미하게 바라보는 수밖에 없어요.

1890. 6. 12.[4]

아무도 몰랐다

도대체 어디서부터 잘못되었던 것일까? 나는 흐트러진 머리로 아이의 짧은 삶 속 여러 순간들을 복기하기 시작했다.

아이가 고등학교에 들어갔을 때 담임선생님이 우울증 검사 결과 때문에 나를 보자고 한 일이 있었다. 우울 척도와 자살 척도가 너무 높게 나왔다는 이유였다. 나는 경악했다.

"우리 안나는 그럴 리 없어요. 친구도 많고 집에서도 엄마 아빠하고 얼마나 잘 지내는데요."

선생님도 황당하다는 표정으로 말했다.

"그러게 말이에요. 저도 안나가 항상 너무 싹싹하고 예뻐서 이 결과를 보고 깜짝 놀랐어요. 너무 괘념치 마세요. 학교에서 형식적으로 이런 검사 하고 문제 있으면 부모님과 면담하는 것이 루틴으로 되어 있는데 이제까지 문제 있었던 적은 없어요. 믿지 못할 검사예요."

그렇게 담임선생님과의 면담은 싱겁게 끝났다. 담임선생님은 자기도 학급에서 안나를 잘 지켜보겠지만 문제는 없을 거라고 했고, 이런 결과가 나오는 경우 심리 상담을 시행하도록 권고되나 그럴 필요까지는 없어 보인다고 말했다. 그날의 면담은 곧 잊혀졌다. 아이는 그만큼 자신의 상태를 숨기는 데 능숙했다.

첫번째 경고음이 울린 것은 안나가 양극성 장애 진단을 받기 4년 전, 수학능력시험이 며칠 남지 않았을 때 학교에 나오지 않았다는 연락을 받은 날이었다. 당시 우리 집에는 여느 집에서는 상상도 하지 못할 일이 벌어지고 있었고 나는 그 소용돌이에 휘말려 정신을 못 차리고 있었다. 아이가 아무 예고도 없이 학교를 빠진 것은 이제껏 한번도 없던 일이어서 크게 놀란 나는 집에 서둘러 돌아와 자기 방 침대에 맥없이 누워 있는 아이를 발견하고는 안도의 한숨을 내쉬었다.

"안나, 어디 아팠구나."

아이는 힘없이 눈만 올려 뜨고 나를 바라보았는데 열도 없었고 어디가 딱히 아파 보이지는 않았다. 남들은 아이 뒷바라지에 숨쉴 겨를도 없다는 수능 시기에 나는 경찰서에, 변호사 사무실에, 세무사 사무실에 미친년 널뛰듯 다니느라 아이 상태를 확인할 틈도 없었다. 그러고 보니 아이가 며칠 기운이 없기는 했다. 아이를 일으켜서 밥을 먹이고 기분 전환을 시켜준답시고 미장원에 데리고 가서 머리를 다듬어주었다. 아이의 표정은 여전히 어두웠다. 한참 후에 안 사실이지만 그날 아이는 생애 처음으로 자살을 시도했다. 그러나 약물로 숨을 끊는 방법을 몰라 생명에는 지장이 없는 약들만 한움큼 집어 먹고 쓰러져 있었던 것이다.

수능을 앞둔 아이의 불안감 때문에 생긴 급성 우울증이라 여기고 그날부터 아이 옆에 바싹 붙어 맛있는 음식을 먹이고 기분을 북돋워주었다. 그렇게 수능은 칠 수 있었다. 물론 성적이 잘 나오는 게 이상한 일이지만, 이를 감안해도 예상에 한참 못 미치는 성적표를 보고 나는 대경실색하고 말았다. 원래 공부를 잘하던 아이였기에 고3의 방황이라고 지레 생각하고 아이를 재수학원에 등록시켰다. 재수학원에서 아이는 그런대로 적응하는 듯 보였다. 하지만 수능이 가까워지자 다시 먹구름처럼 불안이 드리워졌다. 한번 그런 일이 있었던지라 이번에는 나도 아이의 상태를 면밀히 보았는데 확실히 아이는 많이 어두웠다. 그래도 역시 수능의 중압감 때문이라 생각했다. 재수를 했지만 결국 아이는 가고 싶었던 학교에는 가지 못했고 엄마가 고른 학교에 합격했다. 나는 그것만 해도 감사했지만 아이는 더 우울해했다.

대학교에 들어가서는 생활을 잘 했고 성적도 좋았다. 중학교 때 물리 영재로 꼽힌 적도 있던 아이이기는 했다. 서클로 가입한 밴드부에서도 열성적으로 활동했는데, 가끔 공연이 있을 때 가보면 '우리 아이에게 저런 끼까지 있었나?' 싶을 정도로 무대를 휘젓고 다녔다. 우울증은 역시 대학 입시의 무게 때문에 잠시 왔다 간 것이라고 믿었다. 그런데 뭔가 불안했다. 아이는 2학년이 되자 집에서 나가 독립생활을 하겠다고 선언했다. 아빠는 집이 서울인데 무슨 소리냐고 펄펄 뛰었지만 생활비 마련 플랜까지 다 짜서 가지고 온 아이의 고집을 꺾을 수는 없었다. 그렇게 둘째는 부모의 품을 박차고 나갔다. 그러나 학업과 생활비 조달을 위한 알바와 서클 활동의 틈바구니에서 아이의 무엇인가가 완전히 부서지고 있었다. 그런 가운데에서도 나는 "설마 그럴 리가……" 라며 이를 부정하고 있었다.

일주일에 두번씩 아이의 얼굴을 보면 가끔 드러나는 어두운 안색에도 "요즘 세상에 우울하지 않은 사람이 어디 있겠어?" 하며 가볍게 생각했고 아이도 별다른 내색을 하지 않았다. 아이는 내게는 알리지 않고 정신건강의학과를 방문해 약을 먹고 있었는데, 결국 아이에게 엄마를 불러오라고 한 그 병원의 의사 앞에서도 나는 "우리 아이가 그럴 리 없다"고 부인했다. 물론 아이의 "난 괜찮다"는 말을 믿었기 때문이다. 나중에 안 사실이지만 이렇게 아픈 아이들은 다 괜찮은 척하는 선수들이다.

아이의 자해를 눈으로 확인한 날 먹는 둥 마는 둥 저녁을 함께 하고 아이의 자취방으로 돌아와 자초지종을 물었다. 그제서야 안 나는 그동안 자신이 얼마나 힘들었는지를, 그리고 그 힘듦을 벗어날 유일한 방법은 죽음뿐이라는 생각에 구체적인 일정을 잡고 자살 계획을 세우고 있었다는 이야기를 털어놓았다. 세상이 산산조각나고 있었다. 그러나 정신줄을 잡고 있어야 했다. 우선은 아이의 손을 이끌고 본가로 돌아왔다.

돌아오는 차 안에서 처음으로 안나의 문제가 단순한 우울증이 아니라는 생각이 떠올랐으나 정신질환에 대해 내가 알고 있는 얄팍한 지식으로는 정확히 무슨 문제인지 도무지 감을 잡을 수 없었다. 아이가 잠드는 것을 확인하고 나서 나는 남편에게 안나가 많이 아프다는 말을 했다. 그리고 부모는 흔들려서는 안 된다는 것을 실감하며 대책을 세우기 시작했다.

우리 아이를 살려주세요

당장 안나를 치료해줄 의사를 찾아야 했다. 남편과 내가 둘 다

병원에서 일하지만 일찌감치 서로의 병원들은 대상에서 지웠다. 아이한테 이런 문제가 있다는 것을 직장에 알리고 싶지 않아서는 아니었다. 입원이 필요하다는 건 분명한 사실인데 자신들이 근무하는 병원의 정신건강의학과 보호병동의 분위기를 익히 알고 있었기 때문이다. 학교와 비슷한 개념으로 어떤 환자들과 어떤 분위기에서 생활할지가 중요했다. 남편은 의견이 좀 달랐지만 나는 별 주저 없이 한 병원을 택했다. 그 병원에는 내가 비교적 어렵지 않게 부탁을 할 수 있는 선배도 있었다. 예약을 잡고 이것저것 알아보면서도 난 아이와 대화를 나눌 시간이 많이 필요했다.

"네가 대체 왜?"라는 것이 가장 궁금한 사안이었지만 그렇게 안나를 몰아갈 수는 없었다. 일이 이 지경이 된 데에는 부모가 자신의 문제 해결에 별 도움이 되지 않으리라는 생각을 아이가 가졌기 때문일 것이었다. 부모가 자기 문제의 심각성을 알고 적극적인 대처를 시작하자 아이도 조금은 말문을 열었다. 다행히도 그 첫마디는 "나 정말 낫고 싶어"였다. 부모의 반대를 무릅쓰고 독립을 선언했음에도 이런 결과가 생겼다는 것에 아이는 자존감이 상할 대로 상한 상태였고 본인이 가고 싶은 학교에 진학을 못 했다는 트라우마가 덧씌워져서 상황이 정말 좋지 않았다.

첫 진료를 받으러 같이 가자는 엄마의 제안을 거부하고 혼자 병원으로 향하던 날 안나는 만원 지하철에서 숨을 쉴 수가 없어 중간에 내려야만 했다. 공황이 온 것이었다. 이 역시 병의 증상이었는데 나는 아이에게 그런 문제가 있다는 것도 모르고 있었다. 늦게 도착한 안나를 진료한 선배 교수는 아이가 지하철을 타지 못하고 내린 일까지 포함해서 모두 양극성 스펙트럼 장애라는 진단을 내렸다. 금시초문인 병으로, 내가 학교 다니던 시절에는 '조울증'이라는 병명만 배웠는데 우리 아이의 증상과 내 머릿속의 그 병은 한참 거리가 있었다.

기분이 막 좋아서 이상행동을 하는 조증 시기와 우울해서 가라앉아 있는 울증 시기가 번갈아 오는 그런 병이라고만 막연하게 알고 있었고 우리 아이는 우울한 것만 문제인 걸로 여겼는데…… 우울증이 너무 심해서 죽으려고 자해도 하고 자살 계획도 세운 것인 줄 알았는데, 이건 완전히 모르는 영역의 이야기였다. 급한 대로 문헌들도 찾아보았지만 무슨 말인지 이해하기가 쉽지 않았다. 어쨌든 안나는 입원이 필요한 상황이고 약을 먹어야 하며, 약을 꾸준히 먹으면 좋아지지만 결혼해서 아기를 가지더라도 약은 먹어야 하고…… 이미 세상이 쪼개졌다고 생각하고 있던 나는 '아이가 결혼해서 아기를 가진다'는 선배의 말이 생경하게만 들렸다. 그러나 그 말을 믿고 따르는 수밖에 방법이 없었다. 아이에게 이런 문제가 있다는 이야기를 하자 주변의 많은 전문가들이 조언을 건넸다. 그때 들은 말 중 두가지 희망적인 말이 있었다.

"나이 먹으면 좋아진다."

"제 발로 병원 찾아간 아이는 예후가 좋다."

나는 그 말을 안나를 살리는 주술처럼 외우기 시작했다. 입원 결정서가 발부되고 아이는 학교에 휴학계를 냈다. 한번도 안 가본 길, 경험하지 못한 인생이 아이에게 그리고 부모에게 시작되고 있었다.

정신병원

어느 정신질환 환자의 아버지가 처음으로 아들을 병원에 입원시킨 경험을 이렇게 표현했다.

"철문이 덜컹 닫히는 순간 주저앉아서 울었다."

정신병원 폐쇄병동(지금은 더이상 이런 이름으로 불리지 않고 보호병동이라 불린다)은 그만큼 보통 사람들에게 강렬한 부정적 심상을 불러일으키며, 심지어는 공포 소설이나 영화의 단골 무대가 되기도 한다. 이는 의사라 해서 크게 다르지 않다. 나도 협진 의뢰를 받아 정신건강의학과 보호병동에 가야 할 때가 종종 있는데 안을 들여다볼 수 없도록 굳게 닫힌 문을 누군가가 열어주어야 들어갈 수 있기 때문에 보호병동이 '감옥'과 다를 바 없다는 생각을 항상 가지고 있었다. 정신질환 환자에 대해서도 생소한 건 마찬가지였다. 정신질환은 일반적인 질환과는 상이한 방법론으로 다루기 때문에 진료과가 다른 나는 잘 모르는 영역이었고 관심도 가지지 않았었다. 무엇보다도 내 형제자매는 물론 친가나 외가 친척들 중에서 정신질환 환자를 본 적이 없었다.

그런데 이제 내 딸이 그 보호병동으로 들어가야 한다. 준비물부터 일반적인 입원 준비와는 달랐다. 보호병동에는 기본적으로 자신 혹은 남에게 해를 끼칠 우려가 있는 환자들이 입원하는 만큼 위험하다고 생각되는 물건은 아무것도 가지고 들어갈 수 없다. 아이의 입원 준비 물품을 챙기며 반입이 제한되는 물품의 다양함에 새삼 놀랐다. 칼과 같은 날카로운 물건은 물론이고 유리병에 든 화장품, 스프링 노트나 물티슈도 안 된다. 모두 자해를 막기 위한 조치였는데 스프링 노트의 스프링 부분을 빼서 자해를 한 경우, 물티슈 사이에 면도날을 넣어 반입한 경우가 있다고 했다. 벨트, 끈 있는 신발이나 가방, 호주머니가 있는 옷도 안 된다. 목을 매거나 위험물을 숨길 가능성이 있기 때문이다. 나로서는 들을수록 새로운 세상이었다.

같은 이유로 면회는 이런 위험물을 반입할 가능성이 가장 적은 직계 가족에게 국한되었다. 보호병동에서는 핸드폰을 사용할 수도 인터넷을 할 수도 없기 때문에 공중전화카드를 준비하는 한편 소일거리용으로 다양한 책과 MP3에 담긴 음악이 필요했다. 안나의 입원 준비물을 챙기면서 정말 아이가 아프다는 것을 실감하고 있었는데 아이는 "정신병동 입원 기록이 남아서 나중에 일을 못하게 되면 어떻게 하느냐?"며 걱정을 했다. 죽을 생각까지 하던 아이가 이런 걱정을 하는 것이 오히려 다행이라는 마음이 들었다.

"네 의무기록이나 병명은 누구에게도 공개되지 않고 네가 취업을 할 때에도 네가 네 입으로 이야기하지 않는 한 누가 알 수 없다"고 말해주면서도 정신질환에 대한 차별이 아니더라도 과연 아이가 병 때문에 취업을 할 수 있을는지 걱정되었다.

그렇게 안나는 보호병동의 굳게 닫힌 문 안으로 사라졌지만 나는 주저앉아 울지 않았다. 두 사람 몫의 삶을 살아내야 하기에 울고 있을 시간이 없었다. 아이가 병동으로 들어간 후 나는 병원으로 돌아와 담담하게 진료를 보았다. 아이가 보호병동에 입원했지만 세상은 무너지지 않았고, 또 그렇게 삶이 흘러갔다.

보호병동에 들어가보니

첫번째 면회를 가던 날, 나는 짐들을 바리바리 싸들고 병동 문이 열리기를 기다리며 문 앞에서 한 노부인과 나란히 서 있었다. 옷차림으로 보나 태도로 보나 사회적으로 경제적으로 상당한 지위가 있어 보이는 분이었는데 얼추 70세 정도일 것 같았다. 머릿속으로 '아무래도 남편이나 부모는 아닐 것이고 자식 면회일 터인데 환자는 못 해도 40대는 되지 않았을까? 나도 저 나이 될 때까지 이렇게 보호병동 문 밖에서 면회를 기다리고 있을 수도 있겠지?' 하는 생각이 떠올랐지만 흠칫 놀라면서 얼른 이를 떨쳐버렸다.

몇개의 열쇠가 절그렁거리는 소리가 나고 병동 문이 열렸다. 환자복을 입은 안나는 평온해 보였다. 병동에 들어와서 있었던 일들과 이것저것 먹고 싶은 것이 많다고 이야기하는 안나를 보며 나는 여전히 내 딸이 이곳에 있어야 하는 아이라는 사실을 체감하지 못했다. 안나가 입원을 해서 얻은 가장 큰 수확은 아마도 자신이 혼자가 아니라는 사실을 알게 된 것인 듯했다. 보호병동의 잠긴 문 안에는 자신처럼 세상에 상처받고 괴로워하는 수많은 영혼들이 있었고 그들을 도와주는 것을 삶의 소명으로 생각하는 조력자들이 있었다.

보호병동에는 특이한 규칙들이 있는데 자의 입원을 한 환자는 그렇지 않은 경우보다 훨씬 더 많은 자율권이 주어진다. 자의 입원이 아닌 경우는…… 비자발 입원, 흔히 이야기하는 강제 입원이다. 전형적으로 병식病識(자신이 지금 병에 걸려 있다는 자각)이 없는 질환자가 위험한 행동을 할 때 직계 가족이 본인의 동의 없이 입원을 시키는 경우로 엄연한 인권침해 행위가 될 수 있기 때문에 원칙이 엄격하게 지켜져야 한다.

자의 입원을 한 환자는 비교적 자유롭게 가족과 면담할 수 있고 보호자와 함께 병원 산책도 할 수 있다. 물론 코로나19 이전의 일이다. 난 그렇게 일주일에 두번씩 병동에 있는 아이를 보러 갔다. 가장 우려스러웠던 '이상한' 사람들이 많지 않은지 하는 점은 직접 보호병동에 들어가본 후 공연한 걱정인 것을 알았다. 멀끔하게 잘생긴 우리 아이 또래의 남학생은 번개탄을 피우고 자살 시도를 한 후에 들어왔다고 했다. 미술을 전공한다는 역시 우리 아이 또래의 붙임성 있는 여학생은 극심한 불안을 겪고 자해를 한 후 들어왔다.

「뻐꾸기 둥지 위로 날아간 새」나 공포 영화에서 묘사되는 그런 음울하고 무서운 사람들은 없었고 환자들이야말로 누구에게 위해를 가하는 것이 아니라 세상으로부터 위해를 당하지 않기 위해, 말 그대로 '보호'받기 위해 그곳으로 들어온 여린 사람들이었다. 3주간의 입원 생활 동안 리튬을 포함한 약물들을 처방받고 안나는 조금은 안정된 모습을 되찾았다. 하지만 "기분 어때?"라는 엄마의 물음에는 언제나 "모르겠어"라는 답을 했다. 면회를 가서 아이가 발견한 병원 안 명소(?)에서 과자를 까먹으며 나는 내 아이를 너무 모르고 있었다는 생각에 속으로 화들짝 놀라곤 했다. 입원 생활 중 아이와 나눈 대화의 상당 부분은 "왜 이렇게 된 거니?"라는 물음이었는데 당연히 답은 있을 수 없었다.

안나는 중고등학교 시절에 만났던 한 친구 이야기를 했다. 물론 나도 아는 친구였는데, 그 친구가 아이에게 그렇게 많은 상처를 준 사실은 잘 모르고 있었다. 그런데 잘 들어보면 딱히 악의가 있던 건 아니고 그저 시기심 많고 말본새를 잘못 배운, 8학군에서 흔히 볼 수 있는 그런 친구였는데, 우리 아이는 그런 있을 수 있는 교우 관계에 마음을 너무 깊이 베었다. 'Frienemy'(friend + enemy, 친구를 가장한 적)라는 개념을 아직 이해하지 못하는 나이이기도 했다. 그 친구는 그 친구대로 '특정 학교에 못 들어가면 사람 취급을 안 하겠다'는 식의 폭언으로 스트레스를 주는 자기 엄마에게 상처를 받고 있었을 터였다. 우리 아이가 애꿎게 그들의 일그러진 모녀 관계에서 파생된 감정의 배설물을 뒤집어쓰고 있었는데 나는 이를 까마득히 모르고 있었다.

다 지난 일이고 어쩔 수 없는 일이지만 그때 아이의 고통을 더 세심히 살피지 못한 것이 절절히 후회되었다. 결국 안나가 가고 싶었던 학교를 그 친구는 가게 되었고, 정작 자신은 재수를 해서도 가지 못했다는 사실은 이유를 불문하고 아이에게 씻을 수 없는 상처가 되었다. 살아오면서 항상 의문을 가져온 '능력주의'에 대한 사회의 관념을 나는 어느정도 벗어났지만 아이는 아니었다. 그러나 우리 아이가 그 친구 때문에 병에 걸린 것은 물론 아니다. 병이 있기 때문에 그런 친구의 말과 행동에 면도칼로 베이는 것처럼 매일 마음을 베이고 피를 흘리며 산 것이다.

안나의 담당의가 나의 학교 선배였기 때문에 면담은 통상적인 환자 가족과 의사의 면담보다는 자유로운 분위기에서 이루어졌다. 선배는 병에 대한 일반적인 설명과 함께 덕담에 가까운 격려를 해주었다. 예후가 좋을 것이라는 전망이었는데, 스스로 아프다는 것을 인식하고 도움을 받기 위해 병원을 찾아온 점 외에 안나가 어려움을 남 탓으로 돌리지 않는 성숙한 인격을 지녔다는 것이 이유였다. 이 병을 가진 대부분의 환자들이 모든 문제를 주변 사람에게 투사하면서 인간관계가 엉망이 되는 일이 다반사이고, 특히 가족이 그것을 다 받아내야 하기 때문에 환자와 부모는 일찌감치 원수가 된다고도 했다. 남 탓을 하는 것이 정신 건강에는 순기능이 되기도 하는데, 모든 것을 자신의 문제로 돌려온 안나가 그 이유로 자존감이 너무나 낮은 건 또 어려운 점이었다. 잘나빠진 부모를 둔 죄일 수 있었다.

내가 좋은 학교를 나오고 지금의 자리에 서 있는 것은 운이 좋았던 덕이라는 생각을 항상 가지고 있었기에 나처럼 좋은 시대의 운을 타고나지 못한 아이에게 내가 이룬 것을 똑같이 이루라고 강요할 생각은 전혀 없었다. 하지만 아빠는 나와 생각이 조금은 달라서 아이의 노력 부족을 야단치는 입장이었다. 안나는 입원 후 담당 의사와의 면담 시간에 세상을 살면서 처음으로 아빠에 대한 넋두리를 입에 올렸다. 다리가 부러진 사람더러 의지로 일어서서 걸으라는 것과 같은 수준의 이해 부족을 자신이 겪었다고 생각했을 것이다.

"이 애는 문화·예술 활동을 하면서 살아야 할 거야."

선배는 마지막으로 아이의 인생에 대해 이렇게 전망했는데 부모가 원하는 방식의 삶을 종용당하면 아이는 불행해질 것이라는 의미였다. 나도 거기에는 전적으로 동감하는 입장이었다. 죽음의 문턱까지 갔던 아이인데 조금이라도 행복하게 살면 감사한 것 아닌가? 다만 걱정은 공부가 제일 쉽다는 것을 내가 이미 잘 알고 있었기 때문이다. 주변인들에게 무한한 행복을 가져다주고 정작 자신은 고통스러운 삶을 영위했던 수많은 천재 예술가들이 머릿속에서 명멸했다.

일주일에 두번씩 면회를 가는 동안 낙엽이 다 떨어지고 초겨울로 접어들었다. 안나는 내가 들어보기는 했지만 직접 복용하기는 고사하고 처방한 일조차 없는 다양한 종류의 약들을 먹고 있었다. 우선 머릿속에 든 생각은 '저렇게 약을 많이 먹어야 하나?' 하는 것이었는데 환자들에게 매우 보수적으로 약을 쓰는 내 입장에서 좀 놀랍기는 했다. 그래봐야 열알이 안 되었고 이 병을 가진 환자로서 그리 많은 약도 아니었다는 건 한참 뒤에야 알게 되었다.

안나가 입원한 지 3주가 지나 이제는 어느정도 안정 상태가 되었으니 퇴원을 고려한다는 선배의 말을 듣고 이제 아이의 병이 다 나은 거라고 생각했다. 아이의 삶을 짓누르던 악몽은 이제 저 멀리 물러가서 다시는 아이를 괴롭히지 않을 거라고 믿었다. 대단한 착각이고 망상이었다. 이 병을 조금이나마 이해하려면 아직도 한참이나 많은 사건들을 겪고 시간이 흘러야 할 터였다.

어떤 병이지?

같은 의사라 해도 정신건강의학과 전공이 아닌 의사들은 정신질환을 잘 모른다. 모르는 정도가 아니라 선입견과 편견도 많이 갖고 있다. 일하다가 동료가 좀 이상한 소리를 하면 "정신병동 들어가야겠네" 하는 농담도 아무렇지 않게 한다. 나도 그런 의사였다. 딸이 진단을 받기 전까지 알고 있던 정신질환의 종류는 정신분열증과 우울증, 조울증밖에 없었고 정신분열증은 '완전히 현실 감각이 없어지는 병', 우울증은 '누구나 한번쯤은 겪는 세상에 대한 흥미와 의욕 상실', 조울증은 '가끔 정신이 심하게 고양되다가 사고도 치는 병' 정도의 개념밖에는 가지고 있지 않았다.

그런데 내가 의과대학 시절에 갖게 된 이런 원시적인 개념들을 다시 불러내기에는 그사이 너무나 많은 것이 바뀌었다. 정신과, 정신병동이라는 말은 이제 정신건강의학과, 보호병동으로 바뀌어 있었다. 병명도 정신분열증은 조현병으로, 조울증은 양극성 장애로 바뀌었다. 양극성 장애는 1형, 2형, 스펙트럼으로 또 나뉘었다. 나는 30년도 더 지난 지식으로 환각·환청 증상이 보이면 조현병으로 좀더 심각한 질환인데 딸아이는 그런 증상은 없으니까 조현병은 아니라고 생각했고 내심 조금 안심하고 있었다. 그런데 이 아이는 항상 우울했던 아이인데 웬 양극성 장애?

할 줄 아는 것이 그것밖에 없어서 주섬주섬 전문 서적과 해외 논문들을 찾아 읽어보기 시작했다. 그런데 전공이 아니어서인지 아니면 역시 정신건강의학과는 좀 다르기 때문인지 머리에 잘 들어오지 않았다. 정신질환의 분류 및 진단은 미국정신의학협회에서 발행하는 『정신장애 진단 및 통계 편람』*Diagnostic and Statistical Manual of Mental Disorders*, DSM 의 기준을 따르는 것이 가장 보편적이다. 1952년에 처음 간행된 이 편람은 10여년 간격으로 개정판이 나오는데 2013년에 발행된 5판이 가장 최신판이다. DSM-5에서는 조증의 기준을 대략 다음과 같이 제시한다. 양극성 장애는 일생 중 조증 삽화가 최소 한번은 있어야 진단이 내려지기 때문에 조증은 양극성 장애 진단에 기준이 되는 증상이라 할 수 있다.[5]

▲ 비정상적이면서 지속적으로 상승된, 팽창된 또는 과민한 기분과 비정상적이면서 지속적으로 증가된 목표 지향적 활동 또는 에너지가 1주 이상, 거의 매일, 하루 중 대부분에 나타나는 뚜렷한 기간이 있다.

▲ 기분장애 및 증가된 에너지와 활동을 보이는 기간 중 다음 증상 가운데 세가지 또는 그 이상이 지속되고(기분이 단지 과민하기만 하다면 네가지 이상), 평소 모습에 비해 변화가 뚜렷하며, 심각한 정도로 나타난다.

- 과장된 자존심 또는 과대성

- 수면 욕구 감소
- 평소보다 말이 많아지거나 계속 말을 함
- 사고의 비약 또는 사고가 질주하는 듯한 주관적인 경험
- 주관적으로 느끼거나 객관적으로 관찰되는 주의 산만
- 목표 지향적 활동의 증가 또는 정신 운동성 초조
- 고통스러운 결과를 초래할 가능성이 높은 활동에 지나치게 몰두

미국 뉴욕의 법률구조협회에서 국선 변호사로 일하던 잭 맥더멋 Zack McDermott 은 어느날 집을 나서는 순간 거리에서 자신을 주인공으로 하는 리얼리티 쇼가 촬영되고 있는 것을 발견한다. 공원 벤치에 앉아 있던 노인 역할의 배우로부터 자전거를 뺏어보기도 하고 촬영 때문에 통제되고 있는 자동차들의 흐름 속으로 뛰어들어보기도 한다. 남의 축구 경기장에 난입하고 거리의 래퍼에게 시비를 걸고 지하철에서 윗옷을 벗고 턱걸이를 하는 등 10시간을 뉴욕 거리에서 날뛴 끝에 경관 역할의 배우가 나타난다. 그리고 그는 경찰서가 아닌 벨뷰 병원으로 이송된다. 『어느날 거울에 광인이 나타났다』(구원 옮김, 코호북스 2022)의 도입부에서 저자 잭 맥더멋이 기술한 조증 발작의 이야기이다.

그러나 교과서나 책을 아무리 읽어보아도 서술된 증상이 우리 딸과는 맞지 않는 것 같았다. 나와 남편에게 가장 심각했던 문제는 아이가 자살을 생각할 정도로 우울했다는 것이고 통상적인

조증 증상을 보인 적은 한번도 없었다. 정신건강의학과 전문의가 아니므로 내가 의사라 해도 판단하는 데에는 한계가 있고 아이가 부모에게 감추는 것도 많았을 거라는 생각은 들었다. 한 예로 진단 후 입원을 앞둔 상황에서 그동안 아이가 담배를 피우고 있었다는 것을 처음 알았다. 입원 전날 아이는 삭발을 하고 나타나서 다시 한번 부모를 경악시켰다. "살면서 한번은 꼭 해보고 싶었다"고 말했는데 나는 그동안 억누르고 있던 것이 많았다는 뜻으로 받아들였다.

양극성 장애에서 나타나는 우울증 시기의 증상은 일반적으로 알려져 있는 우울증 증상(에너지 감퇴, 우울한 느낌, 흥미나 즐거움의 상실 등)과 거의 비슷하기 때문에 환자에게 조증이 있는지가 주요 우울장애^{major depression} (대표적인 우울증 유형으로 최소 2주 이상, 하루 중 대부분의 시간 동안 우울감, 흥미 저하, 식욕 및 체중의 변화, 수면장애, 무가치감 등이 동반될 때 진단)와 양극성 장애를 구분하는 데 중요한 기준이 된다. 놀라운 사실은 우울증과 양극성 장애를 감별하는 것은 정신건강의학 전문의들에게도 쉽지 않다는 점이다. 우리 아이도 한동안 우울증 약을 처방받고 증상이 더 나빠진 적이 있었다. 양극성 장애에서는 조증과 우울증이 주기적으로 나타나며 각각은 조증 삽화, 우울 삽화로 불린다. 상당히 많은 환자들이 조증 삽화와 우울 삽화가 동시에 나타나는 혼재성 삽화를 보이기 때문에 진단에 많은 혼선을 준다.

양극성 장애는 조증 삽화의 강도에 따라 다시 1형과 2형으로 분류된다. 우리가 과거에 알던 조울증의 대부분은 1형으로 조증 삽화 시에 증상이 심하고 환자가 위험한 행동을 하게 되기 때문에 주변에서 곧 인식할 수 있다. 2형은 조증 증상이 심하지 않은 경조증 삽화를 보이는데 그냥 기분이 좋은 상태로 보일 수 있기 때문에 우울증 환자가 증상이 좋아졌다고 오진되는 경우도 흔하다. 이때 항우울제만을 처방받으면 1년에 네번 이상의 우울-조증 삽화가 반복되는 급속순환형 양상을 보일 수도 있고 병세가 악화될 수도 있기 때문에 정확한 진단이 매우 중요하다. 1형과 2형의 특징을 명확히 지니지 않는 환자들은 자폐스펙트럼 장애autism spectrum disorder 처럼 양극성 스펙트럼 장애로 분류된다.

우리 애만 이런가?

정신질환을 진단받으면 궁금한 것 중 하나가 '이런 환자가 얼마나 많은가?'이다. 많은 사람들이 나처럼 살아오면서 가까이에서 정신질환자를 한번도 본 일이 없다가 가족이 정신질환 진단을 받게 되면 그저 청천벽력처럼 느끼는 것은 당연할 터이다.

서구에서 1, 2형을 합한 양극성 장애는 유병률이 1~2퍼센트 정도로 알려져 있다. 그리 흔한 질환도 아니지만 그렇다고 해서 드문 질환도 아닌 셈이다. 가족력이 없는 사람이라면 한번도 이런 환자를 못 보았을 가능성이 높다. 참고로 천식의 유병률은 약 4퍼센트, 소화성 위궤양은 약 3퍼센트, 류머티스 관절염은 약 1퍼센트이다. 우리나라의 우울증 유병률은 30퍼센트가 넘는다. 그러나 이런 양극성 장애의 유병률 데이터는 얼마나 환자를 적극적으로 찾았는지, 그리고 진단의 기준을 얼마나 넓게 잡는지에 따라 크게 달라진다. 정신질환의 진단은 때때로 매우 모호하다. 우리는 흔히 주변 사람이 좀 이상한 말을 하거나 행동을 할 때 아무렇지 않게 "미쳤네"라는 말을 한다. 사실 우리 자신도 가끔은 "내가 왜 이러지? 미쳤나?" 하고 자문할 만큼 정신적 혼란을 겪는 일이 분명히 있다. 어디까지가 질병이고 어디까지는 정상인지 그리 구별이 잘 되는 것은 아니다.

외국의 통계에 따르면 명확한 조증이나 경조증으로 진단된 양극성 장애 외에 진단 기준에 딱 맞지는 않으나 유사 증상을 보이는 환자까지 포함한다면 그 유병률은 6.4퍼센트까지 올라간다.[6] 1형, 2형 외에 양극성 스펙트럼 장애가 진단에 포함된 경우의 이야기이다. 즉, 천식보다 흔할 수 있다는 말이 된다. 미국의 통계에서도 1형 양극성 장애의 평생 유병률은 1퍼센트, 2형은 1.1퍼센트, 진단 기준에는 맞지 않으나 의심 증상이 있는 경우는 2.4퍼센트로 보고되고 있어서 이 질환이 그리 드문 것은 아님을 알 수 있다.[7]

남자와 여자의 유병률 차이는 없고 국가나 인종, 문화권별로도 유병률에 큰 차이가 없다. 하지만 질환에 의한 장애('장애'라는 용어는 두 가지 의미로 사용되는데, '양극성 장애'와 같이 질환명을 일컬을 때의 용례, 그리고 '장애인'과 같이 심리적·신체적 기능 또는 구조의 문제로 일상생활에 상당한 제약을 받아 다른 사람의 도움이 필요한 경우를 칭하는 용례가 있다. 여기서는 후자의 용례이다.) 정도는 국가별로 큰 차이가 있어서 경제 수준이 낮은 개발도상국에서는 장애가 더 심각한 것으로 보고되고 있다. 치료가 적절히 이루어지지 않기 때문일 것으로 생각되는데 달리 말하면 이 질환의 약물 및 전문적 치료의 중요성을 반증한다.

WHO(세계보건기구)와 다양한 국제 보건기구에서 지원하는 2019년도 세계질병부담Global Burden of Disease 사업에 따르면, 장애를 가지고 살아가는 질환 순위 중 양극성 장애는 28번째에 올라 있다.[8] (정신질환 중 가장 흔한 주요우울장애가 2위, 불안장애가 8위이다. 조현병은 20위이다.) 여기에 포함된 다른 질환들(심혈관 질환, 중풍 등)이 양극성 장애보다 환자 수(유병률)가 훨씬 많은 것을 감안한다면 양극성 장애의 심각함을 알 수 있다. 이 순위표에서는 나이에 따른 유의미한 변화도 살펴볼 수 있는데, 장애를 가지고 살아가는 질환 순위 중 15~24세 사이에서는 양극성 장애가 12위이지만 나이대가 높아지면서 조금씩 순위가 내려가 75세 이상의 고령에서는 45위까지 떨어진다. 이유는 둘 중 하나일 것이다. 환자들이 나이가 들수록 정신질환을 겪는 자신의 삶에 적응해가면서 병세가 좋아지거나, 병세가 심한 환자는 그 나이에 이르지 못하고 모두 사망하거나…… 어쨌든 나이를 먹으면 좋아진다는 말은 사실인 것 같다.

발병은 20대 초반에서 가장 흔하고 다른 모든 만성 질환과 비슷하게 어린 나이에 발병한 환자일수록 예후가 좋지 않다. 학업을 완수하고 사회성을 키워나가야 하는 시기에 질환으로 인해 지장을 겪기 때문이다. 환자들이 친구들에게는 '못된 아이''이상한 아이'로 쉽사리 낙인찍히고 부모에게는 '말썽꾸러기'로 내놓은 자식 취급 당하며 사회적으로 고립되면 질환은 악화될 수밖에 없다.

정신질환의 문제점들이 부각되는 현대사회에서 양극성 장애가 늘어나는 추세는 예측 가능한 일이다. 미국의 보고에 따르면 1990년대에서 2000년대로 넘어오면서 양극성 장애로 진료를 받는 성인의 숫자는 인구 10만명당 905명에서 1,679명으로 두배 가까이 증가했다.[9] 더 젊은 연령에서는 무려 40배가 늘어나는 폭발적인 증가를 보였는데, 여기에 대해서는 실제 발병이 늘었다기보다 진단 기준 등이 변하면서 환자들을 좀더 적극적으로 찾을 수 있었고 주의력결핍과잉행동장애attention deficit hyperactivity disorder, ADHD 가 아주 심한 환자들을 양극성 장애로 진단한 것에 기인한 현상이라고 보는 견해가 많다. 이는 ADHD와 양극성 장애의 증상이 중복됨을 시사한다.

우리나라에서 2008~17년 국민건강보험공단이 보유한 전국민 5,200만명의 데이터를 분석한 결과 양극성 장애의 유병률은 2017년 기준 0.2퍼센트로 서구에 비해 매우 낮게 보고되고 있는데, 진단이 이루어지지 않은 환자들이 그만큼 많다는 것으로 해석된다.[10] 그러나 해마다 연 6.6퍼센트씩 유병률이 증가하는 추세이고 30세 미만의 젊은 연령에서 증가율이 가장 높다.

둘째 해

먹구름

이 세계는 아름다운 곳이고

그것을 위해 싸울만한 가치가 있는 곳이지.

그래서 이 세계를 떠나기가 싫은 거야. (…)

제기랄,

죽음을 눈앞에 두고서야 정신없이 그것을 배우고 있군.

── 어니스트 헤밍웨이 『누구를 위하여 종은 울리나』

절규와 총성

정신질환을 앓았던 예술가로 물론 빈센트 반 고흐가 유일하지는 않다. 「절규」라는 명작을 남겨 불안장애의 개념이 생기기도 전에 현대를 사는 우리에게 불안장애를 어떤 말보다도 실감나게 느끼게 한 노르웨이의 화가 에드바르 뭉크^{Edvard Munch}는 어린 시절 아버지의 정신질환을 목도하면서 평생 자신도 그렇게 될 것이라는 두려움을 안고 살았다.

고흐와 거의 비슷한 시대에 활동한 뭉크 역시 현대의 기준에서 어떤 정신질환을 앓았는지 알기는 어렵지만 고흐처럼 양극성장애였을 것이라고 보는 전문가들이 많다. 뭉크에게는 의사인 아버지와 누나 그리고 세명의 동생이 있었다. 뭉크가 다섯살 때 어머니가 결핵으로 사망하자 뭉크 남매들은 아버지와 친척 아주머니의 손에 키워지게 되었는데, 아버지는 자녀들을 사랑했지만 종교에 병적으로 집착하는 면도 있었다. 뭉크는 자신의 아버지를 이렇게 회상했다.

"아버지는 기질적으로 신경증이 있었고 종교에 광적으로 집착했다. 아버지로부터 나는 광기의 씨앗을 이어받았다."

그의 여동생 라우라가 어린 나이에 정신질환을 진단받은 후 뭉크의 두려움은 배가되었고 누나 요한 소피가 15세의 나이에 폐결핵으로 사망하자 죽음과 정신질환에 대한 그의 운명적인 생각은 확고하게 자리잡았다.

"나는 인류에게 가장 무서운 두가지 적을 모두 물려받았어. 소모와 광기."(당시 폐결핵은 소모성 질환으로 알려져 있었다.)

"공포와 슬픔, 죽음의 천사는 내가 태어나던 날부터 내 곁에 있었다. 죽음의 천사는 내가 놀고 있을 때, 봄날의 햇빛 속에서, 여름날의 찬란함 속에서 나를 따라다녔다. 저녁에 눈을 감으면 내 옆에 서 있었고 나를 죽음과 궁극의 저주로 위협했다. 종종 한밤에 잠에서 깨어 눈을 크게 뜨고 허공을 바라보기도 한다. 나는 지옥에 있는 것일까?"[1]

누이의 죽음을 목도하게 된 충격은 그의 그림에서 "아픈 아이"sick child 라는 주제로 반복적으로 나타난다.

공과대학에 입학해 수학과 물리, 화학에 모두 두각을 보였지만 학업을 마칠 수 없었던 뭉크는 학업 중단 후 화가의 길로 들어선

다. 고흐처럼 뭉크도 술로 정신적 고통을 달래보려 했지만 사고로 이어져서 크게 다치는 일이 있었고, 이는 학업을 중단한 것과 함께 아버지와의 사이가 나빠지는 계기가 되었다. 그림 그리는 것을 반대하는 아버지에 대해 뭉크는 "나는 그림으로 인생과 그 의미를 내게 설명하려 한다"고 말했다.

그는 그림을 그리던 초기에는 인상파의 영향을 받았지만 점차 인상파의 화풍이 인간 내면을 표현하는 데에는 부족하다고 생각하면서 독자적인 화풍의 그림을 그리게 된다. 인물 주변에 색색의 원과 그늘을 그려 넣음으로써 공포와 불안을 표현했다. 가족들이 연이어 죽으면서 자살을 생각하기도 하고 알코올 중독으로 정신병원에 입원하기도 했지만 작품 활동을 멈추지 않았다. 그의 치료를 담당했던 야콥센 박사는 "좋은 친구들을 곁에 두고, 공공장소에서는 술을 마시지 않을 것"을 권하기도 한다. 8개월간의 병원 입원 후 안정을 되찾고 그림도 인정받기 시작하면서 뭉크는 비로소 화가로서의 성공을 거두기 시작한다.

생애 어느 시점에서 뭉크는 "내가 인생을 두려워하는 것은 나의 병처럼 내게 필요한 것이다. 불안과 질병이 없다면 나는 조타기가 없는 배와 같을 것이다. 나의 고통은 나 자신과 나의 예술의 일부분이다. 그것은 나와 구분할 수 없는 것이며 질병을 없애면 나의 예술도 없어진다. 나는 나의 고통을 계속 가지고 있고 싶다."는 말을 남기기도 했다.[2] 정신질환으로 인한 고통에도 불구하고 뭉크는 80세까지 살면서 수많은 명화를 남기고 오슬로 근교에서 사망한다.

제1차 세계대전이 끝나고 빛의 도시 파리로 모여든 많은 가난한 예술가 중에 젊은 어니스트 헤밍웨이 Ernest Miller Hemingway 가 있었다. 그는 자신의 아버지가 자신이 아직 "반바지를 입는 어린 소년이었을 때 (…) 비극적인 상황 가운데" 죽으면서 유일한 유산으로 총을 남겼고, 자신은 학교를 그만두고 복싱 시합에서 번 돈으로 어머니와 동생들을 먹여 살려야만 했다며[3] 셰익스피어앤드컴퍼니의 여주인 실비아 비치에게 허풍을 떨고 있었다. 그의 아버지는 멀쩡하게 살아 있었지만 이 천재 작가에게는 그럴듯한 이야기를 만들어내는 천부적인 자질이 있었다.

말이 씨가 된 것일까, 그냥 그러리라는 예감이었을까? 얼마 후 의사였던 헤밍웨이의 아버지 클래런스 에드먼즈 헤밍웨이는 정말 자살로 삶을 마감한다. 클래런스 헤밍웨이는 평생을 종잡을 수 없는 기분의 변화, 강박증, 자살 성향에 시달린 것으로 알려져 있다. 아버지의 죽음을 접한 헤밍웨이는 주변 사람들에게 "아마도 나도 그렇게 죽겠지요"라고 말한다.[4] 그의 소설 『누구를 위하여 종은 울리나』에서는 주인공의 아버지가 클래런스 헤밍웨이가 자살할 때 사용한 것과 같은 종류의 총으로 삶을 마감하는 장면이 묘사된다.

50대의 나이에 퓰리처상과 노벨상까지 수상한 이 대작가가 언제부터 정신질환을 앓고 있었는지는 분명하지 않다. 그러나 어니스트 헤밍웨이도 젊은 시절부터 아버지와 같은 증상들을 가지고 있었고 여기에 더해 불면증, 알코올 중독, 우울증까지 겪었다고 알려져 있다. 헤밍웨이의 형제자매 또한 자살로 생을 마감했다. 헤밍웨이는 평생 네번 결혼했는데 첫번째를 제외하고는 모두 기혼인 상태에서 새로운 연인을 만나 이전의 배우자와 결별하는 식이었다. 헤밍웨이의 네명의 부인은 작가와의 결혼 생활 경험을 공유하면서 서로를 "헤밍웨이 대학 졸업생"으로 부르며 가깝게 지냈다고 한다.[5] 물론 헤밍웨이의 여성 편력이 네명의 부인들로만 국한되었던 것은 아니다.

헤밍웨이의 정신질환이 악화된 것은 동료 작가들, 윌리엄 버틀러 예이츠, 스콧 피츠제럴드, 제임스 조이스, 거트루드 스타인 등이 사망하는 1930년대 말~1940년대 초의 일로, 이 기간 동안 그는 '작가로서 휴업'을 선언하고 쿠바에 칩거한다. 기울어가는 건강과 심각한 알코올 의존성에도 불구하고 헤밍웨이는 이후『노인과 바다』를 비롯한 많은 명작을 남긴다. 그러나 60세를 바라보는 1950년대 말에 접어들면서 원고를 완성하지 못할 정도로 그의 건강은 심각한 상태에 이르게 된다. 플로리다의 키웨스트와 쿠바의 핑카 비히아를 오가며 생활하던 그는 바티스타 정권을 무너뜨리고 공산혁명을 이룬 카스트로가 쿠바의 모든 미국인의 재산을 몰수하겠다고 선언한 후 쿠바를 영원히 떠나게 된다. 헤밍웨이 가족은 아이다호의 스키 명소인 케첨에 새로운 집을 마련하고 거주하기 시작했다. 이후 그는 쿠바에 남겨둔 원고에 대해 집착하는가 하면 미국 연방수사국이 자신을 감시하고 있다고 주장하면서 이상행동을 보이기도 한다.

1960년 겨울 헤밍웨이는 고혈압 치료를 이유로 메이오 클리닉에 두달간 가명으로 입원했다. 실제 병명은 우울증이었고 15회에 걸친 전기충격치료electroconvulsive therapy, ECT를 받았다고 알려져 있다. 병원에서는 그에게 치료 내역이 적히지 않은 청구서를 발부했다. 정신질환에 대한 이해가 한참이나 부족하고 낙인은 강하던 시절이었다. 헤밍웨이의 병명은 심한 우울증, 편집증적 망상, 양극성 장애, 알코올 중독으로 알려져 있다.

1961년 7월 2일 헤밍웨이의 가족들은 그의 다가오는 예순두번째 생일 모임을 준비하고 있었다. 생일을 19일 앞둔 일요일 아침 어니스트는 혼란스럽고 괴로운 기분으로 눈을 떴다. 그는 침대에서 일어나 지하실로 내려가 총포함의 자물쇠를 열고 총과 탄환을 꺼냈다. 그리고 다시 계단을 올라가 거실을 성큼성큼 가로질러 걸었다. 서랍을 쾅 닫는 듯한 소리에 잠에서 깨어난 그의 부인 메리는 거실로 내려가서 쓰러져 있는 헤밍웨이를 발견했다. 전세계의 모든 신문은 대작가가 오발 사고로 사망했음을 알렸다. 그러나 훗날 그것은 사고가 아닌 자살이었음이 밝혀진다. 자살에 정신질환 못지않은 낙인이 찍히던 시절이었다.

"글을 쓴다는 것은 좋게 말해도 외로운 인생입니다. (…) 작가는 자신의 외로움을 흘리면서 세상에서의 지위를 얻게 됩니다."(1954년 노벨문학상 수상 연설)

뭘 잘못해서 이런 병에 걸렸나요?

누구라도 어느 질환이든 진단을 받게 되면 가장 먼저 드는 의문은 '내가 왜 이런 병에 걸렸을까?'일 것이다. 아마도 인간에게는 자신의 인생에 닥치는 많은 우여곡절에 똑 떨어지는 이유가 있어야만 한다며 적절한 설명을 찾는 습성이 있는 것 같다. 그 기저에는 이유를 찾아서 어떻게 해서든 불행을 피하고 인생 경로를 고쳐야 한다는 본능이 깔려 있을 것이다. 하지만 의학 교과서에 나오는 수많은 병 가운데 단순하고 명징하게 이해할 수 있는 원인이 규명된 병은 병원균이 밝혀진 감염병 말고는 몇가지 없다. 나머지는 다 유전적 원인과 환경적 원인이 함께 복합적으로 작용해 발생한다고 되어 있다. 왜 생기는지 모른다는 뜻이다.

정신질환도 예외는 아니다. 그럼에도 불구하고 다른 어떤 질환보다 정신질환에 걸리게 되면 그 원인을 개인적인 잘못, 부모의 잘못으로 쉽게 몰아가는 경우를 볼 수 있다. 테드 창의 SF 단편집

『숨』에는 이런 말이 나온다. 행동주의 심리학의 아버지로 불리는 존 B. 왓슨은 어머니의 과도한 사랑이 아이를 망칠 수 있다는 견해를 가지고 있었고 "그는 자신의 접근법이 어린아이들을 위한 최선의 방법임을 믿어 의심치 않았지만, 그의 자식들 모두는 장성한 뒤에 우울증에 시달렸다. 그중 두명 이상이 자살을 시도했고, 한명은 성공했다."[6] 양극성 장애를 앓고 있는 두 아들과 함께 유튜브 youtube 채널 '조우네 마음약국'을 운영하는 고직한 선교사 부부는 오랫동안 아들들의 장애 진단 사실을 누구에게도 말하지 못했다고 한다. 다양한 낙인과 함께 '애들을 어떻게 키웠으면……'이라는 비난이 가해질 것이 두려웠기 때문이다.[7] 이렇게 질환에 대해 열어놓고 소통하지 못하면 질병 자체로 인한 문제에 더해 다양한 문제가 따라온다. 고선교사도 아들의 망상 증상을 고치기 위해 귀신 쫓는 축사를 부탁하기도 했다고 한다.

의사인 나도 딸이 진단을 받은 후 아이가 커오는 과정의 여러 시점에서 일어난 사건들을 하나하나 복기하면서 병의 원인을 제공한 순간이 있지 않았는지 계속 반추했다. 아이가 아주 어렸을 때 예방접종 주사를 맞고 고열이 나는데 바로 열을 내려주지 못한 것이 원인이었을까? 아이가 미국 생활을 하면서 보육원에 다닐 때 병치레를 자주 했는데 그때 뭔가에 감염되었을까? 물론 그것보다 훨씬 내 마음에 걸린 것은 아이의 어린 시절을 관통한 엄마의 부재였다. 학생 시절부터 나는 내 삶이 내 일을 중심으로 흐를 것이고 우리나라의 기준으로는 결코 좋은 엄마가 되지 못하리라는 것을 잘 알고 있었기 때문에 결혼이 내키지 않았었다.

직장 생활을 하면서 저녁 회식이나 늦은 귀가를 가급적 피하려 했지만 그것은 가능하지 않았고 바쁠 때에는 일주일 내내 귀가가 늦은 적도 있었다. 도나 타트의 소설 『황금방울새』(허진 옮김, 은행나무 2015)에서 주인공인 소년이 일하는 엄마의 귀가가 늦어질 때 불안해하는 모습이 묘사되는데, 생각해보니 우리 아이 이야기였다. 나도 어린 시절, 교사였던 어머니가 직원회의 등으로 늦어지면 문밖에 나가 하염없이 어머니를 기다리며 세상의 온갖 걱정을 다 했던 기억이 있다. 이랬던 어린 시절 기억은 다 사라지고, 나는 내 아이에게 더 심한 불안감을 매일같이 안겨주고 있었다.

물론 내 형편이 그러했기 때문에 아이에게 무리하게 학업 성취를 독려한 일은 없었고 그저 잘 먹고 잘 자고 공부해야 한다는, 정말 시대와 맞지 않은 말만 하고 있었다. 자녀를 키우는 건 '할아버지의 재력, 아빠의 무관심, 엄마의 정보'라는데 우리 집은 아무것에도 해당되지 않았다. 어쩌다가 신문에 새로운 입시 전형이 기사화되면 나는 바로 건너뛰었다. 너무 복잡해서 이해하기도 어려웠고 '내가 이해 못하는 걸 누가 이해하랴, 그저 수능만 잘 보면 되지' 하며 지나갔다. 얼마나 시대착오적인 생각이었는지는 10년 지나 조국 법무부 장관 자녀의 입시가 세간의 화제가 되었을 때 우리나라 입시에는 정말 다양한 루트가 존재한다는 사실을 목격하고서야 깨달았다. 엄마의 무관심에 더해 아빠가 아이의 성적에 대한 관심까지 많아서 불난 집에 부채질하는 격이었다. 아이가 그만큼이라도 성적을 받아 오면 이런 엄마 밑에서 감지덕지일 터인데 아빠는 만족하지 못했다. 나는 항상 한국의 교육제도가 크게 잘못된 것을 넘어서 아이들을 죽음으로 몰아가고 있다는 생각을 하며 가끔 몸서리를 쳤다.

남는 시간을 아이에게 쏟아부어도 모자랄 판에 조금 여유가 생기자 프랑스어를 공부하겠다고 저녁에 학원을 다닌 적이 있었다. 그때 같이 수강하던 고등학생이 있었는데 집이 목동이라 했다. 학원 끝나고 가면 11시가 다 되어야 도착할 수 있는 거리였다. 프랑스어 원어민 선생이 그렇게 늦게 자도 되느냐고 물어보자 학생의 대답이 충격적이었다.

"집으로 안 가요. 학원으로 가야 해요."

프랑스어 선생은 크게 놀라서 되물었다.

"왜?"

"11시부터 수학 수업이 있어요. 1시에 끝나요. 여기는 정말 프랑스어 공부가 하고 싶어서 시간을 억지로 내서 오는 거예요."

프랑스어 선생은 말을 잇지 못했다. 같은 학생 입장으로 앉아 있던 나도 할 말을 잃었다. 저렇게까지 해야 할 필요는 없지 않나 했는데 역시 세상 돌아가는 걸 모르는 생각일 뿐이었다. 아이를 10시 전에 재우는 건 내가 자랄 때부터 지켜져온 우리 집의 전통이었고, 지금도 나는 잠 안 자면서 하는 공부는 의미가 없다고 생각하고 있다. 그래서 공부에 대한 중압감과 수면 문제가 아이의 병의 원인은 아닐 것 같았다. 다만 아이가 성취욕이 강한 부모를 보면서 스트레스를 항상 내재하고 있었을 가능성은 있다.

공부 스트레스는 아이들의 정신질환에 얼마나 큰 영향을 미칠까? 이런 질문을 던질 때 가장 먼저 머리에 떠오르는 것은 우리나라 아이들의 자살률일 것이다. 우리나라가 OECD에서 가장 높은 자살률을 기록하는 것은 사실 청소년 자살률 때문보다는 노인 자살률이 높은 데에서 기인한다. 2015년 기준으로 청소년 자살률 1위는 뜻밖에도 우리가 살기 좋은 나라로 알고 있는 뉴질랜드이고 캐나다, 핀란드, 아이슬란드 등이 우리나라보다 청소년 자살률이 높다. 뉴질랜드에서는 높은 청소년 자살률의 원인으로 학교폭력을 꼽고 있는데,[8] 이는 역시 우리나라에도 만연한 문제로 결국 비교적 한국의 학생들이 과도한 학업 스트레스와 학교폭력에도 불구하고 그런대로 잘 버티고 있다는 것을 알 수 있다. 다만 자살에 대한 사회적 용인 수준이 서구에 비해 높지 않기에 자살, 특히 청소년 자살은 감춰지거나 다른 사인으로 대체되어 알려지는 경우가 많고, 따라서 그 비율이 실제보다 낮게 보고되었을 가능성이 있다.

갓 태어난 아기의 뇌에는 어른보다 15퍼센트 더 많은 수의 신경세포[neuron]가 존재한다.[9] 이렇게 과잉으로 존재하는 뇌세포의 대부분은 어린 나이에 소멸하게 된다. '뇌세포가 죽는' 과정은 보통 부정적으로 여겨지지만 사실 뇌의 건강한 발달에 매우 중요하다. 그리고 뇌의 기능에서 신경세포들의 숫자보다 더 중요한 것은 신경세포들이 서로 소통하는 과정에서 구축되는 뇌의 연결망이다. 아이가 자라면서 주변 환경 및 사람들과 접촉하는 동안 신경세포들은 무수한 신호를 주고받으며 아이의 뇌를 발달시킨다. 아이가 긍정적인 경험을 많이 하게 되는 경우 뇌의 발달에도 좋은 영향을 미치지만 환경적 결핍, 폭력적 상황 등은 반대로 악영향을 끼친다.

뇌에서의 신호는 신경세포들의 연결에 의한 연접 synapse 을 통해 전달되는데, 연접의 형성 역시 아기가 태어나면서 폭발적으로 증가하고 1~2세경에 최대치에 도달한다. 이후부터 연접의 밀도는 낮아져 청소년기에 큰 폭으로 감소하고 성년이 된 후에는 안정적으로 유지된다. 이렇게 사용하지 않는 연접을 제거하는 것을 연접 가지치기 synaptic pruning 라 부른다. 과학자들은 일견 비효율적으로 보이는 방식, 즉 뇌가 연접을 과도하게 생성한 후 대량으로 제거하는 방식이 뇌를 건강하게 유지하는 데 핵심적이라고 보고한다. 뇌가 수많은 가능한 연접을 생성한 후 그중 생존에 가장 유리한 것들만 선별적으로 솎아내기 때문이다.

연구자들은 자폐 동물 모델에서 뇌 안의 연접 밀도가 대조군보다 높음을 보고하면서, 연접 가지치기가 제대로 이루어지지 않는 것이 자폐의 중요한 발생 기전임을 증명해왔다. 반대로 조현병 환자에게는 연접 가지치기가 과도하게 일어남이 보고된다. 연접의 효율적인 가지치기를 돕는 것 중 하나는 수면이다. 청소년기의 수면 부족이 뇌의 발달에 어떤 영향을 미칠지 우려하지 않을 수 없는 이유이다. 스마트폰과 SNS에 의한 과도한 정보의 폭주가 청소년기 뇌 발달에 어떤 영향을 미치는지 역시 전세계 뇌 연구자들의 초미의 관심사이다. 뇌에서 언어 정보를 인지하고 해석하는 역할을 하는 전두엽은 가장 나중에 성숙되는 구역으로, 청소년기에도 지속적으로 가지치기가 일어난다. 뇌의 완성기인 청소년에서 성인으로의 이행기에 전두엽을 통해 과도한 정보가 쉴 새 없이 유입되면 가지치기에 차질이 빚어져 정신질환을 유발하거나 악화시키는 요인이 될 수 있다.[10]

이러고도 미치지 않을 수 있을까?

질병의 원인으로 유전과 환경 모두 주요하지만, 유독 정신질환에서는 환경의 영향이 더 크다고 여겨지는 듯하다. 누군가가 우울증에 빠졌다면 우리는 즉각 그 사람이 개인적으로 힘든 일을 겪고 있기 때문이라고 생각한다. 조현병이나 양극성 장애와 같은 더 심각한 질환을 앓는 사람도 역시 '무슨무슨 일을 겪은 것이 원인일 것이다''부모가 잘못 키웠을 것이다' 같은 반응을 접하기가 쉽다.

어렸을 때의 환경이 정신질환과 강력하게 연관되는 것은 사실이다. 유년기의 불우한 환경을 가늠하는 '유년기 부정적 생애 경험'adverse childhood experience, ACE 설문에서 제시하는 기준은 다음과 같다.[11]

① 성년이 되기 전 부모 혹은 집안의 어른이 자주 당신에게 욕을 하거나 창피를 주거나 당신의 기를 꺾거나 당신을 모욕하거나 신체적으로 아프게 할 것이라는 두려움을 가지게 행동했는가?

② 성년이 되기 전 부모 혹은 집안의 어른이 자주 당신을 밀치거나 세게 붙잡거나 당신의 뺨을 때리거나 당신에게 무엇을 던지거나 한번이라도 멍이나 상처가 남을 정도로 당신을 때리거나 다치게 한 적이 있는가?

③ 성년이 되기 전 어른 혹은 최소 당신보다 다섯살 이상 나이 많은 사람이 당신을 만지거나 껴안거나 당신에게 자신의 몸을 성적으로 만지게 하거나 구강, 항문, 성기로 성행위를 시도한 일이 있는가?

④ 성년이 되기 전 당신은 자주 당신의 가족 중 누구도 당신을 사랑하지 않거나 당신이 중요하고 특별한 사람이라고 생각하지 않는다고 느꼈는가? 당신의 가족이 서로를 돌보지 않고 서로 가깝지 않다고 느꼈는가?

⑤ 성년이 되기 전 당신은 자주 먹을 것이 부족하거나 더러운 옷을 입거나 당신을 보호해줄 사람이 아무도 없었던 일이 있는가? 혹은 당신의

부모가 너무 취하거나 약물 복용 상태여서 당신을 돌보지 못한 일이 있는가?

⑥ 성년이 되기 전 당신의 친부모가 이혼을 하거나 다른 이유로 당신에게서 사라진 일이 있는가?

⑦ 성년이 되기 전 누가 당신의 모친 혹은 계모를 자주 밀치거나 세게 붙잡거나 이들의 뺨을 때리거나 이들에게 물건을 던진 일이 있는가? 당신의 모친 혹은 계모를 누가 가끔 발로 차거나 물거나 주먹으로 때리거나 딱딱한 물체로 때린 일이 있는가? 한번이라도 당신의 모친 혹은 계모를 누가 몇분 이상 계속 때리거나 총 혹은 칼로 위협을 한 일이 있는가?

⑧ 성년이 되기 전 알코올 중독 혹은 마약 중독인 사람과 산 일이 있는가?

⑨ 성년이 되기 전 가족 중에 우울증이나 정신질환이 있거나 자살을 기도한 사람이 있었는가?

⑩ 성년이 되기 전 가족 중 감옥에 간 사람이 있는가?

10개의 항목 중 그렇다고 답한 갯수가 많을수록 정신질환에 취약한 정도를 나타내는 유년기 불우 환경 지수가 높아진다. 물론 절대적인 것은 아니어서 이 점수가 높은 사람들 중에도 인생을 잘 사는 사람이 많이 있다. 나의 경우 우리 아이들이 1번과 4번에 대해 어떻게 답할지가 궁금하다. 특히 부모가 학업과 관련해서 한 말이 아이들에게 상처를 주는 일이 있었을 것 같다. 부모가 아무리 안 그러려고 의식적으로 노력하더라도 우리나라 환경에서 기대에 못 미치는 시험 성적을 아이가 받아오면 어떤 형태로든 실망의 언사가 나가는 것은 드물지 않을 터이다. 공식적인 데이터는 없지만 이 설문에서 그렇다는 답변이 0개를 기록하는 아동은 드물 것이라 추측한다. 그렇다는 답변이 3개를 넘는 사람은 성년이 되어 스트레스를 잘 감당하지 못하고 우울증이나 외상후증후군 등을 겪을 가능성이 높아진다.[12] 앞의 항목들 외에도 어린 시절 주 부양자가 한번이라도 바뀌는 경우, 큰 사고나 질병의 경험, 학교폭력 등도 아이가 성년이 되어 정신질환에 취약해질 가능성이 높은 항목에 포함된다.

몇가지 눈에 띄는 데이터도 있는데 아버지가 과보호를 하는 경우 강박성 장애의 위험이 2.2배 늘어나고, 임신기간 중 엄마가 휴대폰을 과도하게 사용하는 경우 주의력결핍과잉행동장애의 위험이 1.3배 늘어난다는 보고도 있다.[13]

소셜미디어의 사용과 정신질환의 연관성은 근래 가장 주목받는 연구 분야이다. 많은 연구자들이 소셜미디어의 사용이 급증하기 시작한 시점부터 자살·자해의 빈도가 폭발적으로 급증하고 있음을 지적한다. 18~34세 사이의 젊은이 1,341명을 대상으로 한 스웨덴에서의 최근 연구 결과는 소셜미디어를 매 시간마다 사용하는 여성은 그보다 덜 사용하는 여성에 비해 정신 건강이 유의미하게 좋지 않았음을 보고하고 있다.[14] 특히 가족이나 친구로부터 정서적 지지를 얻기 어려운, 즉 고립된 사람의 경우에는 정신 건강에 대한 소셜미디어의 악영향이 증폭되었다.

SNS 사용 빈도와 타인에게 얻는 정서적 지지에 따른 여성 정신 건강 위험군 비율

SNS 사용 빈도 + 정서적 지지 정도	정신 건강 위험군 비율
매 시간마다 사용 + 낮은 정서적 지지	70.9%
그보다 덜 사용 + 낮은 정서적 지지	60.5%
매 시간마다 사용 + 높은 정서적 지지	58.3%
그보다 덜 사용 + 높은 정서적 지지	42.7%

페이스북 사용자들을 대상으로 한 연구에서는 적극적인 사용자들(자신의 포스트를 올리는 사람들)에 비해 소극적 사용자들(남이 올린 포스트를 읽는 사람들)에서 페이스북의 사용이 우울증 위험을 보다 높였는데, 주로 연관되는 심리는 질투, 외로움, 걱정이었다.[15] 이용자들에게 비주얼로 승부를 걸도록 하는 인스타그램은 페이스북과는 또다른 차원의 문제를 야기하는데, 이용자들이 타인의 사회·경제적 지위를 더 즉각적이고 노골적으로 엿볼 수 있기 때문이다. 놀라울 것도 없이 젊은 여성들을 대상으로 한 많은 연구에서 인스타그램의 사용과 우울증은 유의미한 상관관계를 보이며, 그 기저에 깔린 정서는 사회적 비교이다.[16]

지아 톨렌티노Jia Tolentino는 저서 『트릭 미러』에서 온라인상의 개인은 백스테이지도 없이 성취가 하트와 '좋아요'의 숫자로 정해지는 모호한 정서의 영역에 갇혀 자아의 개성을 육중하고 거대한 상업성 아래 망가뜨려간다고 말한다. "중독적이고도 정신을 멍하게 하는 정보들이 소방 호스의 물처럼 쏟아지면서 거의 온종일 우리 두뇌를 공격한다. (…) 한도 끝도 없는 채널들, 밀려오는 새로운 정보들, 생일, 죽음, 자랑, 폭격, 농담, 직업 공고, 광고, 경고, 불평, 고백, 정치적 사건은 이미 너덜너덜해진 우리의 뉴런을 기습 공격한다. 이 정보들은 우리를 자극하고 때리면서 끊임없이 대체된다. 이것은 결코 좋은 삶의 방식이 아니며 우리를 급속히 소진시킨다."[17]

90년대생 여성 학살 사건

정신 건강에 대한 소셜미디어의 영향이 여성에서 더 두드러지는 점은 눈여겨보아야 하는데, 미국의 10대들을 대상으로 한 연구에 따르면 2005년에서 2020년 사이에 2012년을 기점으로 주요 우울장애가 급증하기 시작하며 그 경향은 소년들보다 소녀들에서 훨씬 더 높고 가파르다.[18] 남자아이들에 비해 여자아이들은 악성 댓글이나 성적 착취, 사이버 왕따, 외모 품평, 남과의 비교에 더 예민하거나 취약할 수 있기 때문일 것이다.

우리나라 통계청이 발표한 '2020년 사망 원인 통계'에서

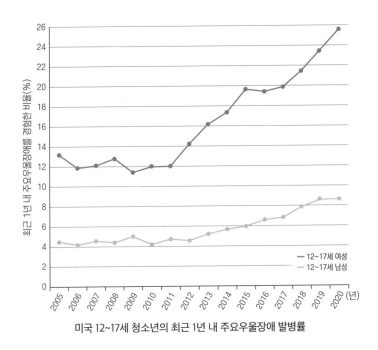

미국 12~17세 청소년의 최근 1년 내 주요우울장애 발병률

2010년부터 10년간 전체 자살자는 모든 연령층에서 감소했지만, 2015년 이후의 데이터를 보면 10대는 28.5퍼센트, 20대는 35.3퍼센트 증가해 이 연령대에서 자살이 폭발적으로 늘었음을 알 수 있다. 특히 20대에서 남성 자살자가 19.7퍼센트 증가한 반면 여성 자살자는 64.5퍼센트 증가했다. 자살의 전조 증상이라 할 수 있는 우울증 등의 기분장애는 2020년 기준으로 여성이 남성의 두 배 수준이었고 특히 20대가 가장 많았다. 2019년의 경우 자해·자

살 시도로 병원 응급실에 내원한 사례 중 20대 여성이 15.6퍼센트를 차지해 남녀 다른 연령대를 압도했다.[19] 놀라운 사실은 젊은 여성의 높은 자살률이 최근에 나타난 현상이 아니라는 점인데, 2000년대 후반에는 20대 여성의 자살률이 20대 남성의 자살률보다 더 높아서 전세계 어느 연령에서나 자살이 남성에서 더 많다는 불문율(?)조차 한국에서는 뒤집혀버렸다.

젠더미디어 '슬랩'은 「'조용한 학살'이 다시 시작됐다」라는 영상을 통해 '90년대생 여성'들이 목숨을 끊고 있는 현상을 조망한다. 슬랩과의 인터뷰에서 장숙랑 중앙대학교 적십자간호대학 교수는 오늘날 한국의 20대 여성들에게서 자살의 코호트 효과가 관찰된다는 연구 결과를 발표했다. 코호트 효과란 특정 시기에 태어난 사람들의 자살률이 그 시기만의 고유한 환경적·사회적 요인에 의해 크게 영향을 받는 현상을 의미하는데, 태평양전쟁 패전의 트라우마로 다른 세대에 비해 유난히 자살률이 높았던 일본 전쟁세대(1902~20년생)를 예로 들 수 있다. 특히 한국의 1990년대생 여성들 중에서도 90년대 후반 출생자로 갈수록 코호트 효과가 높아지고 있어 전쟁 패망 못지 않은 부정적인 시대적 요인이 이들의 자살률을 높이고 있다는 결과를 보여준다. 1990년대생이 초등학교 때부터 SNS를 사용하기 시작한 세대이기 때문이기도 하겠지만 성평등에 대한 높은 기대치에 훨씬 못 미치는 현실, 여성에게 더 가혹한 취업시장, N번방 사건으로 상징되는 한국사회의 일상적인 성적 착취와 성폭력이 모두 복합적으로 작용한 것으로 생각된다.

젊은이들의 정신 건강에 코로나19는 불에 기름을 붓는 역할을 했다. 미국에서는 코로나 봉쇄 이후 청소년 우울증이 40퍼센트 폭증한 것으로 보고되고 있다. 자해·자살 시도 등으로 응급실을 찾은 청소년의 숫자가 급증하면서 환자가 소아정신과 전문의를 만나려면 1년 가까이 걸리고, 병원에서도 입원실이 없어 자살 시도로 병원을 찾은 환자를 돌려보내야 하는 상황이 펼쳐지고 있다. 많은 전문가들이 우려한 상황, 발달기의 아이들이 2년 동안 학교를 가지 못하게 되면 어떤 일이 생길지에 대한 무서운 답이 모습을 드러내고 있는 것이다.

한국의 통계는 미국 못지않게 암울하다. '2019~20년 상반기 자살 현황'을 보면, 2020년 상반기 20대 여성 자살사망자 수는 전년보다 43퍼센트 늘었다. 20대 여성을 연구하는 이현정 서울대 인류학과 교수는 20대 여성들은 "기본적으로 우울, 강박, 공황장애 등 정신질환 경험 비율이 굉장히 높다. 이들은 지금 사회에 대해 디스토피아적 관점을 갖고 있다. 삶의 의미를 찾지 못하고 겨우겨우 살아가는 모습이 발견된다."고 말했다.[20] 우리나라는 이런 젊은이들에게 저출산이 문제라며 결혼해서 아이를 낳으면 돈을 얼마 주고 빚을 탕감해주겠다는 등 번지수가 한참 틀린 처방을 내리고 있다.

여성 억압 사회라는 점에서는 우리나라보다 한수 위인 일본도 상황은 비슷하다. 2020년, 일본에서는 11년 만에 처음으로 자살률이 증가했는데 남성의 자살은 소폭 줄어든 반면 여성의 자살이 15퍼센트 가까이 늘었고 2020년 10월의 일본 여성 자살률은 2019년 동월에 비해 무려 70퍼센트나 늘었다.[21] 코로나19 팬데믹이 관광이나 소매·식품업계와 같이 여성 고용인구가 많은 업계에 가장 큰 타격을 입힌 것과 관련된다고 한다. 한국의 20대 여성 실업률은 2020년 9월 기준 7.6퍼센트로 전연령층에서 가장 높았고 2020년 3월에만 20대 여성 12만명이 일자리를 잃었다.[22] 임윤옥 한국여성노동자회 자문위원은 이런 현실에 대해 "그런데 조용하더라구요. 이렇게 '조용한 학살'이 다시 또 반복되는 (것인데) 우리 사회가 위기에 대응하는 방식이 저는 굉장히 가부장적인 방식이라는 생각이 들어요."라고 말했다.[23]

코로나19의 '인명 피해'가 꼭 코로나19 바이러스에 의한 직접적인 사망만으로 국한되지는 않는다는 점을 감안할 때, 생물학적 생존과 사회적 생존 사이의 균형에 대한 어떠한 공동체적 합의도 없었던 상황에서 코로나19의 피해는 이제부터가 시작일지 모른다. 팬데믹의 사회적 충격에 대한 무시무시한 임상시험은 이제 막 시작되었다.

황새가 물어 왔나요?

'마음의 감기'라고 불리며 누구나 한번쯤 앓고 지나갈 수 있다고 여겨지는 우울증은 환경의 영향에 의해 발생한다고 생각하기 쉽다. 그렇다면 중증 정신질환으로 분류되는 조현병이나 양극성 장애는 어떨까? 원인이 유전적인 것일까 환경적인 것일까? 정신질환의 유전적 성향에 대해 알아야 하는 가장 중요한 이유는 '집안 내력'이라는 낙인을 찍기 위함이 아니고, 정신질환을 과도하게 양육의 문제로 몰아가는 몰이해를 조금이라도 덜어보기 위함이다.

어떤 질환의 원인이 유전적인 것인지 환경적인 것인지를 살피는 가장 고전적인 연구 방법으로는 쌍둥이 연구가 있다. 배아 단계부터 유전적으로 완전히 동일한 일란성 쌍둥이와 유전적으로 동일하지 않은 이란성 쌍둥이 들을 모아놓고 특정 질환이 한쪽 형제에게 생겼을 때 다른 쪽 형제에게도 같은 질환이 발생할 확률이 일란성과 이란성 쌍둥이 사이에 어떻게 차이가 있는지를 살펴보는 방법이다. 만일 유전적 영향이 큰 질환이라면 일란성 쌍둥이 두 사람이 모두 같은 질환을 가질 확률(의학적으로 '일치도'라고 부른다)이 이란성 쌍둥이의 경우보다 훨씬 높을 것이다.

한데 우리가 알고 있는 모든 질환들 중 일란성 쌍둥이의 일치도가 100퍼센트인 질환은 없다. 젊은 나이에 발생하고 유전 성향이 비교적 높은 1형 당뇨병의 일란성 쌍둥이 일치도는 23퍼센트, 자가면역질환인 전신성 홍반성 낭창의 일란성 쌍둥이 일치도는 25퍼센트 정도여서 절반에도 훨씬 못 미치는 것을 알 수 있다.[24] 즉, 유전자가 모두 같은 한 쌍둥이에게 병이 생겨도 다른 쌍둥이에게 같은 병이 발병할 확률은 4분의 1 정도에 지나지 않는다. 일란성 쌍둥이 중 한쪽이 입양 등의 이유로 다른 가정환경에서 자라는 경우에는 일치도가 더 낮아지는데 질환을 일으키는 환경의 강력한 영향을 알 수 있다.

조현병과 양극성 장애는 일란성 쌍둥이 일치도가 가장 높은 질환들로 조현병의 일란성 쌍둥이 일치도는 33퍼센트, 양극성 장애의 일치도는 43퍼센트에 이른다.[25] 대한민국 육아 대통령으로 명성이 높은 오은영 박사가 방송「요즘 육아 금쪽같은 내 새끼」에서 문제가 있는 자녀를 두고 이런 병이 왜 생겼는지 푸념하는 부모에게 "이 병을 황새가 가져왔을까요?"라고 반문한 것은 바로 정신질환의 강한 유전적 성향을 돌려 말한 것이다. 이런 시각으로 보면 자살이나 알코올 의존성 등이 가족 성향을 보이는 것에 대한 퍼즐이 맞춰진다. 자살이나 알코올 의존성은 정신질환 때문에 초래되는 결과일 가능성이 높기 때문이다. 정신질환의 강한 가족 성향은 이 질환들이 유전적인 원인으로 생긴 뇌의 병변에서 비롯되는 것임을 시사한다.

2013년 10월 어니스트 헤밍웨이의 손녀 마리엘 헤밍웨이[Mariel

Hemingway는 「러닝 프롬 크레이지」Running from Crazy 라는 다큐멘터리 영화에서 자신과 가족을 괴롭혀온 오랜 문제들을 처음으로 공개했다. 모델, 영화배우로 활동하는 마리엘은 무려 7명의 직계 가족들이 자살로 생을 마감한 자신의 가족사를 담담하게 이야기했다. 마리엘의 친언니 마고 헤밍웨이Margaux Hemingway 는 '슈퍼모델'이라는 말이 나오기 훨씬 전에 슈퍼모델이 어떤 사람인지를 몸소 정의했다. 출중한 외모와 헤밍웨이 프리미엄은 단숨에 그녀를 스타덤에 올렸고 그녀는 20대 초반부터 전세계 패션계에서 각광을 받았다.

하지만 마고는 화려한 외적인 삶과 달리 내면에서는 10대 시절부터 이어지는 양극성 장애, 거식증, 알코올 의존성과 난독증으로 고통받고 있었다. 그런 그녀에게는 어쩌면 화려함이 오히려 독이 되었을 수도 있다.[26] 그녀는 영화배우로서는 큰 빛을 못 본 채 모델 활동도 점차 하향곡선을 그리게 되었고, 1996년 7월 샌타모니카의 자택에서 다량의 진정제를 복용해 사망한 상태로 발견되었다. 발견 당시 시신이 부패하여 검시에 어려움이 있었고 주변인들은 사망 직전까지도 그녀에게 죽음을 생각하는 기색이 보이지 않았다며 자살을 부정했으나 위장에 그녀가 사망한 후까지도 소화되지 않고 남은 진정제들은 그녀가 자살했음을 말없이 입증했다.

마리엘은 할아버지와 증조할아버지, 할아버지의 형제들, 친언니까지 자살한 상황에서 자신의 평생이 광기로부터 도망하는 running from crazy 인생이었다고 말한다. 마고가 죽기 전에 친아버지가 자신을 성폭행했다는 충격적인 고백을 하자 그 즉시 가족들과의 관계가 끊기고 평생 허언증 환자로 몰렸었는데 어쩌면 그것이 사실이었을 것 같다는 증언도 한다. 아버지 잭 헤밍웨이 역시 심각한 정신적인 문제가 있었고 알코올 의존성이 심해서 때로는 기억을 완전히 잃어버리는 일도 있었다.

마리엘은 언니가 자살하기 일주일 전 그녀와 이야기했을 때 자살의 기미를 전혀 눈치채지 못했다고 말하며 이렇게 덧붙인다.

"자살할 사람이 무슨 생각을 하는지 주변인은 전혀 알 방법이 없어요."

자신도 종종 우울증과 자살 충동으로 고통받았음을 시인하는 마리엘은 수없이 많은 방법들로 자살을 시도했고 40세를 훌쩍 넘은 나이가 되어서야 마음의 평정을 찾았음도 고백한다. 이 영화를 제작한 이유가 자신과 같이 다른 사람들도 이런 문제를 좀더 공개적으로 이야기함으로써 그들이 혼자가 아님을 알도록 하기 위함이었다는 말도 한다.

"나는 사람들이 정신질환에 대해 더 많이 이야기해야 한다고 생각해요. 집안에 그런 내력이 있어도요. 집안에 내력이 있다고 해서 그 집안이 추하고 나쁜 집안인 건 아니죠."[27]

정신질환의 원인이 유전적이라는 것은 그 자체로 두가지 큰 오해와 문제를 가져온다. 영화 「가스등」에서 여주인공은 자신의 재산을 훔치기 위해 접근한 남자로부터 "네 어머니는 정신병원에서 죽었다"는 말을 반복적으로 들으며 자신도 미쳤다고 믿게 된다. 유전자에 대한 정보가 부족하던 시절에도 정신질환의 가족력은 이처럼 큰 낙인 효과를 가져왔다. 그런데 우리가 정신질환의 유전적 성향을 제대로 이해하려면 앞서 언급한, 질환의 발병에는 유전과 환경이 모두 작용한다는 사실을 다시 상기해야 한다.

양극성 장애의 일란성 쌍둥이의 일치도가 43퍼센트라는 말은 뒤집어 말하면 유전자가 완전히 동일한 쌍둥이의 경우 한 사람이 발병했을지라도 다른 쌍둥이의 발병률은 절반이 안 된다는 것을 의미한다. 이란성 쌍둥이에서 일치도는 10퍼센트 미만으로 낮아진다. 양극성 장애의 인구 유병률이 약 1퍼센트인 것을 감안하면 10배 정도 발병률이 높은 것은 맞지만, 집안에 양극성 장애 환자가 있다고 해서 그 집안의 다른 식구가 반드시 발병하는 것은 물론 아니다. 하지만 그런 환자가 있는 가계와는 결혼을 피한다는 것이 사회 통념처럼 되어 있어 집안에 정신질환자가 있는 경우 그 사실은 집안의 극비로 꽁꽁 감추어진다. 결과적으로 사회에서도 배제되고 낙인찍히는 정신질환자가 가족에 의해 더 음지로 몰리게 된다.

더 큰 오해는 정신질환이 칼로 자르듯 명확하게 구분된다는 통념이다. 진단이 되는 환자는 객관적으로 명확하게 이상행동을 보이고 자해 혹은 타해와 같은 극단적인 행동을 하는 환자에 국한될 가능성이 높다. 특히 우리나라처럼 외국에 비해 유병률이 낮게 보고되는 경우는 많은 환자가 숨어 있을 여지가 있다. 본인이나 가족이 도움이 필요하다고 생각해서 내키지 않음에도 정신건강의학과를 찾는 경우에 한정하여 진단이 내려지고 있는 실정이다.

정신질환의 유병률은 정의에 따라 고무줄처럼 늘어나는 경우가 많다. 미국에서 12~17세 청소년들의 주요우울장애 유병률은 2004년에서 2019년 사이 60퍼센트 정도 증가했는데,[28] 실질적인 병의 증가와 함께 진단이 더 넓게 이루어진 결과일 수 있다. 양극성 장애와 동반되는 많은 증상들, 불안장애, 공황장애나 성격장애 들은 그것이 질병이라는 인식도 없이 수면에 드러나지 않고 있을 가능성이 존재한다. 증상이 심하지 않은 사람의 경우에는 일반적인 통념으로는 '그냥 좀 이상한 사람'으로 넘어갈 수도 있고 운이 좋은 경우 양호한 환경에서 자라면서 그런 성향이 쉽게 가려질 수도 있다. 정신질환의 증상에 다양한 스펙트럼이 존재하고 그것이 어느 임계치에 도달하기 전에는 바깥으로 전혀 드러나지 않을 수 있기에 사람들이 '정신병 집안'을 피해 다닌다고 해서 문제를 피할 수 있는 것은 아니다.

유명 인사들 중에는 경조증만 나타나는 양극성 장애를 지닌 이들이 더러 있는데 그런 경우 생활에는 전혀 지장이 없을 뿐 아니라 다른 사람들에 비해 훨씬 더 성취도 높은 삶을 산다는 것도 잘 알려져 있다. 내 환자 중에는 명망가 집안으로 시집가서 너무도 정신없는 시댁의 생활방식 때문에 자신의 삶이 황폐해졌다고 호소하는 노부인이 있었는데, 아마도 시집 식구들에게 경조증적 성향이 있던 게 아닐까 짐작된다. 우리는 정신질환이 살아가면서 원하지 않아도 우리를 찾는 수많은 병들과 별반 다르지 않고, 피하고 싶다고 피할 수 있는 것도 아니라는 사실을 이해해야 한다.

슬기로운 퇴원 생활

안나는 첫해의 입원 후 조금은 안정된 모습을 보였고 가족들은 다시 이전의 생활로 돌아갔다. 표정도 조금은 밝아진 것 같았지만 아이가 아직도 학교에 돌아가기는 힘들다고 해서 무리하게 종용하지는 않기로 했다. 아마도 1년 정도 안정을 찾으면 되지 않을까…… 막연히 기대만 하고 있었다. 하지만 안나는 집으로 다시 들어오는 것에는 완강히 저항했다. 나는 내키지 않았지만 아이에게 다시 자취 생활을 시작하게 했다. 생활비는 알바를 해서 벌겠다고 고집하는 아이를 부모로서도 어쩔 도리가 없었다.

그렇게 또 시간이 지나갔다. 안나는 학교는 안 다녀도 동아리 음악 활동만큼은 열심이었고 공연도 했다. 정말 괜찮은 건가, 아이를 보고 나서 뒤돌아서면 여전히 불안했지만 괜찮다고 믿을 수밖에 없었다. 아이는 자신의 길은 음악이라고 하면서 다양한 레슨을 받고 있었지만 딱히 부모에게 지원을 요구하지도 않았다. 음악이라고 하니 당장에 '27세 클럽'Forever 27 Club 의 지미 헨드릭스, 에이미 와인하우스, 재니스 조플린이 먼저 떠올랐지만 짐짓 대범한 척하며 네가 좋아하는 일을 하면서 살면 된다고 격려해 주었다.

부모로서는 전혀 모르는 길이었다. 우스갯소리로 "네가 무슨 일을 하든 행복하게 살면 되지만 세가지만 약속해다오. 방종한 삶을 살지 않을 것, 감옥 갈 짓(특히 마약)은 하지 않을 것, 그리고 부모보다 먼저 가지 않을 것."을 당부할 수 있을 뿐이었다. 앞의 두가지를 지킨다면 마지막 조건을 지키는 것은 그리 어렵지는 않지 않을까 생각했다. 물론 삶을 마감할 생각을 하던 아이에게 많은 요구를 하는 건 불가능했다. 그저 행복하고 살아갈 이유를 찾을 일을 하기를 바랄 수밖에…… 그렇게 한해가 지나가고 있었다.

가을이 되자 아이가 조금 이상해 보이기 시작했다. 집을 찾아가니 아이가 기운이 없어 방에서 못 나오겠다고 하며 내가 방에 들어가지도 못하게 문을 걸어 잠근 일도 있었다. 몹시 불안했지만 그래도 알바는 하고 있으니 최악의 상태는 아니겠지 하면서 발길을 돌렸다.

하루하루가 먹구름 아래였고 어쩌다가 안나가 카카오톡 문자를 오래 확인하지 않으면 일을 할 수 없을 정도로 불안해졌다. 그러다가도 반나절 안에는 연락이 되어서 가슴을 쓸어내렸다. 반려묘를 한마리 들인 안나를 보고는, 고양이 돌보는 재미라도 있을 테니 설마 극단적인 생각은 안 하겠지 하면서 마음을 달래기도 했다. 애완동물이라면 질색하는 남편을 설득하기가 쉽지는 않았지만, 아이 상태가 안 좋을 때는 나도 고양이를 쓰다듬으며 "네가 언니 좀 돌봐줘라" 하면서 마음을 추슬렀다.

그런대로 또 계절이 바뀌었다. 안나는 새로 구한 자취집의 습기 문제가 너무 심해서 결국 다시 집을 구해야 했는데 여전히 본가로는 들어오지 않으려 했고, 이제 고양이까지 생겨서 우리와 같이 산다는 건 불가능한 일이 되어버렸다. 첫 입원을 한 지 1년이 지났지만 학교로 돌아가는 일은 여전히 요원해 보였다. 어떻게 보면 더 나빠진 것 같기도 하고 어떻게 보면 조금 나아졌나 싶기도 하면서 시간이 지나갔다. 나로서는 내게 안 보이고 안 들리면 문제가 없는 것이라고 믿을 수밖에 없었다. 아이야 일터에서는 일 잘하고 노래 잘한다고 인기가 높다 했지만 가족들 앞에서는 그렇게 보이지 않았다. 그게 이런 환자들에게서 보이는 소위 "과장된 쾌활함"이라는 것도 나는 한참 뒤에 알았다.

겨울이 오고 안나를 데리고 여행을 떠났다. 여행지에서 아이는 온종일 잠만 잤다. 약 기운 때문인지 밀린 피로 때문인지 병 때문인지 나는 알 길이 없었다. 비행기의 이륙이 오래 지체된 나머지 아이가 답답함 때문에 많이 힘들어하기도 했고, 미술관에 갔다가 문턱에서 호텔로 돌아오기도 했지만 그런대로 무사히 여행을 했다. 도착지에서 마침 'LGBT Pride Parade(퀴어 퍼레이드)'가 열리고 있었는데, 안나는 흑인 소녀들의 날씬한 자태에 감탄하기도 하고 다정하게 손을 잡고 춤추는 초로의 게이 커플을 보며 "참 좋아 보인다"는 말도 했다. 나는 세상은 넓고 이렇게 다양한 사람들이 다양한 가치관을 가지고 잘 살고 있다는 것을 아이가 인식하기를 바랄 뿐이었다. 안나가 사회적으로 낙인찍히는 병에 걸렸어도 자신의 잘못이 아니라는 것을 알고 의연하게 대처해나갈 수 있기를 나는 마음속으로 빌고 또 빌었다.

셋째 해

삶의 증발

인생은 정말 흥미로워요.
가장 큰 고통이 결국
가장 큰 장점이 되니까요.
— 드루 배리모어

여신들의 질병

비비언 리 Vivien Leigh 가 처음으로 이상행동을 보인 것은 무대에서 미끄러져 넘어지면서 로런스 올리비에와의 결혼에서 얻은 아이를 유산한 스트레스 때문이었다고 알려져 있지만, 사실은 훨씬 오래전부터 문제가 있었다. 그녀가 불면증에 시달리고 때로 수면제를 과다 복용하면서까지 우리에게 선사한 것이 바로 영화 「바람과 함께 사라지다」 속 불멸의 주인공 스칼릿 역할이었다. 일주일에 6일, 하루에 16시간까지 이어지는 긴 촬영이었지만 비비언 리가 받은 출연료는 상대역 클라크 게이블의 출연료에 비해 10분의 1 수준이었다 한다.[1] 「바람과 함께 사라지다」 개봉보다 2년 앞서 상연된 연극 「햄릿」에서 오필리어 역할을 맡았을 당시 그녀는 분장실에서 급격한 분노발작을 일으키거나 밤새 잠을 안 자기도 해서 오필리어의 영이라도 씐 것 같았다. 지금의 기준으로 보면 전형적인 양극성 장애의 증상들이다.

대배우 로런스 올리비에와 결혼한 후에도 배우로서 남편의 명성을 따라가기 위해 초조해하던 리는 그와 함께 맥베스 연극 무대에 서서 미쳐가는 부부 역할을 했는데, 올리비에가 연기를 했다면 그녀는 정말 주인공 그 자체가 되었다. 유산한 것이 질환을 악화시키는 촉발제가 된 것은 사실이지만 그녀는 이미 오래전부터 아파왔다.

「바람과 함께 사라지다」에 이어 그녀에게 두번째 오스카 여우주연상을 안긴 1951년 개봉작 「욕망이라는 이름의 전차」에서 그녀가 분한 주인공 블랑슈 뒤부아는 리가 가진 모든 증상을 다 체현한 인물이었다. 성적 충동이 강하고 상처받기 쉽고 우울과 조증이 번갈아 오고 편집증 발작까지 있는 블랑슈를 연기하면서 그녀는 블랑슈와 자신을 동일시했고 '블랑슈를 연기하면서 나는 더 미쳐간다'고 말하기도 했다. 이후 심한 불면증을 겪고 이따금 환각에 빠지기도 했으며 여행 중 비행기에서 뛰어내리려 한다거나 시도 때도 없이 「욕망이라는 이름의 전차」의 대사를 읊조리기도 하다가 결국 정신과 병동에 입원해 3개월간 치료받게 된다.

언제나 모르는 사람의 친절과 키스에서 위안을 찾았던 블랑슈 뒤부아처럼 비비언 리도 이성의 사랑을 갈구했다. 당대 최고의 스타 커플이었지만 비비언 리는 결혼 생활 중에도 많은 남성들과 관계를 가졌고 그것은 로런스 올리비에에게 큰 상처를 주었다. 성욕이 항진되는 것도 양극성 장애의 증상이다. 두 부부는 자주 다투고 때로 서로의 얼굴을 구타하기까지 하며 결국 결혼 생활 20년 만에 이혼으로 종지부를 찍어야 했다. 이혼 후에도 연극 무대에서 왕성한 활동을 펼치던 리는 1967년 결핵으로 53세의 나이에 세상을 떠난다.

눈물 흘리는 아름다운 눈을 빛내며 "내일은 또 내일의 태양이 떠오른다"After all, tomorrow is another day고 말하는 영원의 스칼릿이 어떤 고통을 견뎌내며 그 아름다운 장면을 만들었는지 오늘의 우리는 상상만 할 뿐이다.

앤젤리나 졸리Angelina Jolie는 13세에 자해를 시작했다.[2] 왜 그랬느냐는 물음에 "피를 보면 흥분된다"고 답했다. 자해는 그녀가 첫아이 매덕스를 입양할 때까지 지속되었다. 그녀가 다니던 베벌리힐스고등학교에서 졸리는 불우한 가정환경을 가진 아이에 속했다. 한살 때 부모가 이혼해 편모 가정에서 자랐는데, 부유층 학생들이 즐비한 베벌리힐스에서 왕따를 당하기도 하고 심한 우울증에 빠지기도 했다. 지금은 주사를 맞아서라도 그녀와 같은 입술을 가지려는 사람들이 있지만 당시에는 도톰한 입술도 놀림거리였고 그녀의 섭식장애를 유발한 원인이었다고 한다. 밥을 굶어 체중이 줄자 이번에는 또 너무 마른 몸 때문에 놀림당했고 섭식장애로 병원 치료를 받았던 일도 있었다.

남자 친구와 동거 생활을 시작하기로 했을 때 졸리는 14세였다. 당시 그녀와 남자 친구는 동거할 집이 없어 노숙을 해야 하는 상황이었는데 졸리의 엄마가 그녀와 남자 친구를 자신의 집으로 들였다. 그렇게 엄마 방의 옆방에서 남자 친구와 동거 생활을 시작한 졸리는 학교를 다니면서 2년간 동거 관계를 유지했다. 대성한 후 언론매체와의 인터뷰에서 졸리는 세상을 떠난 엄마와의 관계를 말하다가 눈물을 흘리며 그때 남자 친구와 자신을 품어준 엄마에게 지금도 감사하다고 말했다.

배우로서 상승곡선을 그리기 시작한 20대의 나이에도 앤젤리나 졸리는 항상 트러블 메이커였다. 코카인, LSD, 헤로인, 엑스터시 등 알려져 있는 마약은 모두 사용했고 그 사실을 감추지도 않았다. 공개 석상에서 친오빠 제임스 헤이븐에게 연인에게 하듯 키스를 해 모든 사람을 경악시키는가 하면 첫 남편인 조니 리 밀러와 결혼 생활 중이던 1996년에 영화 「폭스파이어」Foxfire 의 상대역이었던 제니 시미즈와 사랑에 빠졌다고 공개하기도 했다.

"내가 지금 기혼이 아니라면 제니와 결혼했을 거예요! 그녀를 보자마자 사랑에 빠졌거든요."

졸리는 자신과 배역의 삶을 동일시하는 메소드 연기 기법을 구사했는데 비운의 슈퍼모델 지아 카란지의 짧은 삶을 영화화한 1998년작 「지아」에서 주연을 맡은 후 심각한 우울증에 빠지는 부작용을 얻기도 했다. 어린 나이에 스타덤에 오르고 바로 약물 중독에 빠져 파멸의 길에 들어선 지아의 삶은 졸리가 그동안 살아왔던 삶과 꼭 닮아 있었다.

두번째 남편 빌리 밥 손턴과 그녀의 4년간의 결혼 생활은 연이은 기행으로 점철되었고 할리우드는 그들을 "세상에서 가장 위험한 커플"로 지목했다. 졸리는 두번째, 빌리는 다섯번째 결혼이었다. 이들 부부는 공개 석상에서도 거리낌없이 애정 표현을 하고 서로의 피가 담긴 목걸이를 만들며 센세이션을 일으키기도 했지만 결국 4년 만에 파경에 이르고, 캄보디아에서 매덕스를 입양하기로 했던 계획은 졸리가 한부모로 진행하게 된다. 전문가들은 그녀의 모든 과거 행적들이 정확히 양극성 장애의 증상과 들어맞는다고 말한다. 그녀가 아이를 키우고 삶에 새로운 목표가 생긴 이후 정신적인 안정을 찾았다고 하지만 어쩌면 나이가 들면서 좋아지는 이 질환의 특징적 경로를 따른 것일 수도 있다.

졸리는 이후 한 매체와의 인터뷰에서 자신이 젊은 시절 수없이 저지른 위험한 행동들을 회상하며 "지금 살아 있다는 것이 행운"이라고 말하기도 했다.

드루 배리모어Drew Barrymore가 정신질환을 가지고 있는지는 공개적으로 알려진 바 없지만 그녀가 어린 시절 몹시 힘든 시기를 겪은 것은 분명하다. 일곱살의 나이에 영화 「ET」의 거티 역으로 단숨에 세계적인 스타가 된 이 소녀 배우는 그로부터 6년 후인 열세살에 엄마에 의해 2년 가까이 정신과 병동에 강제로 입원하게 된다. 퇴원 후 바로 이어진 자살 시도로 다시 입원하는 일도 있었다. 만인의 사랑을 받았던 어린 소녀는 부서진 가정에서 자라면서 아홉살에 담배를 피우고 술을 마시기 시작했으며 열살에 대마초를 피웠고 열두살에 코카인 중독이 되었다.

부모는 그녀가 아홉살 때 이혼했다. 아버지는 그녀에게 아버지로서의 어떤 역할도 하지 않았고 어머니는 혼자서 드루를 키우고 보호하기 위해 항상 너무 바빴다. 드루가 유명해진 후 어머니가 드루의 매니저 노릇을 하기 시작했지만 별 도움은 되지 않았다. 드루는 엄마의 관심사가 오로지 자신이 벌어들이는 돈만이 아닌가 의심했다. 그녀는 외로웠다. 가정사가 그렇다 하더라도 드루가 어린 시절 경험한 일들은 충동조절장애 impulse control disorder 의 여러가지 징후를 보인다.

어린 시절의 어려웠던 삶을 드루는 『길 잃은 소녀』 Little Girl Lost 라는 자서전에서 이렇게 표현했다.

"내가 나의 부계에서 물려받은 어둡고 성마른 기질에서 기인하는 어마어마한 분노발작을 일으키는 동안 엄마와 치료사는 걱정으로 정신이 아득해지곤 했다."[3]

드루의 할아버지, 존 배리모어는 최고의 셰익스피어 배우였지만 60세에 알코올 중독으로 사망했다. 그녀의 고모와 아버지도 심각한 알코올과 약물 남용 문제를 가지고 있었다. 그녀가 고통에 빠져 있는 동안 세상은 그녀를 가십거리로 만들어 소비했다. "드루 배리모어, 12세부터 마약 중독" "드루 배리모어, 10대에 번아웃". 어린 드루는 자신을 제대로 변호하지도 못하고 심각한 자기비하와 우울증에 빠져들었다. 그녀는 자신의 어두웠던 시절을 이렇게 묘사한다.

"오랜 시간 나는 내 내면의 고통과 공포를 감추는 데 너무도 급급했다. 그것을 다른 사람들에게는 물론 내 자신에게도 감추면서 나는 나에게조차 타인이 되어갔다. 나는 내 자신의 최악의 적이 되었고 자기파괴의 일방통행로에서 헤어나지 못한 채 매일 자신의 부고를 쓰며 살아가고 있었다."[4]

어느날 병동 휴게실에서 「ET」의 가정용 비디오 판매를 알리는 뉴스가 흘러나오며 TV 화면에 비치는 여섯살 때의 자신의 모습을 본 드루는 큰 충격을 받는다. 그것은 마치 과거로부터 온 자신의 유령과도 같았고 치료를 받으며 유명 인사가 아닌 보통의 아이가 되려고 안간힘을 쓰고 있던 그녀에게 자신이 아직도 얼마나 취약한 존재인지를 깨닫게 했다. 그녀는 이후 치료 과정에서 이때의 공포심과 충격을 말하면서 세상에 대한 공포와 취약함이 바로 삶 자체라는 사실을 깨닫는다. 이 일을 계기로 그녀는 다시는 자신으로부터 도망치거나 자신을 부정하지 않게 된다.

할리우드가 이런 자신을 하자 있는 상품으로 보고 더이상 기용하지 않자 그녀는 생활을 꾸려나가기 위해 식당 웨이트리스와 청소부 생활을 하기도 했고, 결국 재기에 성공해 수많은 영화에 출연하게 된다. 스무살이 되기 전 두번의 파혼과 한번의 이혼을 겪었고 아직도 시간 약속을 못 지키는 것으로 매우 잘 알려져 있지만, 재기 이후 그녀는 한번도 정신적인 문제로 병원에 입원하지 않았다. 최근의 인터뷰에서 그녀는 힘들었던 시절에 항상 자신이 스물다섯살을 못 넘길 거라고 생각해왔다고 말하기도 했다.

신비하고도 신비한 뇌 이야기

인간을 인간으로 만드는 기관, 우리를 숨쉬고 움직이고 느끼게 할 뿐 아니라 우리의 희로애락과 기억, 창의력, 사고방식까지 관장하는 뇌는 겨우 1킬로그램을 조금 넘는, 인간 신체에서는 작은 기관에 속한다. 성게나 불가사리 같은 일부의 종을 제외한 거의 모든 동물종은 어떤 형태로든 뇌를 지니고 있다.

과학이 발달하지 않은 고대 세계에도 뇌가 인간의 중심이라는 인식은 널리 알려져 있었고 철학자들은 인간의 영혼이 뇌에 있는지 심장에 있는지를 두고 치열하게 논쟁하기도 했다. 아리스토텔레스는 심장에 인간의 영혼이 있고 뇌는 단지 심장을 식히는 역할만 한다고 주장했지만, 히포크라테스 선집에서는 오로지 뇌에서만 인간의 희로애락이 기원한다고 하면서 뇌가 건강하지 않을 때 생기는 여러가지 문제들을 기술하며 뇌가 정신질환의 근원임을 통찰하고 있다. 이처럼 뇌의 중요성이 고대부터 인지되면서 자신에게 중요한 사람이 사망하면 그의 뇌를 먹는 풍습이 유래하기도 했다. 대표적으로 파푸아뉴기니 원주민들에게 전승된 이런 전통은 서양인들에 의해 야만의 극치로 매도되기도 했고 뇌에 존재하는 병원체에 의한 질환의 원인이 되기도 했다. 우리가 익히 알고 있듯 광우병은 소의 뇌에 살고 있는 병원체를 섭취하면서 생기는 질환이다.

현대 의학의 눈부신 발전에도 불구하고 뇌는 거대한 미지의 영역으로 남아 있다. 우리가 뇌를 얼마나 모르는지는 현대 의료가 아직도 정신질환의 치료에 있어서만은 갈팡질팡하는 상황을 보면 잘 알 수 있다. 뇌의 신비함에 관한 일화는 셀 수도 없을 만큼 많다. 이 기관에 아주 경미한 이상이 생기는 경우 어떤 일이 일어나는지는 올리버 색스^{Oliver Sacks}의『아내를 모자로 착각한 남자』(조석현 옮김, 살림터 1993)에 소개되는 여러 이야기들로 잘 알려져 있다. 많은 사람들로 하여금 뇌 기능의 이상에 관심을 가지게 한 그 책의 제목이 된 첫번째 일화는 아내의 머리를 모자라고 생각하고 자신의 머리에 쓰려고 하는, 뛰어난 성악가로 명성을 날린 음악 선생 P의 이야기였다. 그가 앓고 있던 시각인식불능증은 뇌가 보이는 것과 그것이 무엇인지를 인식하는 영역 간의 소통이 끊겨서 발생한다. 이 경우에서 보듯 뇌 기능의 중요한 키워드는 영역 간, 뇌세포 간의 소통이다.

뇌를 잘 모르다보니 아주 가까운 과거에도 많은 정신질환의 치료 사례에서 뇌의 일부를 잘라내는 방법이 흔히 이용되었는데, 끔찍하게 생각되는 이 수술들이 의외로 환자에게 심각한 장애를 남기지 않는다는 사실이 알려지면서 뇌와 뇌신경의 이해에 큰 진보를 가져오기도 했다. 이런 절제술이 효과를 본 것은 뇌 안의 과도한 소통이 문제의 원인인 경우였기 때문이다. 지금도 약물에 반응하지 않는 심한 뇌전증 환자들에게 해마절제술이 사용되는데, 기억을 담당하는 중추인 해마가 손상되면 인지·학습기능이 떨어질 가능성이 있다. 그럼에도 불구하고 수술 후 평균 6년 넘게 기억 기능이 잘 유지되고 있음이 보고되었다. 수술을 받지 않은 반대쪽 뇌의 해마가 기능을 보완한 결과이자 이전 시대에 비해 진일보한 수술 기술이 가져온 결과이기도 했다.

손원평의 소설 『아몬드』(다즐링 2023)는 편도체가 발달하지 않아 감정 표현을 하지 못하는 소년을 주인공으로 한다. 감정표현불능증 Alexithymia 때문에 울지도 웃지도 못하는 소년은 나이를 먹으면서, 그리고 인생의 여러 우여곡절을 겪으면서 편도체가 발달하고 눈물을 흘릴 줄 알게 된다. 물론 실제 과학은 그렇게 단순하지 않다. 감정표현불능증은 그 증상의 모호성 때문에 아직 정신과 진단의 목록에 들어가지 못하고 있다. 편도체가 작아지는 것과 연관은 있지만 그보다는 인근 뇌 영역과의 소통 장애가 더 큰 원인으로 생각된다. 중요한 것은 소년처럼 시간이 지나면서 이 문제가 좋아질 수 있는지 여부이다.

조지타운대학교의 신경과학자 애비게일 마시^{Abigail Marsh} 박사는 젊은 시절 자동차 사고로 목숨을 잃을 위기에서 위험을 무릅쓰고 현장에서 자신을 도와준 낯선 이에 의해 구조된 후 이런 사람들의 뇌 구조에 관심을 갖기 시작했다. 그녀는 곤경에 처한 사람을 돕기 위해 물불을 가리지 않고 뛰어드는 사람들, 전혀 모르는 타인에게 신장을 공여하는 사람들, 즉 우리 시대의 의인들의 뇌를 연구했고 범죄자들의 뇌와 비교했다. 기능성 뇌 자기공명영상^{MRI} 촬영 결과 의인들은 범죄자들에 비해 타인의 고통을 보면서 편도체가 매우 민감하게 반응하는 공통점을 보이는 것을 확인할 수 있었다. 젊은 시절 범죄자였던 데이비드 매카트니^{David McCartney}는 어느날 불이 붙은 차에 갇힌 사람을 보고 달려가 유리창을 부수고 그를 구출해냈다. 구출 직후 자동차는 폭발했다. 그 사건 이후 매카트니는 다른 삶을 살기로 결심하고 신장 공여까지 했다. 마시 박사가 그의 뇌 영상을 확인한 결과 그의 편도체는 범죄자가 아닌 다른 의인들처럼 타인의 고통에 크게 반응하고 있었다.

최근 인기가 높았던 드라마 「이상한 변호사 우영우」에서 소재가 된 자폐스펙트럼 장애와 서번트 증후군^{savant syndrome} 역시 인간 뇌의 다양한 측면을 보여준다. 극단적인 예의 하나가 지적 장애를 가져오는 유전질환 윌리엄스증후군 Williams syndrome 인데 이들 환자 중 일부는 신동에 가까운 음악적 재능을 보인다. 미숙아로 태어나 시력을 잃은 많은 아이들이 자라면서 음악에 놀라운 재질을 보이는 것과 비슷한 현상이다. 윌리엄스증후군 환자들은 항상 해맑게 웃는 얼굴을 보이고 매우 다정하며 사람들에게 살가운데, 그런 이유로 환자들의 부모는 자녀들이 쉽게 남에게 이용당하지 않을지 걱정한다. 최근에는 늑대 중에 인간에게 친근한 개체가 개로 진화했다는 가설을 증명하는 과정에서 개로 진화하는 개체의 유전자가 윌리엄스증후군 환자의 유전자와 같은 위치에서 변이된다는 것이 발견되면서 인간과 개가 '다정함 유전자'를 공유한다는 사실이 밝혀져 과학계를 놀라게 하기도 했다.[5]

뇌를 이해하는 한가지 방법 : 지리학

뇌는 의과대학생들도 공부하기 가장 어려워하는 분야이다. 학부에서 배우는 신경해부학 시간은 공포의 과목이기도 했다. 오래전 '바둑판 시험'이라는 것이 있었는데 학생들이 개강하기 전 미리 교과서를 공부하고 와서 뇌의 해부학적 영역을 바둑판 채우듯 연관된 영역끼리 이어나가는 시험으로, 많은 학생들이 빵점을 맞았다. 그나마 빵점은 잘한 편이었고 연결을 잘못 하는 경우 감점을 당하게 되어 있어 빵점 받은 학생보다 더 많은 수가 마이너스 점수를 받았다. 그러나 뇌의 기능에서 연결이 가장 중요하다는 것을 일찌감치 파악한 천재 교수의 혜안은 오랜 시간이 지난 지금도 많은 사람들의 입에 오르내린다. 뇌의 구조를 거시적(육안으로 확인할 수 있는 수준), 미시적(현미경으로 확인할 수 있는 수준)으로 나누어 아주 간단히 알아보자.

우리가 한번쯤 본 적이 있는 뇌의 그림에서 가장 큰 부피를 차지하는 것은 대뇌이다. 대뇌는 뇌를 앞, 뒤, 옆, 위 어느 쪽에서 바라보건 뇌의 대부분을 형성하는 것처럼 보인다. 대뇌는 움직이고 감각을 느끼는 기본 기능과 함께 언어, 판단, 사고, 감정처럼 인간을 인간으로 만드는 다양한 기능을 관장한다. 대뇌는 다시 전두엽, 측두엽, 두정엽, 후두엽으로 분류되는데, 전두엽은 운동 기능을 담당하는 뇌의 중추적인 역할을 하며 언어와 같은 고위 인지 기능도 담당한다.[6] 한편 대부분의 시각 정보는 후두엽으로 들어와서 다른 부위로 전달되는데, 측두엽으로 전달되면 본 물체가 무엇인지, 두정엽으로 전달되면 본 물체가 어디에 있는지를 인지하게 된다. 아내를 모자로 보는 사람은 후두엽과 측두엽의 연결에 문제가 있는 경우이다. 후두엽에서 두정엽을 거쳐 전두엽으로 신호가 전달될 때 우리는 눈으로 본 물건의 위치를 파악하고 손을 움직여 집을 수 있게 된다.

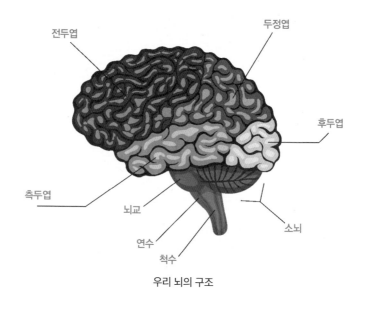

전두엽

두정엽

후두엽

측두엽

뇌교

연수

척수

소뇌

우리 뇌의 구조

    아픔, 더움, 촉각 등의 체감각은 두정엽으로 들어오고 이 영역
은 젓가락질과 같은 숙련된 손 움직임과 계산 능력에도 관여한
다. 측두엽은 소리 감각을 인지하고 오랫동안 정보를 저장하는
기능을 가지며 저장된 정보에 감정을 부여하는데, 우리가 공포스
러운 광경을 목격할 때 도망가고 싶어하는 감정이 생기는 것은
측두엽 깊숙이 위치한 편도체의 기능 때문이다. 전두엽은 후두엽
으로 들어오는 정보와 측두엽에 이미 저장되어 있던 정보를 해
석해서 복잡한 결정을 내리는 역할을 한다. 이러한 전두엽의 역
할 때문에 많은 학자들은 전두엽을 '뇌의 사장님'이라고 부르기

도 한다.

좌뇌는 언어 기능, 숙련된 동작praxis, 셈하기 등을, 우뇌는 도형 그리기, 길찾기, 블록쌓기 등에 필요한 시공간 능력과 감정 기능을 주로 담당한다.[7] 진화에 따른 종의 변천 과정에서 뇌의 구조를 최근에 얻어진 순서대로 신, 구, 원시 구조로 분류할 수도 있는데, 인간의 뇌는 대부분이 발생학적으로 신구조에 속한다. 후각과 관련된 부분, 기억을 담당하는 해마는 각각 구구조와 원시구조에 속한다.

대뇌 이외에도 뇌에는 소뇌, 뇌간, 시상, 시상하부, 기저핵, 변연계 등의 영역이 존재하는데, 소뇌는 대뇌의 뒤쪽 아랫부분에 위치하고 움직임을 조절하는 역할을 하기 때문에 이곳에 뇌졸중이 생기는 경우 심한 어지럼증과 보행실조步行失調가 나타난다. 뇌간은 뇌에서 가장 깊은 곳에 있고 연수·뇌교·중뇌가 포함되며 뇌에서도 가장 알려지지 않은 부분이다. 뇌간이 손상되는 경우 호흡이나 심장박동과 같은 생명의 기본 기능이 흔들리게 되고 의식에도 문제가 생긴다. 변연계는 정서 반응을 관장하며 정신질환의 여러 증상들에 주요한 역할을 맡고 있다.

애거사 크리스티의 명탐정 에르퀼 푸아로는 '회색 뇌세포'를 사용해서 어려운 사건들을 해결하는 것으로 묘사된다. 여기에서 회색 뇌세포란 대뇌의 회백질을 일컫는다. 대뇌의 회백질을 현미경으로 관찰하면 신경세포들이 밀집되어 있는 것을 볼 수 있는

데, 신경 다발이 주를 이루는 백질과 육안으로 구분된다. 세포학적으로 뇌는 신경 기능에 고유한 자극 전달 능력을 지닌 신경세포(뉴런)와 신경 조직을 유지하고 결합시키는 역할을 갖는 신경아교세포(비뉴런 세포)로 구성된다. 인간의 뇌에는 약 850억개의 신경세포와 그 비슷한 수의 신경아교세포가 존재한다. 신경세포는 다시 운동 신경세포와 감각 신경세포, 혹은 흥분성 신경세포와 억제성 신경세포로 크게 구분되며 우리 몸을 구성하는 다른 세포들과는 매우 상이한 모양을 갖는다.

우선 신경세포의 크기는 일반 세포보다 훨씬 크다. 또한 세포체에서 길다란 섬유가 뻗어 나오는데 이것을 축삭^{axon}이라 부른다. 축삭은 자극을 전달하는 통로 역할을 하며 실생활에서 이용되는 광케이블과 비슷한 기능을 가진다고 이해할 수 있다. 축삭의 길이는 경우에 따라 1미터에 육박하기도 한다. 뇌는 수백억개의 신경세포들이 서로 연결되는 거대한 연결 기지라고 이해할수 있는데 현대 뇌과학의 핵심 연구 주제는 이러한 뇌세포들의 연결망^{connectome}을 이해하는 것이다.

신경세포가 다른 신경세포와 연결되는 구조를 연접(시냅스)이라고 부른다. 한 신경세포의 축삭이 다른 신경세포에 닿는 부분을 일컫는데 축삭은 전기적인 신호를 전달하고 연접 부위에서는 신경세포의 축삭에서 전달된 전기자극에 반응해서 화학물질을 분비한다. 이렇게 분비되는 화학물질에는 우리가 잘 아는 소

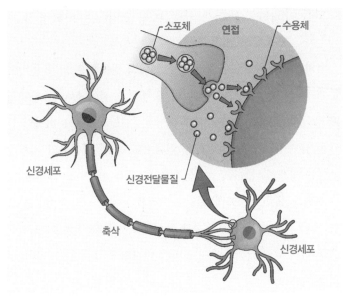

신경세포의 연결

위 행복 호르몬인 '도파민'도 포함된다. 이런 화학물질들은 신경
전달물질이라 불리며 연접에서 생성된 신경전달물질은 신경세
포의 전기자극으로 전환되어 다시 다른 주변 신경세포에 자극을
전달한다.

신경병리학의 태두 지제근 교수는 뇌의 각 영역을 다음과 같
이 비유했다.[8]

신경세포: 기차 / 백질: 기찻길 / 연접: 역, 정거장 / 축삭: 전깃줄

뇌를 이해하는 또다른 방법: 마음을 만드는 화학물질

뇌의 작동 기전을 이해하는 또 하나의 방법론은 뇌가 분비하는 화학물질을 연구하는 것이다. 앞에서 뉴런이 신호를 전달할 때 축삭의 말단 부위인 연접에서는 신경전달물질을 분비하여 그 다음 뉴런에 신호를 전달함을 언급했다. 현재 뇌질환의 치료에 쓰이는 대개의 약물들은 이 신경전달물질을 조절하는 약제이다.

1943년 스위스의 화학자 알베르트 호프만^{Albert Hofmann}이 별 생각 없이 자신이 5년 전 제작한 합성물을 섭취한 후 벌어진 경험은 우리의 뇌가 화학물질에 얼마나 민감하게 반응하는지를 극명히 보여준다.

"만화경처럼 기상천외한 상이 마구 밀려들어 번갈아 나타나더니 온갖 색상으로 얼룩지고 원과 나선형으로 나타났다 사라졌다를 반복하며 오색 빛깔의 분수로 폭발하고는 재정렬되어 다시 끊임없는 유동성의 물결로 뒤섞였다."[9]

훗날 비틀스가 "Lucy in the Sky with Diamonds"라는 곡을 지어 칭송한 LSD^{lysergic acid diethylamide}가 세상에 알려진 순간이었고 뇌과학의 역사를 바꾼 날이었다. 호프만은 102세로 세상을 떠날 때까지 가끔씩 소량의 LSD를 복용하면서 이 '성스러운 약물'이 쓰임을 찾는 날을 기원했다.

바버라 립스카^{Barbara Lipska}는 지역 검시관에게 받아갈 수 있는

(시체의) 뇌가 있는지 문의하는 전화로 하루를 시작하는 미국 국립정신보건원의 수장이었다. 그녀는 1,000개의 뇌, 환각을 보고 신비로운 목소리를 듣고 기분의 극심한 기복을 거친, 그래서 3분의 1은 자살로 생을 마감한 사람들의 뇌에 둘러싸여 생활했다. 그 소유자가 죽기 바로 직전까지도 한 사람의 우주를 통괄해온 그 특별한 기관을 매일매일 잘라서 절편을 만들며 조현병의 병리를 연구해온 그녀이지만 그 뇌를 소유했던 사람들이 겪었던 고통을 이해하지는 못했다. 악성 흑색종이 자신의 뇌에 전이되기 전까지는……

새로운 면역 치료의 임상시험에 참여하기 위해 머리에 생긴 세 개의 종양을 무시하고 치료를 강행했지만 그녀는 서서히 무너져갔다. 가족들에게 마구 화를 내고 20년 넘게 흰개미 방충을 위해 방문해온 사람을 자신을 독살하러 온 사람이라 믿는가 하면 피자가 플라스틱 조각으로 만들어졌다고 분노한다. 30년 동안 다닌 병원의 주차장 입구가 어느날 갑자기 처음 와본 곳처럼 낯설게 느껴지고 병원으로 들어가는 출입문조차 찾을 수 없어 길을 잃은 후 누군가가 자신을 해치려고 건물 구조를 모두 바꿨다는 망상에 사로잡히기도 한다. 그녀의 뇌는 치료 과정에서 발생한 종양세포의 괴사 때문에 생긴 수많은 염증성 사이토카인과 케모카인 들이 유발한 염증과 부종에 폭격당했고, 이와 함께 그녀가 평생을 연구해온 질환들, 조현병, 양극성 장애, 치매 증상이 찾아왔다.

길을 걸으며 그대로 바지에 소변을 보면서도 부끄러움을 느끼지 못하게 된 그녀는 가족의 반강제적 권유로 다시 뇌 검사를 받고 염증을 가라앉히는 치료를 받으면서 극적인 호전을 경험한다. 립스카는 저서 『나는 정신병에 걸린 뇌과학자입니다』에서 "그렇게 오랜 세월 뇌 장애를 연구해왔으면서도, 나는 자신의 정신이 제대로 기능하지 않는다는 것이 얼마나 극심한 불안을 야기하는 일인지 평생 처음 깨달았다."고 고백하면서 이 경험 이후 비로소 정신질환을 겪는 사람들을 이해하게 되었다고 말한다.[10]

뇌의 염증 반응만으로도 병이 없던 사람에게 이처럼 극적인 변화가 나타나기 때문에 화학적인 방법, 즉 약물을 사용해서 뇌의 이상 신호를 적절히 제어한다는 개념은 뇌의 이해뿐 아니라 정신질환 환자의 치료에도 매우 중요한 지침을 제공한다. 양극성 장애 환자에게는 치료의 정석이라고 통용되는 리튬은 이러한 지식의 기반 위에 처방된다. 리튬은 오래전부터 뇌전증 환자에게 사용되던 약제인데 우연히 실험 동물에게 투여되자 무기력을 유발하는 것이 관찰되면서 양극성 장애 환자의 조증 상태에 대한 임상시험이 실시되었다. 그 결과는 매우 놀라왔다. 리튬은 만성 조증 상태로 수년간 아무런 생산적인 일을 하지 못하던 환자를 직장으로 돌려보냈다. 그러나 그로부터 80년 가까이 지난 지금도 우리는 리튬이 양극성 장애에서 정확히 어떤 기전으로 효과를 보이는지를 알지 못한다.

시냅스에서 분비되는 신경전달물질은 뇌의 기능을 관장하는 직접적인 전령의 역할을 하며, 행복 호르몬으로 알려진 도파민(약물 중독 환자의 행복감에도 관여한다)과 식욕, 수면 등 생명의 기본 활동을 조절하는 세로토닌(우울증 치료제의 베스트셀러 프로작은 세로토닌을 증진하는 효과를 가진다)이 가장 잘 알려져 있지만 이외에도 ATP/GTP와 같은 핵산, 글루타메이트/글리신과 같은 아미노산, 에피네프린, 아세틸콜린 등의 다양한 물질들이 포함된다. 우리가 마약이라고 알고 있는 오피오이드, 카나비노이드(대마초의 활성 성분) 등도 뇌에서 분비되는 내인성 신경전달물질이다. 지금까지 알려진 양극성 장애에서 나타나는 뇌의 화학물질 관련 변화는 시상하부의 세로토닌 수용체 증가, 조증 상태에서 대뇌 피질의 도파민 수용체와 세로토닌 수용체의 감소, 염증 표지 물질의 증가, 글루타메이트와 글루타민의 증가, 젖산의 증가 등이 있다.

왜 우리는 정신질환을 잘 모르는가?

바야흐로 인공지능을 개발하며 인간의 뇌를 기계로 대치할 수 있는 기술이 대두되는 현대에도 우리는 정신질환을 이해하지 못한다. 뇌를 이해하지 못하기 때문이다. 지금까지 알려진 정신질환에서 나타나는 뇌의 기질적 변화는 영상 검사 등을 통해 우리가 눈으로 보고 측정할 수 있는 소견들만을 의미한다. 하지만 우리 뇌의 작동 방식은 보이는 것보다 보이지 않는 것이 훨씬 더 많다.

그동안 과학자들은 인간은 고사하고 닭이나 새보다도 덜 복잡한 동물들, 이를테면 지렁이 혹은 파리 등의 단순한 뇌를 수없이 잘라가며 방대한 데이터를 축적해왔다. 그러나 조금만 더 복잡한, 예를 들어 쥐의 단계로만 올라가도 축적한 데이터를 어떻게 적용하고 응용해야 하는지 알 수 없는 경우가 많다. 다윈은 그렇게나 작으면서 그렇게나 많은 활동을 하게 하는 개미의 뇌가 "세상에서 가장 경이로운 물질"이라고 말한 바 있다.

현재 뇌과학의 선구적인 분야는 뇌의 연결 지도, 커넥텀을 만드는 일이다. 그러나 이는 결코 만만한 작업이 아니어서 구더기의 뇌세포 1만개의 커넥텀을 만드는 것은 슈퍼컴퓨터를 이용해도 시간이 매우 많이 소요된다. 1만개의 세포가 상호 연결되는 경우의 수만 해도 천문학적인데, 이에 더해 일상의 다양한 자극에 따라 수시로 연결이 변화한다는 점을 기억한다면 커넥텀이 50년은 걸려야 완성된다는 말을 이해할 수 있을 것이다. 사람의 뇌에는 수백억개의 뉴런이 존재한다. 수백억개의 뉴런이 수시로 연결을 바꾸며 신경전달물질을 분비하면서 우리의 마음을 조절하는 것이다. 연결이 변하면 물론 신호도 변한다. 대략적인 추산만으로도 1백조개에 달하는 시냅스가 존재하고 여기에 수백억개의 비뉴런 세포도 각자의 기능을 한다. 우리의 뇌에는 우주보다 더 복잡한 세계가 들어 있다.

우주보다 광활한 뇌의 세계에는 알려지지 않은 영역이 너무도 많다. 마치 전능한 조물주처럼 몇개의 뉴런이 뇌 전체의 기능을 관장하는 것인가? 그렇다면 일이 다소 쉬워질지도 모른다. 쥐의 뇌에서 커넥텀을 부분적으로 분석한 결과는 다섯개 정도의 뉴런이 뇌의 구석구석을 관통하며 몸길이의 3배가 넘는 연결망을 만든다는 사실을 증명했다.[11] 우리의 뇌도 이런 식으로 작용한다면 수백억개가 아닌 겨우 수만개(!) 정도의 뉴런을 대상으로 삼음으로써 좀더 정밀한 이해와 치료가 가능해질지도 모른다. 그래도 수십년이 걸린다는 구더기의 뇌세포 1만개 분석보다는 훨씬 복잡한 작업이다. 인공지능의 적용이 가장 왕성한 분야가 뇌의 커넥텀 연구인 이유이다.

커넥텀 연구가 지금까지의 뇌 연구에 비해 진일보한 방법론임에는 분명하지만 그 자체만으로는 뇌의 기능을 완전히 이해하기에 턱없이 부족하다. 그것은 마치 유전학에서 DNA의 구조와 유전체를 밝혀낸 것으로는 인체의 작동 기전 전체를 설명하기에 한참 부족한 것과 같다. 우리 몸을 구성하는 하나하나의 세포에는 역시 우주와 같은, 우리 몸 상태에 따라 수시로 변하는 유전자

조절 기전이 작동하고 있다. 뇌에서도 역시 커넥텀은 얼개일 뿐이고 이 각각의 커넥텀이 어떻게 조절되는지를 온전히 이해해야 뇌의 기능을 제대로 설명할 수 있다.

아픈 사람들이 가르쳐준 뇌의 기능

'뇌의 사장' 역할을 하는 전두엽을 다친 가장 유명한 사람은 19세기의 미국 철도 노동자 피니어스 게이지Phineas Gage였다. 그는 공사 중의 폭발 사고로 두께 3센티미터, 길이 1미터의 쇠파이프가 아래턱부터 전두엽까지 관통하는 부상을 입는다. 그가 살아남은 것은 당시의 의료기술로는 기적이었는데 가족들은 사고 후 그의 성격이 완전히 변했다고 진술했다. 원래는 호감형 청년이었으나 다친 후에는 욕설을 입에 달고 다니며 자신 말고는 안중에 없는 이기적인 사람으로 변했다. 결국 좋지 않은 행실 때문에 해고를 당한 후 떠돌이 생활로 삶을 마감하게 된다. (그러나 게이지가 죽기 전까지 조금씩 증상이 호전되고 있었다는 것은 잘 알려져 있지 않다. 뇌의 가변성을 보여주는 사례이다.)

전두엽은 행동을 일관성 있게 조직하는 역할을 하기 때문에 손상을 입는 경우 다양한 기능적 결함이 생긴다. 전두엽 손상 환자들은 학습 능력이 떨어지지 않고 표준 IQ 검사에서도 지능의 저하를 보이지 않지만 임기응변 능력이나 일을 순서대로 하는 능력에서 결함을 보이는 경우가 많다. 예를 들어 생선전 레시피에 밀가루옷을 입혀야 한다고 되어 있으나 밀가루가 없고 부침가루만 있을 때 부침가루를 대신 사용하는 것을 어려워한다든지, 밀가루 다음 계란옷을 입히는 순서를 뒤바꿔 계란을 묻히고 밀가루를 묻혀서 엉망을 만든다든지 하는 것이다.

심리적 관성이 증가하는 현상도 전두엽 손상에서 흔히 나타난다. 이것은 어떤 행동을 시작하면 멈추지 못하는 모습으로 발현하는데, 세균을 피하기 위해 반복적으로 손을 씻는 강박성 성격장애와 비슷한 양상이다. 어린이들은 전두엽 발달이 완성되지 않은 상태이기 때문에 강박적인 행동을 보일 때가 많다.

전두엽은 충동을 억제하는 기능을 하기 때문에 전두엽이 손상된 사람들은 행동을 조절하는 데 애로를 느끼고 이에 따라 사회생활이 어려워지기도 한다. 이런 문제 행동은 부적절한 성적인 행동이나 맥락을 읽지 못하는 행동 등으로 나타난다. 전두엽 손상 환자들의 가족은 흔히 조용하고 성실했던 환자가 사고 후 난폭하고 무책임하며 게으른 사람으로 변했다고 호소한다. 정신질환을 앓는 사람들에게도 흔히 나타나는 증상들이므로 전두엽의 뇌신경 신호 전달에 문제가 생기는 경우 외상을 당하지 않았더라도 유사한 증상이 나타날 수 있다.

전두엽 손상 환자의 증상이 정신질환의 다양한 증상과 유사하기 때문에 정신질환 연구자들은 전두엽을 중점적으로 조명해 왔다. 예를 들어 많은 연구에서 조현병 환자들의 기능성 뇌 영상 검사 시 전두엽의 활성화가 정상인보다 감소됨을 보고하며, 신경 생리 기법으로 측정한 전두엽의 행동 억제 기제가 감소해 있다고도 보고한다. 전두엽과 측두엽, 두 영역 사이의 교신에 이상을 보이는 기능 연결성의 손상도 중요한 소견으로 대두되고 있다. 한 예로 언어를 만드는 전두엽과 언어를 지각하는 측두엽의 연결에 문제가 있는 경우 환자는 자신의 마음속에서 생성된 내적 언어와 실제로 들려오는 외적 언어를 구별하지 못하게 된다. 결과적으로 환자는 내적인 언어를 밖에서 들리는 언어로 여기며 환청을 듣게 된다.

양극성 장애 환자에게 나타나는 뇌의 기질적 변화는 대뇌 피질의 부피 감소와 같이 조현병 환자와 공통적인 점도 있지만 분명한 차이를 보이는 것도 있다. 일반적으로 양극성 장애에서 나타나는 뇌의 변화 정도는 조현병과 단극성 우울증의 중간 정도로 보고되고 있다.[12] 환자가 치료제인 리튬을 복용하는 경우 대뇌 피질의 부피가 증가하는 것으로 알려져 있어 (아직도 작용 기전이 잘 밝혀져 있지는 않지만) 명백한 생물학적인 효과를 지니는 것을 확인할 수 있다.

양극성 장애 환자들은 정서와 밀접한 연관을 갖는 편도체의 활성이 증가되는 반면 인지와 관련된 전두엽의 활성은 감소되어

비질환자에 비해 정서와 인지의 불균형이 발생한다.[13] 기분 변화가 자주 나타나는 급속순환형 양극성 장애 환자 가운데서는 뇌전증 환자에게 보이는 뇌파 형태가 나타나는 경우가 있고, 양극성 장애의 치료에 뇌전증 치료제가 효과를 보이는 때도 있어 뇌전증과 양극성 장애의 병태 생리에 공통성이 있음을 짐작하게 한다. 자발적 신경 회로 조절에 관여하는 외측 전전두 피질의 기능 연결성의 이상도 관찰되는데, 양극성 장애 환자의 (발병하지 않은) 가족에게도 같은 이상을 발견할 수 있어서 뇌의 기질 변화가 유전적인 성향을 보임을 알 수 있다.[14]

양극성 장애에 흔히 동반되는 불안장애와 약물 오남용 역시 전두엽 기능 이상과 밀접한 관계를 보인다. 쥐는 내측 전전두엽을 손상시키는 경우 위험한 상황이 종료되어도 지속적으로 위험한 상황으로 인지하는 행동을 보이는데, 불안장애 환자에게도 두려운 상황이 안전한 상황으로 바뀌었다는 것을 인지하게 하는 내측 전전두엽의 활성화가 감소한다. 이런 결과들을 토대로 과거에는 난치성 불안장애 환자를 대상으로 대상회파괴술^{cingulotomy}이라고 하는 피질에 병변을 만드는 수술적 치료까지 시도된 예가 있었다. 이외에도 변연계에 속하며 공포 조절에 관여하는 것으로 알려진 편도체가 불안장애 증상에 중요하게 관여한다.

뇌의 기능은 대부분 연결로 이루어지기 때문에 양극성 장애를 입체적으로 이해하기 위해서는 전두엽 한 영역만이 문제라는 시각은 충분하지 않다. 양극성 장애 환자의 중요한 특징인 정서적인 불안정성은 전두엽-변연계 연결성의 이상에서 기인하는데, 변연계는 후각, 기억, 감정을 조절하는 뇌의 가장 오래된 구조물로 앞에 언급한 편도체가 변연계에 속한다. 이같은 전두엽-변연계 연결성의 이상으로, 정서적 자극을 인지하고 반응을 하는 중추와 선택적으로 자극을 받아들이고 감정을 조절하는 중추 사이의 불균형이 생기기 때문에 부정적인 자극에 과도하게 대응하는 등의 행동이 나타난다.[15] 사람들이 정신을 집중해서 과업을 수행할 때 전전두엽에서 외측 측두엽, 해마를 아우르는 감정과 잡념에 관여하는 회로가 일시적으로 숨을 죽임으로써 일의 효율을 높이는데, 양극성 장애 환자는 이 회로의 활성이 증가하는 것으로 관찰된다. 이 때문에 잡다한 상념들을 통제하지 못해 과업 효율이 떨어지고 우울 증상을 악화시키는 결과가 나타난다. 체온이나 대사 작용을 조절하는 시상하부의 부피가 작아질 뿐 아니라 대뇌 피질과의 연결이 감소된다는 점도 환자들에게 다양한 신체 증상이 나타나는 이유로 보고되고 있다.[16]

다시 병동으로

"엄마, 미안해."

대양을 사이에 두고 전화 저편에서 아이는 울고 있었다. 그때 나는 연구재단의 지원으로 해외 단기 연수를 온 상황이었고 호주에서 열린 학회에서 초청 강연을 하던 중이었다. 강연 중 한국에서 안나로부터 부재중 전화가 두통 온 것을 확인하고 바로 전화했다. 물론 좋지 않은 일일 것은 짐작하고 있었고 최악의 상황만 아니기를 바랐다. 작년에는 입원도 안 하고 나름 알바를 하면서 자기 일을 하고 있던 아이인지라 조금은 마음을 놓고 있었다. 하지만 이렇게 갑작스레 일이 생긴 것은 그동안 좋지 않은 상황을 안나가 억누르고 있었기 때문이리라.

"나 입원해야 할 거 같아. 교수님이 입원결정서 써준댔어."

뭐라 할 말이 없었다. 아이가 그렇게 힘든 줄도 모르고 있던 엄마니까. 왜 네가 미안해해야 하느냐고, 걱정 말고 치료 잘 하자고 아이를 위로하고 전화를 끊은 후 남편과 다시 통화했다. 아이가 또다시 커터 칼로 팔을 그은 상황이었다. 한동안 잠잠했던 자해 행위가 다시 나타난 것이다. 2년 전처럼 자살을 목적으로 한 것인지는 불분명했다. 나는 자해 부위가 동맥과는 멀리 떨어진 곳이었다는 것, 그것 하나만으로 최악은 아닐 것이라고 스스로를 안심시키고 스스로를 속였다. 할 수 있는 일이 없었다. 이대로 연수고 뭐고 다 집어치우고 귀국해야 할 것 같아 담당 교수에게 상황을 묻는 이메일을 보냈다. 귀국할 필요까지는 없고 아이가 입원해서 좀 안정을 취해야 한다는 답이 왔다. 작년에 약을 거의 먹지 않았다는 사실도 알려왔다. 결국 나는 아이의 상태에 대해 아무것도 아는 것이 없었다.

아이가 보호병동에 입원해서 생활해야 하는 거라면 엄마가 해줄 수 있는 일도 별로 없었다. 그렇게 이역만리에 떨어져 있는 상황에서 안나의 두번째 보호병동 입원 생활이 시작되었다. 필요한 물품 반입과 면회는 아빠가 했고 나는 전화 통화로 아이 상태를 확인하는 것이 전부였다. 갑작스러운 사태로 놀란 가슴은 병동 생활이 시작되면서 다시 다스려졌다. 그래, 약을 안 먹었다고 했으니까…… 그래서 나빠진 거겠지. 필사적으로 원인을 찾고 스스로를 납득시킨 것은 이 난국을 헤쳐나갈 방안을 찾기 위한 자구책이었을 뿐이다.

입원 중 전화선 너머로 들려오는 아이 목소리에는 어두운 기색이 없었다. 그래서 아이가 좋아지고 있다고 믿어버렸다. 남편도 면회 가서 보니 애 상태가 괜찮다며 걱정하지 말라고 했다. 그 와중에 안나가 좋은 담당 주치의 선생을 만나서 신뢰 관계가 생긴 것 같다고도 했다. 아이는 그동안 담당 교수 외의 다양한 의사들을 만났지만 누구도 마음에 들어 하지는 않았다. 심지어는 면담 후 울면서 다시는 이 의사를 안 만나겠다고 하며 나온 적도 있었다. 나로서는 아이가 자신의 마음에 맞는 의사를 만나기가 쉽지 않은 일임을 알고 있었기 때문에 다행으로 생각하며 마음을 놓았다. 하지만 안나는 쉽게 병원을 나오지 못했다.

입원 생활은 한달이 지나고 두달이 지나도록 이어졌다. 위험한 상황이 정리되면 아이도 집으로 돌아가야 할 터인데 입원이 이렇게 오래 지속되다니 뭔가 잘못된 것이 아닌가 하는 걱정이 들었지만, 어차피 내가 알아볼 방법도 없었고 안나의 목소리는 계속 괜찮게 들렸다. 결국 안나는 내가 귀국하기 며칠 전 3개월간의 병동 생활을 마치고 퇴원했다. 퇴원하자마자 다시 알바와 작업을 재개했지만 뭔가가 달랐다. 전화로 목소리만 듣는 것이 아니라 오랜만에 직접 아이의 얼굴을 보자 단박에 느낄 수 있었다.

좋은 생각을 북돋아주려고 시작한 대화는 줄곧 아이의 날카로운 힐문과 비난으로 이어졌고 나는 어찌할 바를 몰랐다. 이 아이가 원래 이런 아이였나…… 이런 생각들을 그동안 다 내색하지 않고 있었던 것일까? 생활도 다시 무너지기 시작했다. 아이의 자취집에 가끔 들러보면 술병이 나뒹굴 때가 많았다. 그것을 감추려는 안나와 나 사이에는 또다시 비난과 공방이 이어졌다. 무엇보다도 내게 두려운 것은 안나의 삶에서 뭔가가 빠져나가버린 듯 보이는 것이었다. 아이는 다른 사람이 되어 있었다.

가을이 되면서 갑자기 생긴 공황발작으로 병원 응급실로 뛰어간 아이 때문에 의료진이 진료 중인 내게 병원으로 와달라고 전화한 일도 있었다. 나는 안나가 집에서 스스로를 해하려는 충동을 참고 참다가 못 견뎌서 그리했으리라는 것을 알고 있었다. 그렇게 응급조치를 받고 귀가한 아이의 상태는 안정되지 않았고 불안한 살얼음판의 하루하루가 이어졌다. 결국 안나가 그해 다시 입원하게 된 것은 지난 퇴원 후 고작 3개월이 지나서였다. 아이는 다시 커터 칼로 팔을 그었고 응급실로 달려갔으며 입원이 필요하다는 판정이 나왔다. 나는 그동안 읽었던 양극성 장애에 관한 문헌들을 다시 살펴보았지만 도무지 종잡을 수가 없었다. 기분이 너무 좋아서 문제를 일으킨다는 조증은 고사하고 팔목을 그을 정도로 우울 증상이 심한 건 또 뭔가? 24시간 지속되는 불안과 공황장애는 또 뭐고…… 요즘은 약도 잘 먹은 것 같은데 도대체 왜……

세번째 입원 생활은 불행히도 입원 직후 담당 주치의가 겪은 사고 때문에 더 어려워졌다. 주치의를 크게 의지하고 있던 안나는 입원 후에도 제대로 진료를 못 받게 되자 더 불안정해졌다.

나도 덩달아 불안해졌다. 진단 후 처음으로 '이게 도대체 가망이 있는 병인가?' 하는 생각이 들었다. 항상 시간에 쫓겨가며 사는 일상에서 아이의 병 바라지를 하자니 시간적·정서적 소모가 클 수밖에 없었다. 코로나 이전이어서 면회와 외출이 비교적 자유로웠지만 면회를 할 때마다 마음은 더 무겁게 가라앉았다. 아이가 좋아진다는 느낌이 전혀 들지 않았다. 병원에서는 입원 중에 환자가 약을 잘 먹는지 환자의 혓바닥까지 들춰가면서 확인하건만 입원 후 한달이 되도록 아이 상태는 변화가 없어 보였다.

함께 외출한 어느날 안나가 이것저것 사달라고 하여 계획한 것보다 두시간을 더 소요했는데, 내가 좀 서두르면서 짜증스러운 표정을 내비친 순간 안나는 병원 바닥에서 공황발작을 일으키며 쓰러졌다. 숨을 몰아쉬며 바닥에서 뒹구는 아이의 모습을 본 것은 처음이었고 나는 당황스러운 와중에 '아, 저게 옛날에 의학 서적에서 본 히스테리발작이겠구나' 하는 생각을 하며 머릿속을 가다듬었다. 아이의 몸과 마음에 어떤 고통이 있으면 저런 지경이 되는지 도저히 짐작도 할 수 없었다.

입원 후 다시 한달이 지나고 두달이 지났다. 시간이 갈수록 아이의 공격성이 드러났다. 이제 나는 안나가 내가 알던 그 아이가 더이상 아니라는 것을 인정해야만 했다. 하지만 대책 없는 낙관주의자인 나는 이렇게 생각하기로 했다.

"그동안에는 자기비하가 심하고 우울증이 심했는데 이제 부모한테 공격성이라도 보이는 걸 보면 자기비하는 좀 극복한 것이겠지. 저러다보면 조금은 나아지겠지……"

하지만 면회를 갈 때마다 나의 마음은 바닥을 모르게 침몰했다. "기분은 좀 어떠니?" 하는 나의 물음에 아이는 일관성 있게 "모르겠어"라고 대답했다. 그러면서 "입원하고 돈을 이렇게 많이 썼으니 좋아져야겠지" 하고 덧붙였다. 얼굴에는 아무런 표정이 없었다. 자살하려는 사람에게서 볼 수 있다는 1,000야드 시선^{thousand yard stare} (초점이 없는 텅 빈 시선)만 보였다.

그해의 두번째 입원도 결국 지난번 입원처럼 석달을 다 채우고서야 끝났다. 퇴원하는 날 안나는 이렇게 말했다.

"이제 어떻게 살아가야 할지도 모르겠어."

그해의 절반을 보호병동에서 보낸 후였다.

넷째 해

폭풍 치는 밤바다

난 정말 행복해.

오늘 내 친구들을 찾았거든.

내 머릿속에서.

——커트 코베인 「리튬」

천재들

조니 앨런 헨드릭스Johnny Allen Hendrix는 생애 단 4년의 짧은 음악 활동을 하고 지미 헨드릭스Jimi Hendrix라는 별이 되었다. 내가 철이 들기도 훨씬 전에 세상을 떠난 이 천재의 작품을 처음 접한 것은 대학 시절 「성조기」Star-Spangled Banner, 곧 미국 국가 연주의 동영상을 본 순간이었는데 많은 사람들이 그랬듯 감전되는 듯한 충격을 느꼈다. 죽기 1년 전인 1969년, 월남전이 한창이던 당시에 4분간의 짧은 기타 연주로 반전의 메시지를 울리고 미국사회의 곪아 터지려는 모순들을 누구보다 통렬하게 비틀고 조롱한 헨드릭스도 양극성 장애를 앓고 있었다는 것이 정설로 알려져 있다.

헨드릭스는 문제 행동 때문에 고등학교를 마치지 못했으며 자동차 절도로 형무소 신세를 질 뻔했지만 군에 입대해서 감방 신세를 피했다. 하지만 군대에서 아무 때나 잠을 자고 군율이라고 는 지키지 않는 통에 소위 '관심병사'가 되었다가 1년 만에 제대 했다. 가정환경도 불우했다. 그의 어머니가 그를 돌보지 않았기 에 아버지가 군대에 가 있는 동안 그는 어머니의 친구 손에서 자 랐다. 그런 환경 속에서 헨드릭스는 내성적인 소년이 되었다. 아 버지는 제대 후 헨드릭스를 돌보면서 그가 음악에 흥미를 가진 것을 알고 다양한 악기를 그의 손에 쥐어주었다. 그가 15세 때 친 구의 아버지로부터 5달러에 기타를 사서 손에 넣은 이후 기타는 그의 손을 떠나지 않았다.

헨드릭스의 재능은 영국에서 음악을 하던 동료들과 투합한 1966년에 만개하기 시작한다. 당시의 대규모 뮤직 페스티벌에서 헨드릭스의 존재는 독보적이었고, 무대에 오른 그는 이제까지 없 었던 스타일과 신기에 가까운 기타 연주로 관중들의 혼을 사로 잡았다. 그의 연주는 이전 시대로부터의 완전한 진화를 의미했 고 대중들은 열광했다. 몬터레이 뮤직 페스티벌에서 그가 연주 후 기타를 불태우는 장면은 록 공연의 영원한 전설로 남았다. 세 번째 앨범 『일렉트릭 레이디랜드』*Electric Ladyland* 의 성공으로 부와 명예를 거머쥔 헨드릭스는 1969년 우드스톡 페스티벌에서 「성조 기」를 연주하며 생의 절정을 누린다.

하지만 사생활 문제가 계속 불거졌는데 쉽게 화를 냈고 자신 의 성미를 돋우는 사람을 폭행하는 일이 빈번했다. 여자 친구를

술병으로 때리기도 했다.[1]

"조울증이 내 영혼을 뒤지고 있네, 내가 원하는 게 뭔지는 알겠는데 어떻게 얻어야 할지는 모르겠어…… 조울증은 내 영혼을 사로잡고 있어."(「Manic Depression」 가사 중)

한 매체와의 인터뷰에서 조울증(1960년대에는 양극성 장애를 'manic depression'이라 불렀다)이 있지 않느냐는 질문을 들은 후 그가 지은 곡 「Manic Depression」은 그의 질환 상태를 잘 묘사한다. 공연하기 전 그는 LSD를 포함한 다양한 약물을 사용했고 캐나다에서는 공연 전 약물 소지로 재판을 받기도 했다.

1970년 9월 18일 아침, 런던 사마르칸트 호텔에서 헨드릭스는 의식을 잃은 상태로 발견된다. 급히 병원으로 이송되었지만 두시간 후 사망이 선고된다. 헨드릭스의 폐에서는 400밀리리터의 액체가 검출되었는데 토사물이 폐로 흡인된 것이었다. 사망 전날 그가 상용 용량의 20배 정도의 바비튜레이트barbiturate를 복용한 것으로 확인되었고, 사인은 의식이 저하된 상태에서 일어난 토사물의 기도 흡입에 의한 질식사였다. 그의 나이 27세 때였다.

커트 코베인Kurt Cobain이 태어났을 때 병원 간호사들은 그를 보고 탄성을 질렀다.

"이렇게 파랗고 예쁜 눈을 가진 아기는 본 적이 없어요."

음악을 하는 친척들이 많은 환경에서 코베인은 어린 시절부터 그림, 음악 등 다양한 예술 활동에 흥미를 보였다. 그런 그의 행복한 유년기는 아홉살 때 부모가 이혼하면서 산산조각이 나게 된다. 코베인은 훗날 인터뷰에서 부모의 이혼은 자신에게 심대한 영향을 미쳤고 성격조차 변하게 되었다고 진술했다. 부모가 함께 사는 통상적인 가족을 갈망했고 그러지 못하는 자신의 부모를 창피하게 생각했으며 반항적인 성격으로 자랐다. 그러나 물론 그것이 전부는 아니었다.

코베인의 부계에는 자살한 삼촌이 두명 있었고 알코올 의존성의 가족력이 있었다. 코베인은 그림이나 음악과 같이 자신이 흥미를 느끼는 일이 아니면 아무것도 하려 하지 않았고 자기 앞가림도 잘 못했는데, 결국 주의력결핍과잉행동장애를 진단받고 리탈린^{ritalin}을 복용했다. 성년이 되면서 그의 정신질환은 주의력결핍과잉행동장애에서 양극성 장애로 진화했다.

코베인은 13세 때 처음 대마초를 피운 것을 시작으로 다양한 약물을 사용했고 일찌감치 알코올에 중독되었다. 아직 10대일 때 헤로인을 시작해서 중독되기도 했는데 그는 자신을 어릴 때부터 괴롭혀온 복통과 구토의 치료제로 헤로인을 사용한다고 말했다. 그의 대표곡이자 록 음악의 역사를 바꾼 「스멜스 라이크 틴 스피릿」^{Smells Like Teen Spirit}의 가사는 마약에 중독된 이가 약에 취해 넋두리하다가 마침내 자신이 중독 상태가 아니라고 부정하는 내용으로 해석하면 거의 틀림이 없다.

삼촌이 생일 선물로 사준 기타를 손에 잡은 후 자신의 음악 세계를 만들어가던 코베인은 18세에 고등학교를 자퇴하고 불교의 영향을 받은 '너바나'Nirvana라는 이름의 밴드를 결성해 본격적인 음악 활동을 시작한다. 코베인은 밴드 이름을 '바깥 세계로부터의 아픔과 고통에서 해방된다는 의미'라고 설명했다. 몇년간의 무명 생활 끝에 내놓은 앨범 『네버마인드』Nevermind로 성공은 눈 깜짝할 사이에 다가왔다. 며칠은 감지 않은 듯한 떡진 머리카락과 구겨진 티셔츠 바람으로 무대에 선 코베인은 그 모습 그대로 그런지 록grunge rock의 표상이 되었다. 앨범은 전세계적으로 7,500만장이 팔려 나갔고 너바나는 X세대를 대표하는 밴드로, 코베인은 슈퍼스타로 자리매김했다. 그런 어마어마한 인기를 코베인은 힘들어했다. 1992년 『네버마인드』의 성공 후 코베인은 한 인터뷰에서 이렇게 말했다.

"대중의 눈앞에 서면 수없이 강간을 당하는 것을 피할 수 없다. 대중은 내가 탈진할 때까지 나의 마지막 피 한방울을 원할 것이다. 모든 사람들이 나를 잊어버리는 그런 미래를 꿈꾼다."[2]

그는 자신의 음악과 메시지를 멋대로 해석하는 팬들을 혐오했다. 헤로인 사용량이 늘어갔고 매체와 사진 촬영을 하는 도중에 잠들어버리기도 했으며 치사량에 가까운 헤로인 복용으로 공연에 차질을 빚기도 했다. 그의 부인이었던 코트니 러브는 마약 길항제 날록손naloxone을 항상 가지고 다니면서 마약 과용으로 사경을 헤매는 코베인을 다시 이승으로 끌어왔다. 코베인은 자신의 전기 작가 마이클 애저러드에게 말했다.

"뭐라 말해도 나는 약을 중단하지 않을 거예요. 정말 신경 안 써요. 약을 끊으라고 하는 사람들은 마술이라도 부리라는 거겠지요. 내가 언제든 죽을 수 있다고 생각하면서……"3

1994년 4월 8일, 코베인이 전에 살던 집으로 전기를 수리하러 온 기사는 쓰러져 있는 코베인을 발견한다. 그의 곁에는 산탄총이 놓여 있었다. 한달 전 독일 순회공연이 그의 심한 기관지염으로 중단된 후 한달 동안 벌어진 약물 과용, 자살 충동, 그리고 이로 인한 병원 입원 이후 일어난 사건이다. 사망 일주일 전 코베인은 입원해 있던 병원의 담을 넘어 탈출했고 며칠간 행방이 묘연한 상태였다. 발견 당시는 이미 그가 사망한 지 며칠이 지난 후였다.

전세계의 팬들은 경악했고 애도했다. 그의 죽음이 너무도 충격적이어서 많은 사람들이 다양한 의혹을 제기하기도 했지만, 그를 잘 아는 지인들은 그가 젊은 나이에 사망할 것을 예견해왔고 자신들이 그를 구하기 위해 할 수 있는 일이 없었음을 인정했다. 그의 계부인 데이브 리드는 이렇게 말했다.

"커트에게는 다른 사람들이 자신을 사랑한다는 것이 의미가 없었습니다. 자신에 대한 사랑이 너무 부족했어요."4

커트 코베인의 나이 27세였다. 그는 지미 헨드릭스, 장 미셸 바스키아와 함께 27세 클럽의 가장 유명한 멤버가 되었다.

폭풍 치는 밤바다

퇴원 후에도 상황이 딱히 더 나아지는 것 같지는 않았다. 처음 진단받은 후 햇수로 4년째에 접어들고 있었지만 어디에도 희망적인 징후는 보이지 않았다. 안나는 퇴원 후 한달 정도 약을 매일 먹어야 하니 새로 약통을 마련하겠다는 등 조금의 의지는 있었으나 한달이 지나자 그마저 흐릿해졌다. 같이 살지 않으니 아이가 약을 제대로 먹는지도 확인할 수 없었다. 하지만 더 중요한 것은 과연 약이 듣기는 하느냐는 의문이었다. 몇달 동안 병동 생활을 할 때도 매일 약을 제대로 챙겨 먹었지만 좋아진다는 느낌은 없었다. 그리고 약이 정말 효과가 있다면 아이가 약을 안 먹겠는가, 하는 의심도 있었다.

일주일에 두번 안나를 찾아가서 시장도 같이 가고 저녁도 함께 먹고 했지만 불안한 마음은 어찌할 수 없었다. 그만큼 아이의 정서는 불안정해 보였다. 물론 안나가 대놓고 '죽고 싶다'는 말을 하는 건 아니었다. 그러나 말하지 않아도 감정은 전달된다. 당혹스러운 점은 왜 아이가 그런 생각을 하는지 감도 잡을 수 없다는 것이었다. 안나에게 어떤 말을 해도, 무엇을 해주어도 그런 생각을 고칠 수 없는 상황은 나를 절망에 빠뜨렸다.

마지막 퇴원 후 두달 만에 안나는 다시 팔목을 칼로 긋고 응급실을 찾았다. 정말로 아이가 왜 그런 행동을 하는지 알 수 없었고 물어볼 수도 없었다. 물어보아도 대답이 없거나 '모르면 잠자코 있으라'는 식의 반응이 돌아올 뿐이었다. 그렇게 응급조치를 받고 귀가한 후 며칠 안 되어 안나는 또 죽도록 불안하다면서 다시 응급실을 찾았다. 아이가 자살 충동 때문에 위급하니 보호자가 와야 한다는 전화가 응급실에서 시도 때도 없이 걸려왔다. 이번에도 약을 잘 안 먹는다는 원인 진단이 떨어졌고 다시 약을 조절하기 위한 입원 결정이 내려졌다. 네번째 입원이었다. 입원실 배정을 기다리는 동안 전화 상담원이 전화를 불성실하게 받았다는 이유로 안나는 화를 낸 뒤 모든 진료와 입원 예약을 취소해버리고 연락이 두절되었다. 내가 아이 집 문을 열고 들어가 약을 먹고 잠들어 있는 아이를 두들겨 깨워서 간신히 입원시켰다.

이제는 가장 나쁜 결과를 생각할 수밖에 없었다. 할 수 있는 일이라곤 안나의 죽음을 임시변통으로 막는 것뿐인 상황이었다.

"시설 입소가 필요할까?"

머리를 스치고 지나간 생각이었다. 잠시였지만 떠오른 생각에 스스로 흠칫 놀랐다. 여기서 '시설'이라 함은 정신요양시설로, 가족이 보호하기 어려운 만성 정신질환자를 입소시켜 요양·보호함으로써 이들의 삶의 질 향상 및 사회복귀를 도모하기 위해 설치한 기관을 일컫는다. 사회복귀를 도모한다지만 시설 장기 입소자의 50.2퍼센트는 10년 이상 머물고 있는 실정이다.[5] 이와 달리 보호병동은 환자가 치료를 위해 입원한 뒤 상태가 안정되면 바로 퇴원한다. 중요한 차이는 결국 가족이 포기하느냐 안 하느냐일 것이다. 영문도 모르는 채 아이의 병과 함께 가족 모두가 모래지옥으로 빠질 수는 없는 노릇이지만 아이의 시설 입소는 또다른 의미의 삶의 포기이기 때문에 그 생각은 바로 지워버렸다. 부모와 아이가 같이 사는 선택지는 아이의 완강한 저항 때문에 가능하지 않았다. 살아가야 할 의미를 못 찾을 정도로 심각한 아이의 우울 증상이 문제라면 다른 치료 방법을 선택해야 하지 않을까? 양극성 장애의 정의에 꼭 들어맞지 않는 양극성 스펙트럼 장애라는 점도 혼란의 원인이 되었다. 양극성 장애 1형, 2형에 비해 스펙트럼 장애에 대해서는 참고할 수 있는 문헌도 많지 않았다. 대처할 수 있는 방법들이 여러모로 막혀 있는 상황에서 폭풍우가 몰아치는 밤바다를 부서진 배를 타고 헤매는 심정이었다.

다행히 입원 후 바로 안나의 상태가 안정되어 네번째 입원은 17일간으로 짧게 마칠 수 있었다. 하지만 퇴원 후 두달이 채 못되어 다시 안나의 공황과 불안장애가 악화되고 자해 행위는 변함이 없었으며 부모가 수시로 응급실 호출을 받는 상황은 되풀이되었다. 귀에서 전화벨 소리가 환청으로 들릴 지경이 되었다. 어떤 만성 질환에 걸렸든 환자가 응급실을 수시로 찾아야 하는 상황이라면 병을 조절하는 일이 실패했음을 의미한다.

　장마가 한창인 어느날 아침, 조간신문을 들여놓기 위해 현관문을 열다가 문 앞에 안나의 배낭이 놓여 있는 것을 발견한 남편과 나는 밤사이에 아이가 집에 왔다가 열쇠가 필요한 보조 장치를 열지 못해 못 들어오고 어딘가로 발길을 돌렸다는 것을 알았다. 안나는 전화를 받지 않았다. 출근이고 뭐고 일단 차를 몰고 아이의 집으로 달려갔다. 억수처럼 쏟아지는 빗속에서 그래도 전화가 꺼져 있는 것은 아니니 어딘가 아이가 무사히 있을 것이라고 스스로를 안심시켰고 믿지도 않는 신에게 아이가 무사하기를 빌었다. 부디 안나가 자취집에서 자고 있기를 바랐지만 그럴 리는 없었다. 집이 비어 있는 것을 확인하고 경찰에 실종 신고를 하며 위치 추적을 해보니 안나가 병원 응급실에 있음을 알게 되었다. 내원이 너무 잦아지자 이제 응급실에서도 웬만하면 가족을 부르지 않는다는 예외적인 방침을 적용한 것이었다.

　다섯번째 입원은 네번째 입원과 퇴원 후 4개월 만이었고 25일간 지속되었다. 아이의 팔과 다리는 자해 상처로 성한 곳이 없었다. 옛 사람들이 왜 굿을 했는지 심정적으로 이해가 갔다.

　문제가 우울 증상 때문이라고 믿은 나는 다른 선택지들을 찾기 시작했다. 남편이 해외 학회에서 마취제 케타민^{ketamine}이 우울 증상과 자살 충동에 효과를 보인다는 말을 듣고 와 지푸라기라도 잡는 심정으로 관련 문헌들을 찾아보고 담당의에게 문의해보았다. 담당의는 신중해야 한다고 답했다. 중독성이 쉽게 생기는 이런 약에 대해 장기간의 안전성을 무시하고 반짝 효과만을 바랄 수는 없기에 당연한 일이었다. 하지만 까딱하면 아이가 죽게 생긴 부모의 마음은 반짝 효과라도 있었으면 하는 생각에 이르게 된다.

어떤 난치 질환에 대한 새로운 치료법이 나오면 사회의 큰 관심사로 떠오른다. 그런데 충분한 데이터가 축적되기 전에 그 효능이 과장되게 알려지면서 많은 문제가 빚어지는 것은 의학사에 늘 있어왔던 일이다. 최근에는 거대한 의약산업의 이권이 개입하면서 그런 경향이 증폭되고 있다. 그 실상을 누구보다 잘 아는 부모이더라도 자식이 이런 상황에 몰리면 이성보다 감정이 앞서게 되는 것은 어쩔 수 없다.

'다음에도 이렇게 어려운 상황이 생기면 내가 병원에서 이 약을 직접 처방한 후 집으로 가지고 와서 아이에게 주사해줘야겠다……' 하는 생각까지 했지만, 케타민 주사제가 향정신성 약물로 엄격히 관리되고 있음을 알고 포기했다. 면허 취소당할 일을 하면 안 되니까. 하지만 케타민의 임상시험 성적들을 보면 귀가 솔깃하지 않을 수 없었다. 지금까지 쓰이던 어떤 약물보다 케타민은 자살 충동에 대한 효과가 우월했다. 그 효과가 오래가지 못해 약물의 요구량이 많아질 수 있다는, 즉 중독성이 생길 수 있다는 점은 눈에 들어오지도 않았다. 물론 케타민의 중독성은 알코올에 훨씬 못 미치고 커피보다도 낮다.

또 한가지 관심을 끈 것이 사이키델릭^psychedelic(환각성) 약물이었다. LSD를 대표주자로 하는 사이키델릭 약물들은 1960년대 히피 문화와 함께 미국에서 크게 유행했다. 히피 문화가 월남전 반대 운동으로 이어지면서 정치권에서는 히피 문화의 상징인 사이키델릭 약물 사용에 제동을 걸었다. 닉슨 대통령은 점점 거세지는 반전 시위를 사이키델릭 약물에 취한 젊은이들의 일탈로 보고 LSD의 전도사였던 전 하버드대 교수 티머시 리리를 "미국에서 가장 위험한 인물"로 규정해 감옥에 가두어버렸다.[6] 대마초 두개비를 소지한 죄로 그에게는 징역 10년이 선고되었다. 닉슨은 '마약과의 전쟁'을 선포한 후 대마초 사용을 중죄가 아닌 경범죄로 처벌해야 한다고 주장한 백악관 참모를 그 자리에서 해임하기도 했다. 이후 사이키델릭 약물의 임상시험을 어렵게 하는 여러 법률이 제정되었다. 사이키델릭 약물의 임상 연구는 1970년대 초반 완전히 사망 선고를 받고 40여년간 잠자고 있었다.

사이키델릭 약물이 다시 관심을 받기 시작한 것은 정신질환이 급증한 2010년 이후의 일이다. 실로사이빈^psilocybin이 대표적인 약물이었는데 알코올 중독에 놀라운 효과를 보이는 것이 알려지기 시작했다. 실로사이빈은 버섯에서 추출되는 환각 물질로 흔히 '매직 머시룸'이라는 이름으로 불리는 물질의 활성 성분이다. 수십년 동안 어떤 방법으로도 낫지 않던 알코올 중독과 우울증이

실로사이빈 치료를 통해 얼마나 극적으로 좋아졌는지에 대한 증언이 이어졌다.

특히 나를 매료시킨 것은 이 약제가 뇌의 회로를 극적으로 변환시킨다는 점이었다. 실로사이빈을 투여받은 사람들의 뇌를 촬영한 기능성 자기공명영상은 기존의 우울증 치료제가 사용된 경우와는 비교할 수 없을 정도로 큰 변화를 보여준다. 어떤 이들은 이 경험을 '자신의 자아로부터 독립'을 이룬 것이라고 표현하기도 한다. 암 투병 중 얻은 극심한 불안장애와 우울증으로 고통받던 한 환자는 실로사이빈 투여 후의 경험을 이렇게 말했다.

"갑자기 색깔이 보이기 시작하고 형체가 보이기 시작했어요. 현실과 구별이 안 되는 환각을 경험하면서 나는 삶의 진실을 깨달았지요. 인생은 의미가 없는 것이고 우리는 아무것도 아니야. 그럼에도 불구하고 내 자신은 아름답고 반짝이는 보석이야."[7]

2017년도에 시행된 연구에서 정신질환에 걸리지 않은 일반인들에게 실로사이빈을 투여하는 경우 이타심, 삶에 대한 감사와 관용 같은 것이 생기는 성격 변화의 결과를 보였다.[8] 닉슨이 미국에서 가장 위험한 사람이라고 부른 리리의 주장, 즉 "사이키델릭을 사용하면 우리는 평화롭게 살 수 있다"는 말을 뒷받침할 수도 있는 연구였다.

그런 예비 임상시험 결과들을 바탕으로 미국에서 사이키델릭의 대규모 임상시험이 시작될 때였다. 주요우울장애, 약물 남용,

알코올 중독, 양극성 장애, 불안장애 등 다양한 정신질환에서 실로사이빈의 임상 연구가 진행 중이었다. 나는 아이를 들쳐 업고 미국으로 가서 임상 연구에라도 등록시켜야 하나, 하는 생각을 했다.

그해의 두번째 입원, 전체로 보면 다섯번째 입원 후 안정 기간은 얼마 지속되지 않았다. 아이는 퇴원 후 일주일도 안 돼 연거푸 응급실을 찾아야 했고 결국 퇴원한 지 두달도 되기 전 다시 입원해야 했다. 이제 부모로서 무엇을 해야 할지 완전히 미궁에 빠져버렸다. 여름에는 신중한 입장을 취하던 의료진도 이번에는 케타민 치료에 대한 의견을 조심스럽게 개진하기 시작했다. 마침 이 약의 비강 흡입제가 나와서 급한 경우에 써볼 수 있겠다는 것이었다. 하지만 쓰지는 않았다. 아이가 단순 우울증은 아니기 때문이었을 터인데 부모 입장에서는 뭐라도 했으면 하는 바람이었고 또 혼동스러웠다.

할 수 있는 일이라고는 아이가 전화로 필요한 물품이나 먹고 싶은 것을 병동으로 반입해달라고 하면 빽빽하게 메모해두었다가 양팔 가득 들고 병동으로 들이밀어주는 것밖에 없었다. 그래도 아이가 뭐가 먹고 싶다고 집으로 전화하면 기뻤다. 먹고 싶은 것이 있을 만큼 살아줄 기력은 있다고 생각했다.

코로나 시국이어서 외출이나 외박이 불가능했는데 나로서는 다행이었다. 필요한 것만 넣어주고 바로 나오는 식이 아니라 그

전해처럼 아이와 외출해서 하염없이 식당가와 상가를 돌아다녔다면 아마도 내가 먼저 기진해서 쓰러졌을 것이다. 그해의 마지막 입원은 그렇게 한달을 조금 넘겨서 끝났다. 이게 마지막일 수 없음을 잘 알면서도 정말 마지막 입원이었기를 바랐다. 아이는 퇴원하고 며칠 만에 응급실을 한번 방문하기는 했지만 다시 약을 잘 먹겠다고 다짐도 하고 생활 계획도 짜는 등 조금은 달라진 모습을 보였다. 1년의 절반 동안 입원 생활을 했던 그 전해에 비해서는 확실히 입원기간이 짧아지기도 했다. 수개월간 자해도 하지 않았다. 이번에는 다르기를, 나는 또 믿지도 않는 신에게 빌었다.

하지만 퇴원 두달 후 외할아버지 상을 당했을 때 아이는 영안실을 지키지 못했다. 병세가 나빠질 때 찾아오는, 아무것도 할 수 없는 무기력감과 불안 증상 때문이었다. 양극성 장애 중에서도 특히 예후가 좋지 않은 급속순환형(1년에 4번 이상 증상 악화가 나타나는 경우)이라는 진단이 추가되었다. 그런데 나는 이마저도 납득이 되지 않았다. 급속순환형 진단을 받지 않았을 때에도 아이의 상태가 좋다고 말할 수 있던 적은 1년 365일 중 거의 없었기 때문이다. 병의 정체가 정말 무엇일까? 교과서나 학술 문헌에서 볼 수 있는 어떤 양극성 장애와도 맞지 않는 듯한 아이의 증상을 보며, 그리고 어떤 약도 도움이 되지 않는 것 같은 현실을 맞닥뜨리며 나는 나락으로 빠져들어갈 것만 같았다.

그해 성탄절에 집으로 오기로 한 아이가 또 연락이 두절되었다. 그 전날에는 친구들을 집으로 불러서 논다고 했기 때문에 상태가 나쁜 듯하지는 않았는데, 알 수 없는 일이었다. 아이의 집으로 가 초인종을 눌렀지만 답이 없었다. 문을 열고 들어가서 아이가 자고 있는 것을 보고 일단 안심은 했지만 아무리 불러도 깨어나지 않는 아이의 상태가 정상은 아님을 알았다. 치료제로 받은 쎄로켈^{seroquel}을 상용량의 10배나 먹은 결과였다. 화장실에 가득한 토사물을 마주하고 있자니 자신의 토사물에 질식사한 지미 헨드릭스가 떠올랐다. 쎄로켈은 상용량의 10배 정도로는 치사량에 이르지 않는다는 것은 알고 있었지만 약물 과용으로 사람이 죽을 때 반드시 그 약물 때문만인 것은 아니다. 구토로 음식물이 넘어올 때 약물로 인한 의식 저하 때문에 토사물이 기도로 넘어가면 그대로 질식사하게 된다.

아이는 그다음 날에야 제정신을 찾았다. 그렇게 약을 먹은 이유를 묻자 아이는 이렇게 답했다.

"그래야 살아 있을 수 있으니까……"

약을 과량으로 때려먹고 의식을 죽이지 않으면 살아 있기 힘들 정도로 고통스러웠다는 것을 그렇게 표현하고 있었다. 자해는 커터 칼로만 하는 것이 아니다. 약물 자해, 알코올 자해가 모두 자해에 포함된다.

일어날 수 있는 가장 나쁜 일: 자살에 대해 말해봅시다

지금부터 하는 이야기는 단단히 마음먹지 않으면 받아들이기 힘들 수도 있다. 마음의 준비가 되지 않은 분이라면 자살과 자해를 다루는 다음의 세 챕터는 건너뛰어 가시기를 권한다.

다른 모든 질환과 마찬가지로 정신질환의 가장 나쁜 결과는 사망, 특히 자살이다. 정신질환 환자의 자살률이 높다는 인식이 보편화된 상황에서 가장 흔한 오해는 자살이 대부분 우울증 때문이라고 자동적으로 판단하는 것이다. 주요우울장애도 자살의 주요한 원인이 되지만 다른 정신질환 환자의 자살률은 주요우울장애의 경우보다 더 높다. 2020년 발표된 논문에 의하면 자살 위험도가 가장 높은 정신질환은 조현병을 포함한 정신증이었고 다음으로 양극성 장애, 약물 남용 질환, 주요우울장애의 순서였다.[9] 전 세계 사망 원인 중 자살이 차지하는 비중은 평균적으로 1퍼센트를 조금 넘는 정도이지만 정신질환자 사망의 경우에는 자살 비중이 5~8퍼센트에 달한다. 그리고 자살한 사람들의 90퍼센트는 어떤 형태로든 정신질환을 가지고 있던 것으로 보고되고 있다.[10] 이렇듯 정신질환은 자살의 강력한 위험 인자이다.

자살은 병이나 노화에 의한 죽음과는 완전히 다른 죽음이다. 영미권 언어에 자식을 잃은 부모의 슬픔을 묘사하는 단어는 없다고 한다. 그것도 자식이 질병이나 사고로 사망한 것도 아니라

스스로 목숨을 끊는 경우, 부모는 평생을 자책하며 살게 된다. 준비되지도 준비할 수도 없고 그래서 받아들일 수 없는 죽음의 최고봉은 자식의 자살인 셈이다. 더구나 자살은 그 자체로 큰 낙인이 된다. 그렇기 때문에 가족이 자살하는 경우 사인은 사고사로 공표되는 일이 흔하다. 인간이 겪을 수 있는 가장 큰 고통을 겪는 자살자의 가족은 이렇듯 제대로 슬픔을 털어놓을 통로까지 막히게 된다.

자살한 사람은 자신의 집에서 가족에 의해 발견되는 경우가 가장 많아 유가족이 집에 들어가지 못하고 거리를 울며 헤매는 일도 흔하다. 그런 고통 때문에 자살자의 유족들이 곧 자살 고위험군이 된다. 보건복지부의 발표에 따르면 자살자 유가족의 43.1퍼센트가 진지하게 극단적 선택을 생각했다고 답했다. 하지만 자살률 1위의 나라에서 자살자 유가족을 위한 돌봄은 거의 없다시피 하다.[11] 2021년에야 자살자 유가족을 살피는 유가족 쉼터 '새움'이 생겼을 정도이다.

아이 문제로 고통스러웠을 때 담당의였던 나의 선배는 이렇게 말하기도 했다.

"의사로서 내가 이런 말을 하는 건 좀 아닌 것 같지만⋯⋯ 최악의 사태가 생겨도 그것이 어쩔 수 없는 일이라고 받아들여야 한다."

그 말을 듣고부터 자살을 공부하기 시작했다. 피할 수 있다면 어떻게든 피하고 싶은 일이지만 불가항력적인 면이 있을 거라는 체념과 함께 그래도 자살에 관해 잘 알수록 피할 확률을 높이지 않을까 하는 생각에서였다. 많은 문헌들을 살펴보면 같은 정신질환을 가지고 있어도 자살 충동을 느끼지 않는 환자 역시 분명히 존재한다. 또한 생물의 기본적인 본능을 거스르는 '자살'이라는 현상은 분명히 그 자체로 독립적인 질환이라고 볼 수도 있는 사안이었다. 2013년 정신건강의학의 진단을 결정하는 DSM 5차 개정에서는 자살에 '자살행동질환'Suicidal Behavior Disorder, SBD 이라는 독립적인 진단 코드를 부여함으로써 자살 자체를 질병으로 다루기 시작했다. 이런 점에서 내가 가지고 있었던 '우울 증상 때문에 자살한다'는 평면적인 이해는 분명 잘못된 것이었다.

양극성 장애 환자의 자살이나 자살 사고는 관절염 환자들에게 발생하는 통증처럼 질환에 흔히 동반되는 이차적인 증상으로 분류되고 있으나, 그 중요도와 심각성을 고려하면 분명히 별도로 다루어져야 할 필요성이 있다. 양극성 장애는 정신질환 중에서도 매우 높은 자살률을 보이는 질환이다. 환자의 25~60퍼센트는 생애에 한번 이상 자살을 시도하고, 치료받지 않은 환자의 20퍼센트는 자살로 생을 마감하는데 이는 일반인의 자살률보다 10배에서 30배 높은 것이다.[12] 양극성 장애 환자의 자살 시도는 일반인에 비해 성공률이 높다. 결과적으로 양극성 장애 환자의 수명은 인구집단 평균보다 9~17년 짧아진다.

양극성 장애에서 자살의 위험을 높이는 몇가지 요인들이 있다. 가장 강력한 위험 인자는 과거의 자살 시도이다. 놀랍게도 환자들이 병원에서 퇴원한 직후에 자살률이 올라간다. 자살 사고가 단순히 입원만으로 해결되지 않는 문제라는 반증이자 입원이 길어지는 가장 주된 요인이다. 병원 입원 직후에도 자살률이 높은데 보통 환자들이 자살 위험이 높을 때 입원하기 때문이고, 입원 시 소지품 검사가 철저히 이루어지는 이유이다. 또한 입원 횟수가 많을수록 자살 위험이 높다. 입원을 자주 해야 하는 환자는 중증이기 때문이다. 어린 나이에 발병하는 경우도 자살 위험이 높아진다. 생애주기의 각 단계에 필요한 사회화 과정을 병치레와 입원 생활로 달성하지 못해 교우 관계나 가족 관계가 망가질 가능성이 크기 때문이다. 환자를 도와줄 곁이 없어질 때도 자살률은 올라간다. 더불어 자살률은 진단 초기에 가장 높은데, 이는 바꾸어 말하면 양극성 장애 진단을 받았더라도 치료를 잘 받고 적응해나가면 위험이 줄어든다고 해석할 수 있다. 급속순환형이거나 우울 정서가 주 증상인 경우도 자살 위험이 높다.

환자 개인적인 위험 요인으로 보았을 때는 남성인 경우, 혼자 사는 경우, 그리고 35세 이하이거나 75세 이상인 경우 자살 위험이 높다. 경제적인 어려움이 있는 경우에도 자살의 위험이 높고 가족 중 자살한 사람이 있는 경우도 위험이 높다. 여름과 겨울의 일조량 차이가 큰, 위도가 높은 지역에 사는 사람도 자살 위험이 높다. 양극성 장애에 종종 동반되는 성격적 특성들도 자살 위험과 연관되는 것들이 있다. 충동성, 공격성, 불안, 자책, 완벽주의, 죄책감, 비관주의 등이다.

자살의 위험을 낮추는 요인들도 물론 있다. 가족 관계가 좋고 사회적 관계가 잘 형성되어 있으면 위험이 낮아진다. 가장 중요한 것은 약물 치료이다. 리튬은 양극성 장애의 조증 삽화를 막는 효과뿐 아니라 환자의 자살 성향도 60퍼센트까지 감소시킨다. 주요우울장애에 효과가 있는 케타민이 양극성 장애 환자의 자살 성향을 낮추는지와 관련해서는 아직 충분한 데이터가 축적되지 않았다. 전기충격치료는 우울증의 치료 방법으로 알려져 있는데 양극성 장애의 우울 삽화에도 효과가 있으며 자살 성향도 낮춰준다.

문헌들을 펼쳐놓고 보니 안나는 분명 자살 위험이 매우 높은 환자에 속했다. 그중에서 내가 할 수 있는 것이라고는 안나를 잘 돌보며 아이와 좋은 관계를 유지하면서 아이가 약 먹는 것을 잘 살피는 것뿐이었다. 그런데 이런 문헌들에는 빠진 가장 중요한 요인이 하나 더 있다. 바로 자살을 실행할 수 있는 수단을 봉쇄하는 것이다.

놀랍게도 동물에게서도 자살 행동을 관찰할 수 있다. 극심한 스트레스 상황에서 식음을 전폐하는 동물들의 행동이 나타나기도 하고 물로 뛰어드는 개의 사례도 보고된 바가 있다. 하지만 동물의 자살 성향이 실제로 동물의 죽음으로 이어지는 일은 매우 드물다. 사람처럼 다양한 도구를 사용할 줄 모르기 때문이다.

자살은 사람에게도 매우 어려운 과업이다. 나는 가장 가능성이 높은 방법들을 차단했다. 요즘의 허접한 도시 주거 환경에서는 목을 맬 만한 버팀대가 없는 것이 다행이었다. 그나마 위험해 보이는 장치들은 제거했다. 과용하면 목숨이 위험해지는 약의 경우 안나가 모아놓지는 않았는지 수시로 점검했다. 우리나라에서 총이 유통되지 않는 점은 천만다행이었다. 높은 곳에서 뛰어내리는 행동은 아이의 성향상 가능성이 떨어질 것으로 판단했다. 아이가 자해할 때 쓰는 커터 칼이 문제였는데 안나의 행동이 자살하려고 하는 것이 아님을 안 다음부터 팔에서 동맥이 가깝게 지나가는 곳, 인대가 가깝게 지나가서 손상되면 팔을 쓰지 못하는 부위가 어디인지를 아이에게 가르쳐주었다. 행여 아이가 또 자해를 하더라도 그것만큼은 기억하기를 바라서였다.

무엇보다도 자살, 그리고 그로 인해 맞게 되는 죽음의 불가역성을 이해할 수 있게 했다. 안나는 자신이 극단적인 선택을 하는 경우 남겨진 가족들이 감당해야 할 고통을 걱정하고 있었지만 정말 중요한 문제는 죽음 후의 완전한 소멸, 가질 수도 있었고 느낄 수도 있었을 삶의 모든 기쁨과 슬픔으로부터의 영원한 단절이라는 점을 아이가 체득하는 것이었다.

죽음, 그중에서도 특히 자살에 대한 이야기를 금기 사항처럼 여기는 사회 분위기 때문에 자살에 관한 수많은 오해가 존재한다. 가장 흔한 오해는 자살하려는 사람이 그전에 어떤 특정한 행동을 보인다는 생각이다. 이런 오해로 인해 주변 사람들이 자살하려는 사람을 알아차리지 못하고 지나칠 수도 있으며 가족의 자살을 유족들이 인정하지 못하고 사건으로 몰아가기도 한다.

일반적으로 '자살'이라 하면 오랜 기간 삶의 의미를 잃고 고뇌하던 사람이 숙고하고 숙고한 끝에 힘들게 결정을 내린 후 그간의 소회를 정리한 유서를 남기며 생을 마감하는 것과 같은 이미지로 인식된다. 그러나 상당히 많은 경우 자살은 충동적으로 일어난다. 우리가 흔히 생각하는 '죽고 싶다'는 말을 한다든지, 자신의 주변을 정리한다든지, 눈에 띄게 가라앉아 보인다든지 하는 신호는 충동적인 자살인 경우에는 당연히 목격하기 어렵다. 위험 요인을 가진 사람에게 자살을 시행할 수 있는 수단들을 가급적 차단하는 것이 중요한 이유이다.

위험 요인을 가진 사람이 삶을 암시하는 말을 하는 것도 역시 별 의미가 없다. 자살한 사람이 죽기 직전에 다음 날 일어날 일을 지인과 논의한다든지 지극히 일상적인 대화를 나누는 일도 흔하다. 머리말에서 언급한 아이돌 그룹 멤버가 자살하기 며칠 전 방송을 찍었을 때의 모습을 보며 그가 자살할 거라고 예상한 사람은 없었을 것이다. 특히 정신질환을 가진 사람의 경우에는 우발적인 충동에 의한 자살이 많기 때문에 태연히 친구들과 밥 잘 먹고 잘 이야기하고서 그날밤에 목숨을 끊는 일도 있다. 물론 구체적인 죽음의 날짜, 방법까지 챙기고 있는 사람이라면 자살의 위험성은 더 높아진다.

세상과 작별하는 때를 선택할 수 있는 권리

죽음을 의료화한 현대사회에서는 자살이 아닌 일반적인 죽음을 준비하는 것조차 쉽지 않기 때문에 웰다잉well-dying을 준비하려면 어떻게 해야 하는지를 알려주는 많은 책들이 출간되고 있다. 그 가운데 네덜란드에서 정말 충격적인 책 한권이 나왔다. 네덜란드의 저널리스트 마르셀 랑에데이크Marcel Langedijk는 『동생이 안락사를 택했습니다』라는 책에서 복잡한 정신적 문제를 가졌던 동생 마르크가 41세의 나이에 안락사를 선택해야 했던 과정을 담담하게 풀어나갔다.

성공한 사업가이지만 불안장애와 우울증에 의한 알코올 중독으로 고통받던 마르크는 어느날 가족을 불러모은 자리에서 "충분히 살았기 때문이지, 형씨. 이제 그만 끝내려고."[13]라고 말한다. 세계 어느 나라보다 먼저 안락사를 법적으로 허용한 네덜란드지만 마르크의 죽음에는 많은 논란이 따랐다. 과연 정신질환에 대해서도 신체질환과 같은 의미에서 안락사를 허용해야 하는

가…… 마르설은 이런 논란에 대해 이렇게 주장한다.

"더이상 약으로도 대처할 수 없는 지독히도 파괴적인 형태의 암을 앓는 사람이 있는 것처럼, 정신적으로 병이 나서 어떠한 치료법이나 약으로도 대처할 수 없는 사람도 있다. 갖은 방법을 다 써봐도, 정신과 의사가 아무리 뛰어나더라도, 도움이 되지 않는 사람이 있다. 내 동생이 그런 사람이었다."[14]

마르설은 만일 이런 극심한 정신적 고통을 지닌 사람이 결국 죽게 된다면 빌딩에서 뛰어내리거나 열차에 뛰어드는 것보다는 통제된 환경에서의 죽음이 더 인간적일 수 있다고 주장하며 마르크의 죽음에 대해 쏟아진 비난에 대해 차분하게 답한다. 현재 네덜란드에서 정신적 고통에 의한 안락사는 전체 안락사의 1퍼센트 정도라 한다.

아이의 병 때문에 심적으로 많이 힘들었던 시기에 이 책을 읽고 그럴 수도 있겠다며 공감했었다. 현재 서구에서는 정신질환 환자의 안락사에 대한 논의가 활발하게 일어나고 있는데 이에 찬성하는 가족들이 많다. 약물 치료에 반응을 보이지 않는 극심한 통증이 동반된 정신질환 환자인 애덤 마이어 클레이턴^{Adam Maier-Clayton}의 경우가 대표적이다. 그는 27세에 생을 마감하기 전까지 유튜브 등의 매체에서 정신질환 환자의 안락사를 허용해줄 것을 강하게 주장했다. 앞의 책과 동영상 내용들은 삶에 대한 우리의 통념을 송두리째 부수기 때문에 멘털이 강철 같은 분들만 참조하실 것을 권한다.

자살을 바라보는 새로운 시각들도 등장했다. 『자살의 사회학』에서 마르치오 바르발리 Marzio Barbagli 는 삶을 포기하겠다는 결정은 온전히 개인의 몫이라고 주장한 근대 사상가 몽테뉴의 생각을 인용한다. "만약 죽는 자유가 없다면 삶은 노예나 마찬가지일 수밖에 없다."[15] 즉, 자살은 개인의 불행이나 사회적 문제에 기인하는 하나의 사건을 넘어 자기결정권에 관한 문제라는 철학적인 견해로, 자살이 더이상 옳고 그름의 잣대로 평가될 수 없는 사안이라는 것이다.

내가 이런 극단적인 이야기를 하는 것이 결코 정신질환 환자의 안락사를 옹호하기 때문은 아님을 분명히 밝히고자 한다. 자살을 자기결정권의 관점에서 보아야 한다는 견해에는 동의하면서도 왜 하필 인생의 가장 아름다운 시기에 세상과 작별할 것을 생각하느냐의 문제는 역시 별개로 보고 싶기 때문이다. 정신질환에 대한 이해와 치료법은 빠르게 발전하고 있다. 어쩌면 내년에는 또다른 치료제가 나올 수도 있다. 정신질환을 여타의 신체적인 난치성 질환과 다르게 취급하고 그로 인한 안락사를 허용하는 데 반대하는 견해가 존재하는 이유다. 하지만 무엇보다 강조하고 싶은 것은, 정신질환이 인간에게 가져오는 고통은 그 양과 질에서 어떤 위중한 신체질환보다 못하지 않다는 점이다.

암성 통증에 못지않게 인간에게 고통을 주는 정신적인 문제를

'마음의 고통'mental pain 이라고 정의하고 자살학suicidology 과 함께 독립적으로 연구하는 학자들도 있다. 미국 피츠버그대학교 의과 대학 정신건강의학과에서 자살 성향을 가진 사람들을 연구하는 데이비드 브렌트David Brent 교수의 연구 대상 환자인 댄 토스키Dan Toski 는 이렇게 말한다.

"신체적 통증은 그냥 다리뼈가 부러졌다거나 하는 것이지요. 시간이 지나면 점점 나아지는 것. 정신적 통증은 그보다 훨씬 더 아파요."[16]

죽고 싶지는 않은데 자해는 하고 싶어

엘프리데 옐리네크Elfriede Jelinek 의 소설 『피아노 치는 여자』를 영화화한 「피아니스트」에서는 욕조 가장자리에 앉아 어떤 감정적 동요도 없이 면도날로 자신의 성기를 긋는 여주인공이 나온다. 그녀는 밖에서 어머니가 저녁 준비가 되었다고 부르자 "갈게요." 하고 대답하며 아무 일 없었던 듯 샤워로 다리에 흐른 피를 씻고 나온다. 마치 담배 한대 피우고 나오는 것처럼 모든 동작에는 어떤 갈등이나 심지어는 고통도 없어 보인다. 원작에서는 면도날을 여성을 향한 남성의 폭력에 대한 상징처럼 묘사하고 있지만, 실제로 이런 일을 직간접적으로 경험해본 적이 없는 사람이라면 묘사하기 어려운 장면이다.

자살의 의도가 없는 자해에 대해 서구에서는 1980년대부터 비자살적 자해 non-suicidal self injury, NSSI 라는 개념으로 접근하고 있었지만 이런 자해 행위의 기록은 매우 오래전으로 거슬러 올라간다. 그리스, 로마, 일본의 고대 문헌에 이미 다양한 형태의 자해의 기록이 발견되었으며, 1980년대 후반에 이르면 미국의 정신건강의학과 의사 아르만도 파바자 Armando Favazza가 종교적인 의식이나 형벌의 집행, 집단의 통과의례 등과는 무관한 형태의 자해를 NSSI라고 정의하기 시작했다.[17] 비자살적 자해는 말 그대로 자살하려는 목적은 아니면서 자신에게 물리적인 위해를 가하는 행위를 의미한다. 가장 흔한 것이 날붙이를 사용해 살을 베는 행위이고 이외에도 의도적인 화상, 벽에 머리를 부딪치는 것과 같은 자신에 대한 구타 행위, 피부를 할퀴며 쥐어뜯기 등 다양한 방법이 동원된다. 이미 1990년대의 연구에서도 전인구집단의 4퍼센트 정도에서 이런 행동 경험이 있다는 사실이 보고되고 있다.[18] 청소년층에서는 빈도가 더 높고 정신건강의학과 입원 환자 중에는 80퍼센트까지 자해 경험이 있는 것으로 보고된다. 외상후증후군, 우울증, 강박증, 불안장애, 양극성 장애, 경계성 인격장애, 섭식장애 등 다양한 질환의 환자들에게서 자해 행위가 나타난다.

부모는 아이가 자해를 한 것을 안 순간 '멘붕'에 빠질 수밖에 없다. 날카로운 날붙이로 살을 갈라내는 그 행위는 상징적으로나 실질적으로나 죽음과 연결되고 부모의 머릿속에는 바로 '자살 시도'로 입력되기 때문이다. 나도 그랬다. 내게 손목을 칼로 긋는 행위는 오랫동안 자살을 상징하는 것이었다. 자해를 좀더 깊이 이해하기 전의 일이다.

자녀가 자해하는 것을 경험한 부모는 세상이 무너지는 심정을 느끼겠지만, 그리고 자신의 자녀는 절대 그런 문제를 일으킬 리 없다고 믿는 부모는 다른 세계의 일처럼 관심을 닫겠지만, 청소년의 자해는 역병처럼 늘어나고 있다. 영국에서의 보고에 따르면 2000년에서 2014년 사이 자해의 빈도는 세배 가까이 늘었으며, 특히 위험 연령대인 16~24세 사이의 여성 중에서는 다섯명 중 한명 꼴로 자해를 경험한다.[19] 대학생에서의 빈도는 38.9퍼센트에 달한다는 충격적인 보고도 있다. 코로나 팬데믹 기간 동안 정신질환, 자살과 함께 자해로 응급실을 찾는 환자도 큰 폭으로 늘어났다. 일본에서 손목 긋기 클럽이 SNS를 통해 청소년들 사이에 크게 유행했고, 우리나라에서도 자해 행위가 SNS상에서 공유되고 조장된다는 점을 볼 때 SNS를 통한 또래집단의 압력도 분명히 있을 것으로 여겨진다.

OECD 자살률 1위인 우리나라에서 자해는 거의 국민 질환처럼 퍼지고 있다. 국립중앙의료원·경희대학교병원·서울의료원 연구팀이 전국 400여개 응급의료기관의 2016~19년 응급진료 정보를 분석한 결과, 자살 시도로 인한 청소년의 응급실 내원이

4년간 두배 이상 증가했다. 특히 여성의 증가세가 가팔라서 남성 청소년의 연간 응급실 내원 증가율은 17.95퍼센트인 데 반해 여성의 경우 46.26퍼센트였다. 또한 14~16세의 어린 나이에서 증가세가 더 두드러졌다.[20] 이 통계에서 일부만이 중증의 신체 손상이 있었던 점으로 미루어보아 여기에 포착된 자살 시도의 대부분은 아마도 자해였을 가능성이 높다. 응급실을 찾게 된 것은 손상의 정도가 심해 지혈이나 봉합이 필요한 경우였을 터이므로 훨씬 많은 수의 자해가 이 통계에 포착되지 않았을 가능성이 있다. "요즘 잘 보면 팔에 칼자국 있는 젊은 여자애들이 많다."는 말은 공연히 나온 것이 아니다.

도대체 왜 이런 행동을 하는 것일까? 실제로 안 해본 사람은 도저히 이해할 수 없는 행동이지만 자해 행동을 연구하는 학자들의 분석은 대체로 다음과 같다.

① 자해를 행하는 사람은 목적을 가지고 있으며 그 목적이 반드시 자살은 아니다.

② 자해를 행하기 전 가졌던 부정적인 감정, 분노, 우울, 고립감 등은 자해 행위 후 호전되는 경우가 많다. 자해를 할 수 있는 물건을 다 빼앗기는 보호병동에서도 서로 망을 보아가며 손에 넣을 수 있는 물건으로 자해를 하는 환자들이 있다.

③ 자해에는 또래집단으로부터의 관심과 인정을 얻으려는 사회적인 기

능도 있고 이런 경향은 여성보다 남성에서 더 흔하다. 청소년들끼리 자해를 한 사진을 SNS에 올리거나 서로 보여주면서 격려를 하는 일은 드물지 않다.

④ 자해를 하는 것이 자신에 대한 벌을 주는 기능으로 작용하는 경우도 있고 이런 경향은 여성에서 더 흔하다.

이상의 내용에서 '우울증 때문에 자살을 시도하려고 손목을 그었다.'는 일반적인 통념이 얼마나 상황을 단순하게 보는 오해인지 알 수 있다. 자해에 대한 이해가 깊어지면서 정신건강의학과에서는 자살 의도가 없는 자해를 별도의 진단으로 분류하려는 움직임도 있다. 어떤 의미로든 자해는 바람직하지 않고 정도에 따라 위험한 사태를 불러올 수 있다. 하지만 우리가 자해를 막고 자해로 인한 나쁜 결과를 피하기 위해서는 주변에서 자해가 일어날 수 있음을 이해하고 그에 침착하게 대응하는 자세가 중요하다. 물론 이는 매우 어려운 일이다. 감정적인 반응을 일으키지 않는 것은 의사인 나로서도 어려운 일이었다. 정신질환과 마찬가지로 자해의 원인과 심각도 역시 환자에 따라 다르다.

가족으로서 환자가 자해한 것을 안 직후에는 냉정해지기 어렵고 놀라서 펄펄 뛰는 식의 반응을 하기 쉬운데, 이는 상황에 도움이 되지 않는다. 베인 정도가 깊으면 봉합이 필요하므로 환자를 데리고 병원에 가야 하지만 피부 표면에 스크래치만 난 경우에는 상처에 소독만 하고 상황을 지켜보는 수도 있다. 물론 의사가 아니면 판단하기 어렵기 때문에 얕은 상처임에도 한밤중에 응급실로 뛰어가는 사태를 완전히 피할 수는 없다. 자살과 마찬가지로 자해도 그 행위의 불합리함을 환자에게 계속 설득하고 그 수단을 최대한 봉쇄하는 것이 필요하다. 상황이 어느정도 안정된 후 조용히 "자해하기 전 기분이 어땠는지"를 물어보고 대화를 풀어나가면서 환자의 행동을 이해해보려고 노력할 필요가 있다. 그 시도가 자살 시도가 아니었다는 것만 확인해도 가족으로서 마음이 한결 안정될 수 있다.

우리 아이의 경우 대부분의 자해가 급격한 충동 끝에 일어났다. 딱히 기분이 나쁘거나 우울한 것이 아니어도 번쩍이는 날붙이를 보면 충동이 일어나는데, 때로 그 충동이 1분도 안 되어 최고조에 이르기도 한다고 했다. 나는 집에서 새 커터 칼을 보는 대로 다 없앴다. 쓰던 칼은 지저분하기 때문에 아이가 사용하지 않았다. 그리고 칼을 사지 않도록 문구점에서 칼을 파는 곳조차 피해야 한다고 아이에게 계속 주지시켰다. 나는 그렇게 아이의 자해와 오랜 시간 전쟁을 치렀다. 자해 행위 역시 양극성 장애처럼 나이가 들면 조금은 호전된다는 사실을 경전처럼 믿으며⋯⋯

중독인가, 치료인가?

아이의 자해 문제로 고민하고 있을 때 담당 교수는 "이 아이가 미국에서 살고 있었다면 아마 마약을 했을 가능성이 높다."고 이야기해주었다. 마약이 통용되는 사회라면 자해를 하는 아이들이 자해하기 직전 느끼는, 견디기 힘든 심리적 고통을 마약으로 대신 처리했을 거라는 의미였다.

캐나다에서 만난 현지 가이드 샤를은 전직 교사였다. 우울증을 앓는 학생들이 급격히 늘어나고 자신이 가르치던 한 학생의 자살을 경험한 후, 뭔가 크게 잘못되고 있음에도 자신이 해결책을 내기는커녕 오히려 문제를 나쁘게 만들고 있다는 고민에 빠졌다가 자신도 우울증에 걸렸다. 몇년간의 다양한 약물 치료는 도움이 되지 않았다. 대마나 마약을 구하는 것이 어렵지 않은 사회이지만 그건 심리적으로 용납할 수 없던 차에 페루에서 행하는 아야와스카ayahuasca 치료에 대한 소문을 듣고 샤를은 짐을 쌌다.

아야와스카는 아마존 유역의 원주민들이 '야제'라고 불리는 풀을 포함한 다양한 식물들을 섞어 달여낸 차로, 강력한 환각 효과를 지닌다. 원주민들은 아야와스카를 제사, 종교 의식, 주술적 목적으로 사용하고 아야와스카 의식은 집단의 사제가 관장한다. 의식은 밤새 진행되며 의식 도입부에 참석자들은 구토와 설사를 유발하는 물질을 섭취하면서 몸의 나쁜 기운을 몰아낸다. 남미에서 1,000년 전부터 시행된 아야와스카 의식은 서구에서 우울증과 자살이 급증하면서 크게 각광받게 되었다. 물론 주술 의식 중 심장마비로 사망한 경우도 있는 등 위험이 따르지만, 의식을 치르기 위해 남미의 정글로 떠나는 사람들의 절박한 상태를 고려한다면 막는 것이 능사는 아니다.

샤를은 캐나다 시내에 있는 거리미술에서 아야와스카의 상징들을 보여주면서 몇년간 어떤 약으로도 해결되지 않던 고통이 아야와스카 의식을 치른 뒤 많이 호전되었다고 말했다. 그것은 자신이 누구인지를 완전히 잊고 우주의 근원까지 도달하는 경험이었다. 실로사이빈과 같은 사이키델릭 약물에서 나타나는 전형적인 효과다. 물론 영구적인 것은 아니어서 샤를은 1년에 두번 정도 페루를 찾는다고 했다. 샤를은 한국에서 온 나를 바라보며 그리고 내 딸도 정신질환으로 힘들어한다는 말을 들으며 정 방법이 없다면 한번 시도해보라고 하면서 몇몇 믿을 만한 페루 현지의 아야와스카 사제들의 연락처를 주었다. 나는 아직도 그 연락처를 가지고 있다.

우리가 '마약'이라고 통칭하는 것에는 매우 다양한 물질들이 포함된다. 마약의 사전적인 정의는 신경계에 작용하여 각성·진통·환각 등의 정신적인 효과를 지니고 중독을 유발하는 물질인데, 술, 담배 심지어는 커피도 이 기준에 들어맞기 때문에 그 정의는 국가나 사회에 따라 자의적으로 내려진다. 아편과 이것에서 유래된 물질들인 모르핀, 헤로인부터 코카인, 환각제, 메스암페타민(필로폰), 대마까지 다양한 성분들이 마약에 포함된다. 미국에서는 이제 대마를 합법화한 주가 많지만, 의료적 용도가 아닌 대마를 합법화해야 하는지에 대해서는 여전히 많은 논란이 있다. 미국에서 대마를 합법화하는 이유는 그 사회에서 널리 퍼져 남용되는 마약 문제를 일부라도 양지로 끌어올리기 위해서일지 모른다.

아이에게 마약 중독의 위험이 있다는 말을 듣고 '마약'이라는 단어에 담긴 그 무시무시한 부정적 뉘앙스 때문에 나는 더 고통스러웠다. '이제 죽을 수도 있다는 가능성에 마약 중독까지 더해지는 건가⋯⋯' 실제로 정신질환 환자들에게 중독은 흔한 현상으로, 다양한 형태의 약물 의존성을 보이는 경우가 통계상 절반이 넘는다. 양극성 장애 환자에 대한 분석 결과, 약물 남용률이 전체 정신질환 중 반사회성 인격장애antisocial personality disorder 다음으로 높았으며 양극성 장애 환자 가운데 알코올 중독을 겪는 경우가 42퍼센트로 가장 흔하고, 대마 사용이 20퍼센트, 암페타민 사용이 17퍼센트로 보고되고 있다.[21] 마음의 고통을 달래기 위해 알코올에 중독되었던 빈센트 반 고흐와 약물 남용으로 사망한 지미 헨드릭스, 커트 코베인의 경우가 이에 해당할 것이다. 약물 남용과 정신질환의 연관성이 강하다는 통계를 근거로 약물을 정신질환의 원인으로 보는 시각도 있지만, '연관성'과 '인과관계'

는 완전히 다른 개념으로 연관성이 있다 하여 그 원인이라고 단정할 수는 없다. 정신질환 환자들이 약물을 남용하게 되는 이유는 현대 의료가 이들의 질환을 제대로 치료하지 못하기 때문이라고 보는 것이 가장 정확할 터이다.

여기에서 약물 중독과 치료의 경계가 희미해진다. 앞서 언급한 케타민의 경우가 전형적이다. 병원에서 환자에게 어떤 치료를 해도 자살 성향을 호전시키지 못하다가 케타민을 투여한 후 증상이 크게 호전된다. 그러나 효과가 오래가지 않아 다시 반복 치료가 필요해진다. 이것은 중독인가, 치료인가? 중독의 전형적인 경우는 투여를 거듭할수록 약의 효과가 작아지면서 점점 투여량이 늘어나는 것인데 마약이 아닌 일반적인 치료제들에서도 그런 현상은 종종 관찰된다. 만성적인 염증의 조절을 위해 면역 치료제를 증량하는 경우를 예로 들 수 있다. 이런 경우에도 중독이라고 해야 하는가?

나는 아이가 병 때문에 힘들어할 때 대마초라도 흡입해서 고통을 잊을 수 있기를 바라는 마음에 캐나다에서 거주하는 것을 고려한 적이 있다. 하지만 치료 효과보다 다른 부작용이 나타날 가능성이 우려되었고 환경의 급격한 변화가 어떤 영향을 끼칠지도 두려웠다. 대마초보다 더 상위 마약에 속하는 아편계 약물이나 코카인 등은 치료 목적으로 사용하기에는 너무나 많은 위험이 따르기 때문에 선택지가 아니었다.

대마초의 주성분인 카나비노이드는 우리 몸 안에서도 자연적으로 생성된다. 이러한 내인성 카나비노이드는 대마초가 작용하는 동일한 수용체를 통해 신경 신호를 전달하며 학습 능력과 기억, 감정 조절, 수면, 통증 감각, 면역 염증 조절 등 다양한 기능을 지닌다. 때문에 내인성 카나비노이드가 다양한 질환의 치료에 이용될 수 있는지가 전 세계 많은 연구자들의 관심사이다. 조현병 환자들은 대개 전두엽과 해마에 카나비노이드 수용체인 CB1의 발현이 증가되어 있는데, 대마초 흡입과 조현병의 연관성이 보고되고 있고 대마초 흡입 후 나타나는 증상이 조현병의 증세와 흡사하다는 점에서 내인성 카나비노이드 생성 체계의 문제가 조현병 발생에 주요한 역할을 할 가능성이 제시된다.

한편 실로사이빈이나 케타민의 예와 같이 대마초를 정신질환의 치료에 사용하려고 시도한 예도 많이 있다. 지금까지 임상 연구로 밝혀진 대마초의 효능으로는 불안장애 환자의 불안감 해소, 조현병 환자의 인지 기능 향상, 주의력결핍과잉행동장애 환자의 행동 개선, 금연 등이 있고, 증례 보고에 따르면 외상후증후군과 불면증에도 효능이 있는 것으로 나타난다.[22] 양극성 장애에 대한 무작위 대조군 임상 연구는 보고된 바 없고, 증례 보고에 의하면 조증 환자에게는 효과가 없는 것으로 나타났다. 하지만 동물실험에서 기분을 상승시키는 결과가 나왔기 때문에 우울 상태에서 투여가 이루어진다면 효과가 다를 가능성도 있다.

다큐멘터리 영화 「더 라스트 샤먼」에서는 어떤 방법으로도 우울증을 견뎌낼 수 없었던 제임스 프리먼 James Freeman 의 이야기가 나온다. 부모가 모두 유명한 의과대학 교수인 주인공은 명문 대학에 입학한 직후 심각한 우울증에 빠져 아무것도 할 수 없게 되자 결국 자신에게 몇개월의 시간을 더 허용해보고 상태에 변함이 없으면 자살하기로 결심하면서 삶의 마지막 시도로 아야와스카 치료를 하기 위해 남미로 떠난다. 하버드대학교 내과 교수인 아버지 메이슨 프리먼은 세계 최고의 병원과 의사들도 제임스를 돕지 못한 절망적인 현실을 담담하게 이야기한다. 결국 제임스는 아야와스카 순례 후 낫지는 않았지만 생을 이어가게 되는 것으로 이야기가 끝난다. 정신질환 환자들이 살고 싶은 마음에 지푸라기라도 잡으면서 얼마나 몸부림치는지를 잘 보여주는 이야기이다. 정신질환을 지닌 환자들이 살기 위해 주기적으로 환각 효과를 갖는 의식을 행하는 것은 중독인가, 치료인가? 단순하고 평면적인 흑백논리로는 결코 답할 수 없는 어려운 문제이다.

다섯째 해

있는 힘껏
병을 끌어안아보기

모든 감정의 극단은

광기와 동지다.

— 버지니아 울프 『올랜도』

상처 입은 위대한 영혼들

내가 다시 미쳐가고 있는 것이 확실하네요. 우리는 그 끔찍한 시간들을 되풀이할 수는 없을 것 같아요. 그리고 나는 이번에는 나아지지 않을 거예요. 목소리들이 들리기 시작했고 집중을 할 수 없어요. 그래서 나는 할 수 있는 최선의 일을 하고 있어요. 당신은 내게 누릴 수 있는 최고의 행복을 주었어요. 당신은 누구보다도 좋은 사람이었고 이 끔찍한 병이 생기기 전까지 우리보다 더 행복한 사람은 없었을 거예요. 나는 더이상 버틸 수 없어요. 내가 당신의 인생을 망가뜨리고 있다는 것, 내가 없다면 당신은 잘 살 수 있으리라는 것을 난 알아요…… 내 삶의 모든 행복은 당신 덕분이었어요. 당신은 나를 온전히 참아냈고 놀라울 정도로 내게 잘해주었어요…… 나는 모든 것을 잃었지만 당신의 선량함만은 굳게 남아 있어요. 나는 이제 더이상 당신의 삶을 망가뜨리며 살 수는 없어요. (하지만,) 우리보다 더 행복한 사람은 없었을 거예요.[1]

1941년 3월 28일, 산책을 나갔다가 행방불명이 된 버지니아 울프Virginia Woolf의 시신은 20일이 지나서야 우즈강 수면 위로 떠올랐다. 강가에서는 지팡이가 발견되었고 그녀가 입고 있던 코트 주머니에는 돌이 가득 채워져 있었다. 20세기의 가장 위대한 작가는 그렇게 스스로 삶을 마감했다.

버지니아 울프가 처음으로 이상 증상을 보인 것은 어머니가 사망한 13세 때라고 기록된다. 울프는 주기적으로 심한 우울과 흥분 상태를 보이는 전형적인 양극성 장애의 증상을 드러냈고 가족들은 그런 그녀가 '미쳤다'고 생각했다. 어머니 대신 그녀를 돌보아주던 의붓언니 스텔라가 2년 후 세상을 떠나자 울프는 처음으로 '죽는 것이 덜 고통스럽겠다.'는 생각을 한다. 그리고 7년 후 아버지까지 세상을 떠나자 그녀는 창문에서 뛰어내리는 첫번째 자살 시도를 감행한다. 목숨을 건진 후에는 아버지의 친구였던 정신과 의사 조지 새비지의 돌봄을 받게 되는데 그는 버지니아의 부모가 그녀를 여성에게는 걸맞지 않은 방법으로 교육한 것에서 그녀의 문제가 시작되었다고 진단한다.

다음 해에 오빠마저 사망한 후 그녀는 평생 동안 죽은 가족들이 말을 걸어오는 환청과 환영을 경험하게 된다. 그러나 그녀가 겪은 환각은 글을 쓰는 소재가 되었다. 그녀의 대표작 『댈러웨이 부인』_Mrs. Dalloway_ 의 등장인물 셉티머스 워런 스미스의 경험은 그녀의 증상들을 그대로 반영한다. 제1차 세계대전 참전 용사인 셉티머스는 집으로 돌아온 후 세상 사람들이 모두 자신을 바라본다고 느끼며, 걷다가 땅에 발이 붙어버려 가만히 서 있기도 한다.[2] 셉티머스가 세상을 느끼는 감각은 양극성 장애 환자들의 감각과 매우 유사하다.

"깊고 부드럽게, 마치 달콤한 오르간 소리마냥, 그러나 그녀의 목소리에는 메뚜기 같은 거칢이 있었다. 그 거칢은 그의 척추를 상쾌하게 문지르며 뇌 속으로 소리의 물결들을 흘러 올라가게 내보냈다. 그 물결들은 충격을 주고는 부서져갔다.(『댈러웨이 부인』)"[3]

베로니카 오킨은 저서 『오래된 기억들의 방』에서 버지니아 울프의 글은 정신질환에 관한 최고의 서술이라고 언급한다. 셉티머스는 "잎사귀가 살아 있고 나무도 살아 있다. 나무는 그 자신의 신체와 수백만 가닥의 섬유로 연결되어 있다."고 하고 이어 "모든 것을 고려할 때 이는 새 종교의 탄생을 의미한다."고 비약한다.[4] 영민한 감각이 이처럼 망상적 결론으로 이어지는 것은 아마도 울프의 경험이 그대로 반영된 것으로 생각된다.

버지니아 울프의 일생은 지속적인 정신질환의 악화와 정신병동 입원, 회복, 그리고 이따금의 자살 시도로 점철된다. 그녀는 정신병동 입원을 끔찍하게 싫어해서 입원을 피하려고 자살 시도를 하기도 했다. 그녀의 병세가 그녀를 치료한 정신과 의사들(여성의 정신질환에 대해 지독한 편견을 가졌던 남자 의사들)에 의해 더 악화된 것으로 보는 견해들이 있다. 버지니아 울프가 페미니즘의 역사에 굵직한 자취를 남긴 것은 그녀 자신에 대한 남성 의사들의 몰이해를 깊이 성찰한 데서 비롯되었을 가능성이 높다. 셉티머스가 자신의 의사들과 갈등하는 모습은 그녀의 경험이 투영된 것으로 여겨진다.[5] 셉티머스를 치료하는 의사들은 교육, 특히 민주적인 방식의 교육이 정신질환의 원인이라고 믿고 자신과 다른 종류의 지식을 가진 환자를 배척한다.

양극성 장애에 대한 이해는 고사하고 여성에 대한 인권의식조차 부재했던 시대에 상상하기도 어려운 고통을 겪으면서 그녀는 자신의 저술에 대해 항상 자신감이 없었다. 결과적으로 자신에게 혹독했고 책이 나온 뒤 비판을 받으면 죽도록 괴로워했다.

"내가 쓴 글이 출판될 때 얼굴을 붉히지 않고 읽어볼 수 있는 그런 날이 올까? 덜덜 떨면서 책을 덮어버리고 싶지 않은 날이 올까?"(버지니아의 일기)

그럼에도 불구하고 그녀는 죽기 직전까지 자신의 일을 지속하는 용기를 잃지 않았다. 오늘날 버지니아 울프는 전세계 수많은 작가들에게 영감의 원천이 되는 영원한 아이콘으로 살아 있다.

"서두를 필요도 없고 재치를 번득일 필요도 없고 자신 외에 그

누구가 되어야 할 필요도 없었습니다."(『자기만의 방』)[6]

실비아 플라스 Sylvia Plath 는 버지니아 울프가 죽었던 해에 열살이었다. 만난 적은 없었지만 버지니아 울프는 젊은 플라스에게 큰 영향을 끼쳤다. 플라스가 소장하고 있던 버지니아 울프의 소설 『등대로』는 미국 에머리대학교의 도서관에 보관되어 있는데 페이지마다 그녀가 쓴 메모들이 고스란히 남아 있다.[7] 버지니아 울프처럼 실비아 플라스도 고백적 서술 방법을 통해 여성으로서 느끼는 감정을 생생하게 전달했고 페미니즘에 지대한 영향을 주었다. 그리고 두 사람 모두 정신질환으로 고통받았다.

플라스는 어린 시절부터 총명했고 IQ가 160에 달했지만 감정 조절을 못 하는 일이 있었다. 자신이 숭배하던 웨일스 작가 딜런 토머스가 미국을 방문했을 때 자신이 객원 편집자로 일하던 잡지사에서 주최한 미팅에 자신을 초청하지 않은 것을 알고 극도로 분노한 끝에 칼로 자신의 다리를 그어보고 자신이 자살할 만큼 용기가 있는지를 시험한다. 이 일이 있은 후 하버드대학교의 저술 세미나 참가가 거부되자 그녀는 집으로 돌아와 어머니의 수면제를 과량 집어삼킨다. 3일간 의식을 잃은 채 집의 지하실 바닥에 쓰러져 있다가 기적적으로 살아난 그녀는 이후 6개월간 정신병동에 입원하여 전기충격치료, 인슐린충격치료 등을 포함한 다양한 치료를 받는다. 입원 생활의 경험은 그녀가 남긴 유일한 소설인 『벨 자』 *The Bell Jar* 의 소재가 되었다. 『벨 자』의 첫 문장은 이렇게 시작된다.

"로젠버그 부부를 전기의자에 앉힌 날은 이상하고 후덥지근한 여름날이었고 나는 뉴욕에서 무엇을 하고 있는지도 모른 채 지내고 있었다."

미국의 매카시즘 광풍 끝에 스파이 혐의로 무고하게 처형당한 로젠버그 부부 사건에 대해 주변 사람들이 너무도 무감각한 것에 그녀는 분노하면서, 이들이 전기의자로 처형된 데서 자신이 정신병동에서 받은 전기충격치료를 연상하며 괴로워했다.

입원 치료 후 증세가 호전되어 대학에 복귀한 플라스는 학업을 유지하면서 꾸준히 글을 썼고 1954년에 우등으로 졸업한다. 풀브라이트 장학금을 받고 시작한 영국 유학 시절 시인 테드 휴스를 만나고 폭풍 같은 연애 끝에 만난 지 3개월 만에 결혼한다. 두 사람은 시를 향한 사랑과 점성술과 초자연적인 현상에 대한 깊은 관심을 공유했고 행복했다. 그러나 결혼 생활 중에도 그녀는 지속되는 우울증으로 고통받았다. 플라스는 자신의 모교인 스미스대학교에서 교편을 잡았으나 1년 만에 그만두고 하버드대학교 부속병원의 정신과 진료실에서 접수원으로 일하며 작품 활동을 이어나갔다. 시사문예지 『뉴요커』 *The New Yorker* 에 작품이 실리는 등 크고 작은 성공들이 이어지고 있었지만 그녀는 남편이 자신을 버릴지 모른다는 두려움에 끝없이 불안해했다. 결국 가족들

모르게 다시 정신과 진료를 받기 시작했으나 그녀의 고통에 큰
도움이 되지 못한다.

플라스의 두려움은 몇년 후 테드가 그들이 임대한 집의 여주
인인 아시아 웨빌과 외도하면서 현실이 된다. 남편의 외도를 알
게 된 플라스는 차를 몰고 나갔다가 길 밖으로 차가 튕겨 나가 의
식을 잃는 사고를 당한다.[8] 사실 이는 그녀의 두번째 자살 시도였
다. 테드와 결별을 선언하고 아이들과 함께 런던으로 이사한 플
라스는 삶의 어느 시기보다 더한 열정으로 작품을 썼다. 이혼 후
의 삶에 만족스러워했고 그녀 최고의 작품들 다수가 이 시기에
탄생했다.

크리스마스부터 우리와 함께 살고 있었지.
천진무구하고 맑은
둥그런 영혼을 가진 동물들……
깃털로 흙을 축복하는
공작처럼……

자신의 거실을 알록달록한 색깔로 장식한 풍선들을 보며 영감
을 얻어 「풍선」Balloons 이라는 사랑스러운 작품을 쓴 실비아 플라
스는 일주일 후 문학사상 가장 드라마틱한 죽음을 맞이했다. 그
녀는 아이들의 침실을 모두 테이프로 봉한 후 부엌에서 다량의

수면제를 삼키고 가스오븐에 머리를 박았다. 플라스가 자살 시도 전 집주인에게 의사를 불러달라고 했지만 가스가 새어 나가 집주인마저 의식을 잃는 바람에 결국 플라스는 사망하고 말았다. 따라서 그녀가 정말 자살할 의도가 있었는지에 대해서는 많은 논란이 있었다.

그녀 사후에 전 남편인 테드 휴스가 의도적으로 작품집의 작품 순서를 뒤죽박죽으로 배열하여 정말 그녀가 자살할 사람으로 보이도록 한 것이 많은 독자들의 공분을 사기도 했다. 실비아 플라스가 이혼을 결심한 직접적인 원인이 된 테드 휴스의 외도 상대였던 아시아는 플라스의 자살 후 무시무시한 사회적인 비난 속에서 플라스의 두 아이들을 키우며 테드와 동거를 시작했으나 테드는 끝내 아시아와는 결혼하지 않았다. 실비아 플라스가 자살한 지 6년 후 아시아도 다량의 수면제를 먹고 가스를 틀어 삶을 마감했다. 테드와의 사이에서 낳은 네살배기 딸 슈라와 함께였다.

실비아 플라스의 일기와 저술을 분석한 연구자들은 그녀 역시 우울증이 주증상인 양극성 장애를 가지고 있었던 것으로 추정한다.[9] 그녀는 자기애성 인격장애 narcissistic personality disorder 와 경계성 인격장애의 특징도 보였다. 그런 그녀에게 죽음은 끝이 아닌 재탄생을 의미하는 것이었는지도 모른다. 영미권 전설에서 아홉 개의 생명을 가진 것으로 전해지는 고양이와 자신을 동일시하는 그녀의 시 「레이디 라자루스」Lady Lazarus 는 그런 그녀의 생각을 잘 보여준다.

죽음은
예술입니다. 다른 모든 것과 같이
나는 그걸 탁월하게 잘해요.

실비아 플라스는 불행히도 문학적 성취보다 그녀의 극적인 자살 때문에 더 유명해졌지만, 그녀가 확립한 고백하는 글쓰기 방법과 이를 통해 비판한 성 역할의 불합리함에 관한 저술은 그녀를 20세기 가장 중요한 페미니스트 작가의 반열에 올렸다. 지금도 그녀의 묘비는 그녀의 이름에서 전 남편의 성인 휴스를 지우려는 사람들로 끊임없이 훼손되고 있다.

다시 나의 지붕 아래에

새해에도 불안하게 시작된 안나의 상태는 몇 주를 못 채우고 다시 파국으로 치달았다. 일과를 마치고 퇴근하던 길에 흐느끼는 아이의 전화를 받고 나는 다시 아이의 집으로 달려가야 했다. 안나는 이미 팔을 수차례 그은 후였다. 차를 운전하면서 나는 안나에게 더 나쁜 일이 생기지 않도록, 울고 있는 아이를 전화로 달래며 계속 말을 걸었다. 안나 집의 현관문을 부수다시피 열고 들어가서 아이의 상태를 살피고 출혈이 심하지 않은 것을 확인한 후 봉합을 위해 다시 병원 응급실로 향했다. 아이는 속이 다 빠져나간 헝겊 인형 같은 모습으로 고개를 숙이며 눈물을 떨구고 있었다.

"이 세상에 하고 싶은 일도, 궁금한 일도 아무것도 없어……"

봉합을 마치고 다시 입원해야 했다. 입원은 당직의가 결정할 수 있는 일이 아니어서 밤을 새워 다음 날 전문의가 출근할 때까지 기다려야 했다. 여러번의 경험상 응급실에서 밤을 새우는 게 이롭지 않다는 판단 아래 문제가 생기면 책임을 지겠다는 각서를 쓰고 아이를 집으로 데리고 왔다. 새카맣게 재가 된 마음 한구석에서 다시 방법을 찾아 헤맸다. 불행인지 다행인지 안나는 한달 전 이사를 가고 싶다면서 새로운 전셋집을 알아보고 있었고, 아이가 부동산에 그런 의향을 비치자마자 집 주인이 새로운 세입자를 구해 계약까지 마친 상태였다. 이번에 안나가 입원했다가 또 한달 지나 퇴원하면 바로 집을 비워줘야 하는 상황이었다.

상식적으로는 보금자리가 없어지는 황당한 사태이지만 차라리 잘된 일이었다. 안나가 아프지 않았다면 그렇게 이사에 관한 충동적인 행동은 하지 않았을 터였다. 나는 이번 기회에 아이를 데리고 살아보기로 했다. 진작에 그렇게 해야 했는데 안나가 부모와 사는 것을 완강히 거부했기에 그러지 못했었다. 상황이 이렇게 되자 아이도 더이상 저항하지 않고 퇴원 후에는 본가로 들어오기로 동의했다. 물론 길어야 6개월이라고 못을 박으려 했다. 나는 상태가 조금이라도 더 안정된 후에 다시 독립할 수 있다고 아이에게 말하고 기간은 정하지 않았다. 그렇게 안나의 일곱번째 입원 생활이 시작되었다.

이전 입원처럼 병원에서 약을 조정하고 아이의 상태가 안정되는 과정이 반복되었다. 이번에도 역시 안나가 입원 전에 약을 잘 안 먹고 있었기 때문에 부모가 아이와 같이 살게 되면 최소한 약만이라도 잘 챙길 수 있을 거라고 생각했다. 아이는 재정적으로도 독립생활이 더이상 불가능한 상태였다. 이전까지 그나마 해왔던 알바도 최근에는 하지 못했기 때문에 생활비를 모두 부모가 부담하고 있었다. 무엇보다도 내가 안나의 병을 좀더 잘 이해할 필요가 있었는데 같이 살지 않으면 어려운 일이었다. 시도 때도 없이 응급실의 호출을 받으며 살 수도 없는 노릇이었다. 나도 더이상 내 생활을 유지하기 힘든 상태였고 일을 그만두어야 할지 심각하게 고민하는 지경에 몰려 있었다.

걱정이 안 되는 것은 아니었다. 많은 전문가들이 이 병을 가진 친구들은 부모와 관계를 잘 유지하기 어렵고 원수지간이 안 되는 것만 해도 다행이라고 입을 모아 말했다. 안나가 부모와 살기 싫어 스스로 뛰쳐나가 산 지도 벌써 6년째였다. 그러나 그런 걱정은 당면한 위기에 비하자면 중요한 사안이 아니었다. *그렇게*

약 4주간의 일곱번째 입원을 마치고 안나는 다시 부모의 집으로 들어왔다.

가족이 해줄 수 있는 일

정신질환자를 주인공으로 하는 많은 영화들은 가족이 할 수 있는 일이 무엇인지를 생각하기에 도움이 된다. 아마도 가장 끔찍하고 파국적인 결과로 치닫는 과정을 보여준 영화는 「베티 블루 37.2」(원제 '37.2 Le Matin')일 것이다.

나는 이 영화를 대학생 시절에 보았는데 지극히 에로틱한 분위기와 최면을 거는'듯한 음악 안에 아름다움과 잔인함이 섞여 있는, 한번 보면 잊어버리기 어려운 영화였다. 영화의 주인공인 베티가 병을 앓고 있는 것은 분명한데, 학생 시절 영화를 볼 때에는 그것이 정확히 무슨 병인지 몰랐다. 베티와 동거하는 남자 주인공 조르그는 베티를 사랑하지만 베티에게는 도움이 되지 않는다. 베티가 어려움을 겪는 국면마다 베티에게 공감하고 베티의 뜻을 받아주지만 그녀가 자신을 파괴하는 파국을 막지는 못한다.

나중에 「베티 블루 37.2」를 다시 보면서 베티의 병이 양극성 장애, 내지는 경계성 인격장애에 해당된다는 것을 알았다. 베티는 자신이 일하는 식당에서 마음에 들지 않는 손님을 포크로 찌른다든지, 조르그의 소설을 혹평하는 편집자의 뺨을 날카로운 물체로 긁는다든지 하는 충동조절장애의 모습을 보인다. 병세가 심해진 후에는 머리칼을 가위로 아무렇게나 잘라버리고 얼굴에 엉망진창으로 분칠을 하거나 유리창을 맨손으로 깨는 등의 자해 행위를 하며 환청과 깊은 우울 증상을 보인다.

조르그는 생활비를 마련하기 위해 은행 강도 노릇까지 하지만 한번도 그녀를 병원에 데려가거나 치료하려는 노력을 하지 않는다. 베티가 잠을 못 자서 약을 먹는다고 하자 강하게 반대하기도 한다. 아마도 베티의 그런 모습을 병이라고는 생각하지 않고 오롯이 자신이 받아들여야 하는 그녀의 본질적인 성격이라고 생각했을 것이다.

결국 베티는 자신의 눈을 파내게 되고 그때서야 병원에 입원하지만 조르그는 그녀의 증상을 냉정하게 설명하는 의사를 폭행한다. 어느날 밤 진정제로 깊이 잠들어 있는 베티를 찾아온 조르그는 베개를 베티의 얼굴에 덮고 그녀의 목숨을 끊는다. 전형적인 프랑스 아트무비의 화면 구성과 음악으로 관객을 사로잡는 영화이지만 그 스토리는 사랑이라는 미명하에 행해지는 무지와 방치, 폭력의 텍스트이다.

「인피니틀리 폴라 베어」Infinitely Polar Bear는 반대로 정신질환을 가진 환자에게 가족이 얼마나 중요한 존재인지를 보여주는 영화이다. 양극성 장애를 가진 아빠를 둔 첫째 딸 어밀리아의 독백으로 영화가 시작된다.

　　우리 아빠 캐머런은 1967년에 양극성 장애 진단을 받았고 가짜 수염을 붙이고 케임브리지 주변을 돌며 자기 자신을 하버드의 예수 요한이라고 불렀다. 상태가 나아지자 보스턴의 공영 방송국에 취직했고 거기서 엄마를 만났다. 다짜고짜 엄마의 사진을 찍었다고 한다. 첫 데이트 때 자동차로 뉴잉글랜드를 구경하며 신경쇠약 증세가 있다고 고백했지만 그때에는 다들 그래서 엄마는 신경도 안 썼다. 주변의 절반은 반 미치광이였으니까…… 그렇게 두분이 결혼해서 내가 태어났고 내 동생도 생겼다. 우린 행복했다. 하지만 인생이란 훨씬 복잡한 법이다. 늘 그렇듯이……

　　어느 눈 내린 겨울날 조증 증상이 만개한 아빠는 팬티 바람으로 가족들 앞에서 난동을 부리고 엄마는 두 딸을 껴안고 덜덜 떤다. 결국 아빠는 실직하고 정신병동에 입원하게 되며 아빠를 대신해서 생계를 책임져야 하는 엄마는 장학생으로 경영대학원에 진학하면서 두 딸을 아빠에게 남겨두고 뉴욕으로 떠난다. 아빠는 집을 엉망진창으로 만들고 딸과 말다툼 끝에 한밤중에 집을 훌쩍 나가기도 하는 등 그야말로 좌충우돌 우당탕탕 하며 딸들과 생활한다. 하지만 딸들은 아빠를 사랑하고 아빠는 딸들을 사랑한다. 어느날 딸이 다음 날 있을 무용발표회에서 입을 치마를 만들어주는 것을 깜빡한 아빠는 인형 옷을 뜯어 치마 만드는 법을 공부하고 조각천을 그러모아서 밤을 새워 딸에게 멋진 플라밍고 치마를 만들어준다.

학업을 마치고 돌아온 엄마에게 그들의 홈타운 보스턴은 일자리를 내주지 않는다. 할 수 없이 자신의 일자리를 찾을 수 있는 뉴욕으로 돌아가면서 엄마는 딸들까지 데려가기로 하지만 자신이 하루 12시간을 일해야 한다는 것, 그리고 아이들과 아빠가 서로를 너무 사랑한다는 것을 깨닫고 자신 혼자 뉴욕으로 떠나기로 한다.

영화를 보면서 나는 엄마가 결국 아이들을 모두 데리고 뉴욕으로 떠나는 결말이 될까봐 두려웠다. 아빠에게는 파멸을 의미하기 때문이다. 자신의 아버지가 양극성 장애였던 마이아 포브스Maya Forbes 감독은 양극성 장애 환자들의 어려움과 그럼에도 불구하고 그들과 관계를 유지하며 살아가는 가족들의 이야기를 과장 없이 잔잔하게 그려내고 있다. 현실적으로는 왕복 700킬로미터가 훨씬 넘는 거리의 보스턴과 뉴욕이지만 아이들은 두 도시를 번갈아 왕래하며 부모와 좋은 관계를 유지하면서 잘 자라는 것으로 결말이 지어졌으리라 믿는다.

가족에게 일어날 수 있는 가장 나쁜 일들

아무리 정신질환이 유전적 요인이 강하고 뇌의 기질적 이상에 기인하는 질환이라 하더라도 환경은 여전히 매우 중요하다. 과거에 정신질환을 오롯이 양육과 가정환경의 문제로 치부하고 가족에게만 비난의 화살을 돌렸던 오해를 바로잡기 위해서 정신질환의 생물학적 원인을 이해해야 하는 것뿐이다.

정신질환자를 돌보며 살아가는 일은 결코 쉬운 일이 아니다. 가족은 자신들이 무엇을 해줄 수 있고 무엇은 해주지 못하는지를 항상 생각해야 하지만 이 역시 쉬운 일은 아니다. 가장 중요한 것은 정신질환을 잘 이해하는 것이지만 이조차도 간단하지 않다. 머리로는 이해하더라도 당장 눈앞에서 이해할 수 없는 행동을 아무렇지도 않게 하는 환자를 받아들이는 것은 완전히 다른 문제이다.

앞 장에서 이미 자해·자살과 같은 최악의 결과들에 대한 내용을 읽으며 충분히 괴로웠을 분들이 많겠지만 정신질환이 가져오는 파국 중 환자의 자살이 최악은 아니다. 안나 담당의와의 면담 중 '아이가 자살을 하는 결과가 오더라도 부모의 잘못이 아니다.'라는 말을 들었을 때 나는 담담하게 답했다.

"정신질환에서 최악은 아이가 스스로 목숨을 끊는 것보다는 부모가 아이를 죽이는 것이겠지요."

우리는 심심치 않게 이런 유의 기사들을 보며 가슴을 쓸어내린다.

공무원으로 재직하던 A씨는 딸 B씨가 정신질환을 앓게 되자 직장에서 퇴직한 후 약 23년 동안 딸 B씨를 지극정성으로 간호했다. 그러나 B씨가 병원에서 처방받은 약을 거부하고 욕설을 하며 수시로 가출하는 등 병세가 악화되자 더이상 딸을 돌보기 어렵다고 판단, 딸을 살해했다.

학교에서 역사 시간에 배운 아주 유명한 사례도 있다. 아들을 뒤주에 가두어 죽인 영조의 이야기이다. 서울아산병원 김창윤 교수팀의 연구에 따르면 『한중록』 등 문헌에 기록된 사도세자의 조증과 울증의 증상, 폭력적이고 충동적인 성향의 반복성을 분석했을 때 그가 양극성 장애를 앓았을 것으로 진단된다.

아이가 병을 앓다보니 같은 입장에 선 많은 사람들의 이야기가 귀에 들어왔다. 정말 기가 막히지도 않는 이야기들이 개연성을 가지고 이해되기 시작했다. 한 조현병 환자의 가족은 걸핏하면 환자가 흉기를 들고 가족들을 위협하는 통에 수시로 경찰을 불러야 했다. 며칠간 무단으로 외박하면서 카드로 거금을 쓴 후 태연한 얼굴로 집으로 돌아온 양극성 장애를 지닌 딸을 본 어느 아버지는 이성을 잃고 딸을 골프채로 때렸다. 다행히 딸이 목숨을 잃는 지경까지 이르지는 않았으나 가정은 풍비박산이 되었다.

그러나 이것보다도 더 나쁜 상황이 있다. 병을 앓고 있는 자식이 남에게 위해를 가했을 때의 일이다.

조현병을 앓고 있는 환자가 식당에서 밥을 먹고 있는 가족에게 다가가 아기 의자를 쓰러뜨려 14개월 된 아기가 뇌진탕에 걸린 충격적인 사건은 널리 알려져 있다. 아기의 아버지가 달려가서 환자의 뒤통수를 친 것 때문에 환자의 가족에게 폭행죄로 고소를 당한 것은 황당함을 더했다. 정신질환자를 주변에서 본 일이 없는 사람들은 당연히 환자의 가족에게 모든 비난의 화살을 돌렸지만, 나는 환자의 가족들에게도 말 못 할 사연이 있지는 않았을지 내심 헤아리게 된다.

가장 참혹하고 끔찍한 예는 미국 콜럼바인 총기 난사 사고의 경우이다. 1999년 4월 20일, 미국 콜로라도주 콜럼바인고등학교에서 12학년 학생인 에릭 해리스 Eric David Harris 와 딜런 클리볼드 Dylan Bennet Klebold 는 자동 권총과 산탄총으로 무장한 채 무려 900발의 실탄을 학교 교정에서 난사했고 학생 12명과 교사 1명이 살해당했다. 이후 미국에서 발생한 수많은 집단 총격의 대명사이자 시발점이 된 이 사건의 두 범인은 도서관에서 권총으로 자살한다.

전세계를 경악시킨 콜럼바인 총기 난사 사고 후 17년이 지난 2016년 딜런 클리볼드의 어머니 수 클리볼드 Sue Klebold 는 『나는 가해자의 엄마입니다』라는 책을 출간하여 정신질환자의 가족으로 겪을 수 있는 최악의 고통을 증언한다. 수는 총격 사건이 일어나기 몇달 전의 일들을 복기하면서 "괴물을 키우면서 어떻게 그렇게 아무것도 모를 수 있었느냐?"는 혹독한 세간의 비난에 담담하게 답을 한다. 문제 행동을 보여서 상담사와 정기적으로 만나고 있던 딜런이 뚜렷한 호전을 보이자 상담사는 상담을 조기 종료해도 좋다고 알려왔다. 사건 10주 전의 일이었다. 원하던 애리조나대학교에 합격한 후 뛸 듯이 좋아하는 딜런을 데리고 가족은 애리조나로 여행을 떠났고 딜런은 순조롭게 진학을 결정한다. 사건 3주 전의 일이다. 졸업을 축하하는 프롬 파티 날 영화 주인공처럼 차려입은 딜런은 여자 친구로부터 꽃장식을 받고 좋아했고 밤에 돌아와서 '생애 최고의 밤을 보냈다.'며 부모에게 프롬 비용을 지원해준 것을 감사해했다. 사건 3일 전의 일이었다.

"딜런은 죽으러 학교에 갔고 그러다 다른 사람도 같이 죽어도 상관없다고 생각한 것 같습니다."[10]

콜럼바인 사고 수사 당시 FBI 조사반 자문이었던 드웨인 퓨질리어 박사는 수에게 이렇게 말했다. 수는 자살을 수없이 생각하며 어떻게 했으면 이런 비극을 막을 수 있었을지 끊임없이 반추했지만 결국 '부모가 어떻게 해서, 혹은 어떻게 하지 않아서 딜런이 그런 행동을 하게 된 것은 아니다.'라는 결론에 도달한다. 딜런은 많이 아팠지만 그것을 의도적이고 능숙하게 부모와 가족들에게 감추었을 뿐이다. 가족의 정신질환 때문에 고통스러워하는 분들은 『나는 가해자의 엄마입니다』를 읽어보시기를 권한다. 가슴 속을 후벼파는 이야기들이지만, 일어날 수 있는 이런 최악의 상황에서도 가족들은 이렇게 생을 유지한다는 것을 알게 된다면 큰 위안을 얻을 것이다.

병원 찾아 3만리

자녀가 정신질환을 앓는 가족들은 아이를 어느 의사에게 맡겨야 하는지를 두고 고민할 수밖에 없다. 대부분의 사람들이 정신건강의학과 진료를 받아본 일이 없기 때문에, 그리고 아직도 정신건강의학과를 방문하는 것에 큰 편견이 있어 공개적으로 도움 구하기를 피하기 때문에 더 어렵다. 내과나 소아과처럼 병원 진료와는 사뭇 다를 것만 같지만 정신건강의학과 진료 과정도 별 차이는 없다. 다만 과의 특성상 진료 시간이 다른 과에 비해 긴 편이며, 진료 시간에 따라 진찰료가 당연히 차등 부과되어야 함에도 그렇지 못한 대한민국에서 이를 인정받는 유일한 진료과이다. 10분 단위로 별도의 진찰료가 매겨지고 상담이 40분을 초과하면 최고 한도 수가인 8만 3,860원이 책정된다.

그러나 모든 병원에서 40분 이상 면담을 할 수 있다고 생각하면 오산이다. 대형 병원의 진료실은 정신건강의학과라 해서 한산하지 않고 의사들의 진료 시간도 길지 않다. 대학병원 교수들에게 약 처방 외의 것을 기대하기는 어렵다. 많은 대형 병원들은 정신건강의학과가 비싼 가격의 검사는 없고 의사의 정신노동만으로 때워지는 과이다보니 객단가(!)가 낮다는 이유로 진료를 축소하고 병동을 닫고 싶어한다. 40분 초과 한도의 별도 진찰료 보상 수준은 자본가의 관점에서는 형편없는 비효율이다. 이것이 병원의 90퍼센트를 사유 재산으로 운용하는 대한민국의 민낯이다. 외국의 관련 서적들을 보면 '진료시간 45분 이내에 진단을 내리고 약을 처방하는 의사는 피하라.'고 되어 있다. 역설적으로 우리나라의 처참한 의료 현실을 잘 알 수 있는 말이다. 그래서 굳이 입원이 필요하지 않은 환자도 입원을 해야 하는 경우가 있다. 그래야 의사가 시간을 가지고 환자를 볼 수 있기 때문이다.

그러나 어디까지나 여기는 대한민국이기 때문에 의사들로서는 대한민국의 현실에 맞추어 진료를 볼 수밖에 없다. 우리나라에서 사람들이 병에 걸리면 치료를 받기 위해 의사를 찾기보다는 병원을 먼저 고르는 현실은 정신건강의학과 진료가 필요한 경우라고 해서 크게 다르지 않다. 그러나 다른 어떤 과보다도 정신건강의학과의 진료는 의사 개개인의 자질이 중요하게 작용한다. 이를 잘 아는 나도 안나가 아팠을 때에는 먼저 병원을 보고 아이에게 치료받도록 했다. 아이가 수개월간 인근 개인 의원에서 치료를 받았으나 호전되지 않은 데다가 그곳에서 먼저 큰 병원에서의 진료가 필요하다고 했기 때문이다. 일반인에 비해 어느 정도 의료계 사정을 아는 나는 가장 입원 환경이 좋은 병원을 고를 수밖에 없었다. 정신건강의학과 보호병동에서 일어나는 일들을 어렴풋이나마 알기에 내린 결정이었다.

자신이 받는 서비스의 질은 정확히 지불한 돈과 비례한다는 자본주의의 원칙은 병원에서도 어느 정도 들어맞는다. 사람이 하는 일에 대해서는 보상이 형편없는 반면 기계에 의한 검사에는 보상이 잘 이루어지는 우리나라 의료체계의 현실 때문에 사람이 하는 일이 전부인 정신건강의학과는 특히 영향을 많이 받는다. 한달 입원비가 어느 한계에 미치지 못하는 병원에서는 인력 관리가 잘 이루어지지 않아 보호사에게 환자가 성희롱을 당하는 일조차 발생한다. 병세가 더 심한 환자나 여자 환자인 경우 남자 환자에게 그런 일을 당하는 때가 더러 있다. 입원 환경이 병을 더 악화시켜서는 안 되므로 입원을 해야 하는 환자는 형편이 허락하는 한 직원 관리와 가족에 의한 환자 관리가 비교적 원활히 이루어지는 병원을 선택하는 것이 바람직하다.

약물 치료와 심리 상담을 병행해야 하는 정신건강의학과 진료의 특성상 환자와 잘 맞는 의사의 선택은 무엇보다 중요하다. 반드시 유명 병원의 의사가 나와 잘 맞는 좋은 의사라는 보장은 없다. '쇼닥터' 논란에서 보듯 매스컴에 자주 나오는 유명 의사가 나와 잘 맞는 좋은 의사라는 보장도 없다. 대한민국에서 자신과 잘 맞는 좋은 의사를 찾으려면 어느 과든 환자들이 고생을 많이

해야 하지만 정신건강의학과의 경우는 특히 더 그러하다. 가장 좋은 바로미터는 환자의 이야기를 얼마나 잘 들어주고 환자에게 얼마나 잘 공감하느냐일 것이다. 여기에는 '시간' 외에 왕도는 없다.

적정 진료 시간이라는 개념조차 없는 대한민국의 진료실에서 환자의 이야기를 1분이라도 더 들어주는 의사가 있다면 좋은 관계를 유지하는 것이 바람직하다. 그런 의사들은 대개 환자를 더 많이 보고(짧게 보고!) 돈을 더 많이 벌라고 하는 병원의 압력에서 자신의 신념을 지켜낼 정도의 소신과 실력을 갖춘 사람들이다.

나의 큰딸에게도 문제가 있었다. 돌이켜보면 동생의 경우와 느슨하게 연관되는 문제였는데 큰딸은 정도가 심하지 않아 부모가 모르고 지나쳤다. 그러다가 삶의 여러 우여곡절을 겪은 끝에 이 아이도 자신이 문제가 있다는 것을 인지하고 정기적인 진료를 받게 되었다. 큰딸은 나름 발품을 팔아 자기 고충을 잘 들어주는 분을 만나서 도움을 받고 있었다. 그러던 중 비슷한 상황에 놓인 지수라는 친구에게 그런 허름한 병원 말고 자신이 다니는 더 좋은 병원을 다녀야 한다는 말을 듣고 함께 그 병원에 진료 예약을 했다.

인테리어가 근사하게 되어 있는 서울 도심의 그 병원에 가자마자 큰딸은 각종 검사로 50만원 정도를 썼다. 그리고 어린 시절 성장 과정에서 부모로부터 받았던 상처를 이 잡듯이 뒤져서 적어 냈다. 50만원을 내고 한 검사 결과에 별 이상은 없었고, 지금의 문제가 어린 시절의 트라우마 때문이라는 결론만이 내려졌다. 큰 딸은 그 길로 그 병원에 발을 끊고 원래 자신이 다니던 병원으로 돌아갔다. 1년 후 지수는 투신을 했다. 심폐소생술 후 목숨은 건 졌지만 장애가 남았다.

큰딸이 발을 끊은 그 병원에서 역시 발병 원인은 어린 시절 가 족 관계의 문제라는 말을 들은 지수는 항상 부모 원망을 하며 '내가 이 지경이 된 것은 다 당신들 탓이니 당신들이 나를 경제 적·정신적으로 책임져야 한다.'고 주장했고 사사건건 부모와 갈 등을 일으키며 살았다. 과거력, 특히 가족력은 중요하다. 그런데 병원에서 이런 식으로 모든 문제의 근원을 가족에게 돌리는 것 은 위험하고 무책임하다. 환자의 과거를 되돌릴 수도 없는 일인 데 치료가 잘 되지 않는 것을 환자가 가족 탓으로 돌리는 책임 전 가를 불러올 뿐 아니라, 조금의 상처도 주지 않으며 아이를 키워 낼 수 있는 완벽한 정상 가족이란 이 세상 어디에도 존재하지 않 기 때문이다.

어떻게 말을 해야 할까?

안나가 집에 돌아온 후로 아이의 일상은 나의 시야에 완전히 들어오게 되었다. 물론 나로서는 매일이 놀라는 날의 연속이었다. 안나에게 이런 면이 있었는지 따로 사는 동안에는 결코 알 수 없는 일들이 많았다. 아이와 일주일에 두번 만나서 같이 밥 먹고 시장 보고 하는 것과 24시간 같은 지붕 아래에서 사는 것은 완전히 다른 일이었고, 당연히 아이와 부딪칠 일도 많아졌다. 하지만 매일매일 언제 응급 상황을 겪어야 할지 모르는 불안감 속에서 사는 것은 부모로서도 더이상의 선택지가 아니었다. 같이 살면 적어도 문제가 생겼을 때 조금은 더 빨리 알고 대처할 수 있을 것이라는 생각이었다. 의사들은 우려를 표명했다. 이런 환자가 부모와 함께 사는 것이 쌍방에게 얼마나 힘든 일인지를 수없이 경험한 결과였다. 우선은 일상적인 대화부터 문제의 꼬투리가 되는 일이 다반사였다.

나는 아무렇지 않게 한 말인데 아이에게는 상처가 되는 일이 많았다. 아이의 생각의 결과 나의 생각의 결은 그 세밀함의 차원이 완전히 달랐다. 갈등 상황에서 서로가 대화로 풀어나가는 것도 쉽지 않았다. 부모는 그동안 살아오면서 지녀온 대부분의 언어 습관을 되돌아보아야 했다. 평생 분초를 쪼개가며 과업 성취형으로 살아온 나는 이야기가 본론을 벗어나면 끝까지 듣지 않고 바로 방향을 다시 잡거나 결론을 내리는 버릇이 있었다. 적어도 아이와 이야기할 때에는 의식적으로 그런 습관을 눌러야 했다. 마음에 멍이 들 때는 "안나는 나와 생각의 회로가 다른 거야.

그래서 그런 거야." 하면서 스스로를 위로했다. 아이와 좌충우돌 하면서 마음은 찢기고 멍들고 다시 아물어갔고 조금씩 질기고 단단해졌다.

가족이면 서로 꼭 사랑해야 하나요? (…) 우리는 모두 개별적인 존재 아닌가요? 왜 사랑이라는 이름으로 서로를 속박하죠? 그건 사 랑이 아니라 본인의 이기심 아닌가요? 나는 이렇게 자랑스러운 가 정을 이끌고 있다고 자랑스럽게 말하기 위해서 말이에요. 찔리시 죠? 이렇게 솔직한 얘기를 들어보신 적 없죠?[11]

『삐삐언니는 조울의 사막을 건넜어』의 저자 이주현 씨는 양극 성 장애를 앓으면서 조증기에 과거의 기억들을 들춰내어 부모를 닦아세웠던 경험을 이야기한다. 기억이 왜곡되는 환자라서가 아 니라, 어차피 삶의 진실이란 당사자에 따라 매우 다른 것이고 부 모에게 할 말 하지 않을 말 가리는 억압 기제가 잘 작동하지 않아 퍼부어댄 것일 터인데 이에 대해 그녀의 형제들은 '후련했다'고 말하기도 한다.

나는 가끔 「요즘 육아 금쪽같은 내 새끼」를 보면서 저런 상황 도 견뎌내는 부모들이 있다는 것을 위안으로 삼기도 했다. 그 부 모들은 오은영 박사의 진단이 있기 전까지는 아이가 왜 이러는 지도 모른 채 살아왔다. 그중에서도 특히 증상이 심했던 한 아이의 아버지의 반응은 지금도 기억에 남는다. 웬만한 부모라면 손이 나갔을 아이의 폭언에 아빠는 이렇게 말했다.

"우리 ○○이 그런 말 해서 아빠 마음이 상했어."

아이는 바로 온순해지며 아빠 가슴에 얼굴을 묻었다.

몇가지 경험칙에 의거해 양극성 장애 자녀와 대화하는 방법을 정리해본다.[12]

① 부모가 먼저 마음을 추슬러야 한다

양극성 장애는 높은 유전적 소인을 가지고 있기 때문에 부모 중 어느 한쪽이 환자와 비슷한 성향을 지닐 수 있는데, 이는 때로 마주보는 폭주 기관차처럼 파괴적인 결과를 불러일으킬 수 있다. 또 정신질환에 대한 뿌리깊은 편견은 부모 마음속에도 깔려 있기 때문에 흥분하게 되면 자칫 대화 중에 그런 생각을 드러내는 "이 미친년아……" 같은 말이 불쑥 튀어나올 수 있다. 이 질환이 심장이나 콩팥에 생기는 병처럼 뇌에 생기는 병이라는 사실을 되풀이해서 마음에 각인시켜야 한다. 그런 인식 아래 아이의 행동을 바라보아야 한다. 의사 부모도 정신질환에 대해서는 이해하기 쉽지 않았다. 아이의 병에 대해 부단히 공부해야 한다.

② 아이의 걱정과 공포를 이해하고 아이를 다독여주어야 한다

아이는 병이 없는 사람의 시각으로 보면 아무것도 아닌 일로 절망하고 두려워한다. 이는 아이의 의지 부족이나 나약함 때문이 아니고 외부의 위협을 처리할 수 있는 뇌 기능에 문제가 생겼기 때문이다. 아이의 말을 끝까지 들어주어 아이를 안심시키고, 아이의 잘못이 아니라 뇌의 신호 전달에 생긴 문제일 뿐이라는 것을 최대한 아이가 이해할 수 있게 설명하고 아이를 다독여줘야 한다.

③ 입 밖에 냈다가 본전도 못 건지는 말들이 있다

- 변명하지 마: 변명이 아니다. 아이는 정말 아프다. 우리가 이해하지 못하는 방식으로 아플 뿐이다.

- 요즘 상태가 어떠니? 좀 좋아졌지?: 듣는 순간 아이는 불안해진다.

- 네가 뭐가 부족하다고 우울한 거니?: 당신이 아이의 병을 전혀 이해하지 못한다는 것을 한마디로 보여주는 말이다.

- 의사 선생님이 뭐라고 했어?: 아이는 부모에게는 할 수 없는 말도 의사에게 털어놓는다. 부모가 그것을 꼬치꼬치 캐묻는 것은 설령 치료 과정에 대한 궁금함 때문이어도 아이에게는 프라이버시 침해이다.

- 왜 이렇게 방이 더러운 거야? 게을러가지고……: 아이가 심하게 아프면 정말 손가락 하나도 못 움직일 때가 있다. 우리는 관절염이 심해진 사람에게 방을 깨끗이 청소하라고 하지는 않는다.

이상은 모두 내가 아이에게 한번 이상 했던 말들이다.

④ 듣고 또 듣는다

대화를 시작하면 부모는 아이의 말에 수시로 토를 달고 싶어진다. 자신의 생각과는 다른 점이 너무 많기 때문이다. 하지만 끝까지 듣는다. 말을 끊지 않는다. 그래야 아이의 생각의 흐름을 이해할 수 있다. 가급적 부모는 말을 아껴야 한다. 열마디 하고 싶으면 가려서 한마디 한다. 지레짐작이나 속단에서 나온 말은 금물이다.

⑤ 함부로 화를 내지 않는다

아프지 않은 아이의 생각도 부모의 생각과는 달라도 너무 다른 경우가 있는데 양극성 장애를 앓고 있는 아이는 물론 더 그렇다. 정말 큰일이 아니라면 아이에게 맞서지 않는다. 사실 부모는 많은 일들에 화를 내는데 생각해보면 대부분 별로 중요하지 않은 사안에 짜증을 내는 것에 가깝다. 정 화가 나면 "내 생각이 너와는 같지 않지만 그게 중요한 건 아니야." 정도로 마무리한다. 생각의 결이 다른 아이와의 논쟁은 금물이다. 우리가 하나를 볼 때 아이는 그 이면 너머 열가지를 볼 수 있다. 하지만 정말 화를 내야 할 순간들, 아이가 남에게 해를 끼쳤다든지 경제적으로 감당할 수 없는 낭비를 했다든지 하는 경우에는 정선된 언어로 아이에게 그런 행동은 용납하지 않을 것임을 단호히 말한다. 감정적인 반응을 보이는 경우에는 어떤 효과도 없을 뿐 아니라 항상 상황이 훨씬 나빠진다.

⑥ 정신건강의학과 의사처럼 말하기를 배운다

"직장에서 거지같은 놈이 깐죽거리는데 패주고 싶어."

"뭐? 너 그러다가 경찰서 가면 어쩌려고…… 아이고, 얘가 왜 아직도 정신을 못 차리니……"(나의 반응)

"그렇니? 그때 어떤 생각이 들었길래 그러고 싶었지?"(정신건강의학과 의사의 반응)

아이가 문제를 보일 때 금지·자책의 언어보다는 이해의 언어를 구사하도록 노력한다. 미국의 심리학자 마셜 로젠버그Marshall Rosenburg는 사회적 기준에 맞지 않는 행동을 하는 사람들을 나쁘다고 규정하는 도덕주의적 판단, 연민이라는 인간의 본성을 발휘하지 못하게 하는 비교 습성 등이 언어 습관에 깊이 뿌리를 내리면서 자신과 다른 사람에게 상처를 주는 말과 행동을 하게 만드는 '삶을 소외시키는 대화 방법'에 반기를 들고 '비폭력 대화' 운동을 시작했다. 그의 생각은 2017년 우리나라에서도 출판된 『비폭력 대화』(캐서린 한 옮김, 한국NVC센터 2017)라는 저서에 잘 나와 있는데 정신질환자의 가족들뿐만 아니라 우리 삶에 만연한, 인간을 짓밟는 언어들을 완화하기 위한 좋은 지침이다.

⑦ 발화점을 찾고 피한다

부모는 무해하다고 생각하는데 환자에게는 참을 수 없는 말이 있다. 이런 말을 들으면 환자는 그대로 폭발하고, 당황스러운 상황을 맞게 된다. 이런 상황을 일으키는 발화점 trigger 을 찾고 대화 목록에서 삭제하는 것이 우선이다. 좀더 내공이 쌓이면 왜 이 말을 환자가 견딜 수 없는지 대화를 시도한다.

그 약이 맞는 건가?

퇴원 후 안나는 부모의 엄격한 관찰 아래 매일 저녁 9시에 약을 먹고 규칙적인 생활을 시작했다. 그러나 신앙처럼 약을 먹었어도 한달이 채 안 되어 증상이 다시 악화되었고 수시로 불안발작이 나타났다. 따로 살 때는 볼 수 없었던 것을 이제 매일같이 목격하면서 아이가 저렇게 힘든 상황에서 지금까지 살아왔다는 것이 기적이라는 생각이 들었다. 도대체 이유를 알 수도 없었고 출구를 찾을 수도 없는 깊은 구덩이에 빠진 느낌이었다.

불안발작이 나타나면 아이에게 벤조다이아제핀계 진정제인 아티반을 혀 밑에서 녹여 먹도록 하며 발작을 달랬다. 그러면 발작은 가라앉았지만 지속 시간이 오래가지 않았다. 불안발작은 아이가 수시로 응급실을 찾은 이유였을 터였다. 외출도 가능하지 않았고 퇴원 후 듣기 시작한 미술 수업도, 알바도 더이상 계속할 수 없었다. 일상생활이 다시 무너지면서 "이번에는 못 버틸 것 같다."는 말을 했다. 그 와중에도 나는 '내일은 좀 나아지겠지.' 하면서 신앙처럼 약을 챙겼다. 아이의 상태가 워낙 불안정해서 '내가 일을 그만두고 아이 옆에 24시간 있어야 하나?' 하는 생각이 수시로 들었다. 아이가 언제 다시 팔을 칼로 그을지 알 수 없는 상황이었다. 그로부터 3주 동안은 아이와 함께 삼도천 앞을 헤매고 있었다 해도 과언이 아니었다. 옆에서 바라보기에도 아이는 너무 힘든 것 같았다. 온종일 누워 있다가 갑자기 불안발작이 오면 다시 몸부림을 치는 나날이었다.

뭔가 잘못되고 있었다. 지금까지 내가 같이 살지 않아서 못 보았다 하기에도 아이는 증상이 너무 심했다. 약도 꼬박꼬박 먹고 있었는데 지금까지 보아온 그 어느 시기보다 상태가 나빴다. 어느날 저녁 나는 아이의 약을 손바닥에 놓고 곰곰이 생각하다가 그중 몇개의 약을 빼고 먹였다. 다음 날 아침 아이는 나보다 먼저 일어나서 세수를 한 뒤 아침 준비를 하고 있었다. 매일같이 오던 저승사자가 물러난 느낌이었다. 일주일 후 아이는 오전에는 어디론가 자취를 감췄다가 오후에 귀가해서 그동안 못 했던 음악 작업을 했다. 얼마 후 안 일인데, 오전에 아이가 동네 이탈리안 레스토랑에서 알바 자리를 구해 근무를 시작한 것이었다. 그 사실을 안 날은 내 생애에서 가장 행복한 날이었다.

이 일이 있은 후 나는 양극성 장애 치료 약물에 대해 다시 공부하기 시작했다. 황당했던 일은 그 오랜 입원과 투병 기간 중에도 아이에게 가장 잘 맞는 처방을 찾지 못했다는 점이었다. 그러나 이는 이 질환에서 진단의 오류와 함께 흔히 일어나는 일이다. 당시 내가 아이에게 복용을 중단하게 한 약제 세가지는 데파코트, 인데놀, 토파맥스였고 리튬과 쎄로켈은 유지하도록 했다. 옆에서 지켜본 바로 아이의 주증상은 극심한 무력증이었고 불안 증상은 무력증 때문에 자신이 하고 싶은 일을 못함에 따라 심해지는 것이었다. 세가지 약제 모두 무력함을 악화시킬 소인이 있는 약들이었다. 정확히 어느 것이 원인인지는 모르겠으나 일단 아이를 살리기 위해 그런 소인이 있는 약들은 모두 빼야 했다. 나중에 아이 상태가 안정된 후 토파맥스는 다시 복용하게 했다.

나는 내과 의사이기 때문에 환자에게 처방을 하기 전 엄정한 임상시험으로 효과와 부작용이 입증된 약인지를 꼼꼼하게 따지고 조금이라도 효능 대비 부작용이 심한 약제를 사용하는 것에는 매우 신중하다. 하지만 정신건강의학에서 쓰이는 약제들은 그런 근거를 확보하지 못한 것들이 많은데, 이는 우리가 다른 신체 질환에 비해 아직 잘 모르는 뇌라는 기관에서 일어나는 질환들에 사용되는 약제인 만큼 확증된 근거를 만들어내기가 쉽지 않기 때문이다. 실제로 현재 처방되는 정신건강의학 약제들의 상당수는 내과 질환의 치료제들에 비해 근거 수준이 미약한 약들이다.

양극성 장애 환자에게 명확한 근거 수준을 가진 대부분의 약제들은 급성 조증을 억제하는 약제들이고, 우울이 주증상인 2형 양극성 장애에는 아직까지 약들의 근거 수준이 낮고 선택의 폭이 넓지 않기 때문에 의사들이 많은 약제들을 이것저것 써보는 식으로 접근하는 경우가 많다. 급성 조증에 대한 치료 약제가 많은 이유는 이 증상에 대해 임상시험으로 효능을 입증하는 것이 만성적인 다른 증상들에 비해 더 용이하기 때문이다. 리튬은 가장 오래된 약제로 아직까지도 모든 형태의 양극성 장애에 가장 먼저 처방되고, 급성 조증 치료와 재발 방지, 자살 사고 감소에 가장 효과적이다. 우울 증상에 대한 효과는 없다.

카바마제핀(테그레톨), 데파코트 모두 조증 치료에 공인을 받은 약제이지만 우울증에 대한 효과는 입증되지 않았다. 라모트리진(라믹탈)은 조증이나 우울증에 대한 효과는 없지만 기분을 안정시키는 효과가 있어 리튬과 함께 병세 악화를 방지하기 위한 유지 치료제로 처방된다. 조현병 치료제인 아리피프라졸(아빌리파이), 클로르프로마진, 올란자핀(자이프렉사), 케티아핀(쎄로켈), 리스페리돈(리스페달) 모두 양극성 장애의 조증 치료에 효능을 입증받았는데, 그만큼 양극성 장애와 조현병의 병리 작용이 유사하다는 것을 알 수 있다. 아리피프라졸과 케티아핀, 올란자핀, 리스페리돈 모두 병세 악화를 방지하는 효과가 있어 유지 치료제로도 처방이 된다.

양극성 장애의 우울증에 대해 미국 식품의약국^{FDA}에서 공인받은 약제 중 현재 국내에서 처방될 수 있는 것은 쎄로켈밖에 없다. 루라시돈이라는 약제가 공인을 받았으나 아직은 국내 허가 임상시험 중이다. 카리프라진 역시 공인을 받았고 국내 허가 임상시험 중이다. 올란자핀과 우울증 약제인 프로작의 복합제 역시 양극성 장애에 따른 우울증에 공인을 받았지만 우리나라에서 복합제 처방은 아직 이루어지지 않고 있다.

양극성 장애에 동반되는 증상인 불안장애는 삶의 질과 신체 기능을 저하시키는 매우 중한 증상이기 때문에 증상 악화 시 별도의 약들이 필요하다. 안나의 경우 벤조다이아제핀 외의 약은 증상을 가라앉히는 데 별 효과가 없었다. 중독성이 있는 약이니만큼 처방을 꺼리는 의사들도 많지만, 불안 증상이 심한 모습을 옆에서 보살피다보면 사람이 죽게 생겼는데 중독을 걱정하는 건 오히려 사치가 아닌가 하는 생각이 들 정도이다. 나는 아이가 힘들 때를 대비해 벤조다이아제핀계 안정제 아티반을 상비하고 있었다.

양극성 장애는 오랜 치료가 이루어져야 하는 만성 질환이기 때문에 부작용 역시 중요한 고려 사항이 된다. 우리 아이의 경우 증상이 악화된 원인이 데파코트로 추정되었는데 이 약의 흔한 부작용은 어지럼증, 무기력증, 손떨림 등이다. 하지만 같은 양극성 장애 환자라도 데파코트를 아무 문제 없이 복용하는 환자도 많다. 결국 "약이 맞는다."는 말로 표현되는 효과와 부작용의 문제는 환자 개개인마다 큰 편차를 보이는 터라 맞는 약을 찾는 것은 결코 쉬운 일이 아니다. 아빌리파이와 리스페달도 부작용이 만만치 않아 아이가 사용할 수 없었다. 손을 덜덜 떨고 몸이 널빤지처럼 굳어지는 증상이 생겨 일상생활이 어려워지는 부작용이었다. 아이에게 최종적으로 남은 약제는 리튬 300밀리그램, 쎄로켈 300밀리그램, 토파맥스 20밀리그램, 그리고 라믹탈 50밀리그램이었다. 아이가 여기까지 오는 데만 5년이 걸렸다. 그러나 가까스로 아이에게 맞는 약을 찾았다 해서 모든 문제가 해결된 건 결코 아니었다.

병이 없는 사람은 물론이고 환자들 본인도 약에 대한 거부감을 가지는 것은 당연하다. 부모 입장에서는 환자가 많은 약을 복용하는 것을 보면 '저 약을 다 먹어야 하는 건가?' 의심부터 하게 된다. 양극성 장애 환자에게 약을 쓰는 가장 주요한 이유는 위험하고 파국적인 결과를 가져올 수 있는 급성 조증의 재발을 막는 것으로, 뇌 회로의 불안정을 잡아주기 위해 기본적으로 깔아주어야 하는 약들이 있다. 물론 약들은 완벽하지 않고 재발 방지를 보장해주는 것도 아니지만 확률적으로 나쁜 결과가 나타날 가능성을 낮춰준다. 내가 왜 우울한 아이에게 조증 재발 방지 약을 써야 하는지를 조금 이해하게 된 것은 아이의 우울증이 경조증과 같이 나타나는 현상이고 이 경우 단극성 우울증보다 더 위험할 수 있다는 것을 안 이후이다. 물론 환자들이 유지 치료를 지속하면서도 병세가 악화될 때가 있는데 그럴 때는 위험한 시기를 넘기기 위한 별도의 치료가 필요하다.

경계인

그렇게 잔잔한 세월이 몇달 흘렀다. 안나는 평소에는 손님으로 가던 집 앞의 식당에 취업해 매일 4시간씩 일하며 최소한의 자존심을 지킬 생활비를 벌면서 음악 작업을 재개했다. 이런 나날이 오래가기를 간절히 바랐지만 질병을 가지고 사는 삶은 그리 호락호락하지 않았다. 여름이 되면서 아이는 다시 힘들어하기 시작했는데 모처럼 다시 만든 생활을 망가뜨리고 싶지 않다는 마음에 내색도 않은 채 버티고 있었다. 그런 상황은 8월의 어느날 거친 파도에 모래성이 부서지듯 산산조각이 났다.

아빠와 저녁식사를 한 후 산책을 하고 돌아오겠다고 한 안나는 10시가 다 되어 몸도 가누지 못하는 상태로 집에 돌아왔다. 어마어마한 분량의 술을 한꺼번에 때려마신 후였다. 가방 안에는 깨진 소주병이 내용물을 흘리고 있었고, 아이는 울기만 했다. 그 표정은 마치 육체적인 고문을 당하는 사람처럼 너무도 고통스러워 보였다. '마음의 고통'의 실체를 눈으로 볼 수 있는 순간이었다.

일단 몸을 못 가누는 아이를 씻겨 옷을 갈아입히고 괜찮다고 다독여서 잠자리에 눕혔다. 안나는 잠들지 않고 많은 이야기를 했다. 머리가 뒤엉키고 만취한 상태에서 나오는 이야기여서 물론 맥락은 없었다. 불쑥불쑥 자신의 능력이 모자라지 않은데도 이렇게밖에 못 사는 현실에 대한 자조감이 튀어나왔다. 아이를 달래고 억지로 재웠다. 안나는 밤새 자다 깨다를 반복하며 힘들어했다. 몇분 자다가 다시 일어나서 신음하고 몸부림쳤다. 옛날 사람들이라면 아마 퇴마 의식을 행했을 것 같은 이 상황이 나도 무서웠다. 아침이 다 되어 안나는 잠들었고 내리 24시간을 잤다. 다음 날 아침에 방 밖으로 나온 아이에게 "이제 좀 정신이 드니?"라고 묻자 아이는 울상을 하며 "나 지금 바로 병원에 가야 해."라고 말했다. 리튬을 치사량 가깝게 털어 넣은 후였다.

즉시 차를 몰고 병원 응급실로 향했고 안나는 그 길로 다시 입원했다. 다행히 리튬은 순순히 아이의 몸에서 빠져나갔고 별다른 후유증은 없었다. 안나에게 왜 그랬는지 이유는 묻지 않았다. 어차피 이유는 없을 터였다. 아이는 그렇게 3주간의 입원 후 안정을 찾고 퇴원했지만 2주 후 다시 상태가 불안정해져 또다시 입원해야 했다.

사태가 이쯤 되자 이제 나는 문헌을 읽고 어느 정도 안나의 병을 이해했다고 생각한 것이 완전한 오판이었음을 깨끗이 인정해야 했다. 아이가 가족과 함께 살게 되고 가까스로 생활을 찾은 후에 일어난 일이어서 더 낙심이 컸다.

물론 그동안 아이와 같이 살지 않았기 때문에 이전에 저런 상황이 얼마나 자주 있었는지 알기 어려웠다. 고비 때마다 나를 지켜주던 수많은 자료들도 소용이 없었다. 나는 안나에 대한 진단 자체를 의심하기 시작했다. 안나가 이전에 했던, "나는 경계성 인격장애인 것 같아."라는 말이 기억 나서 이번에는 그쪽 문헌들을 뒤져보았다. 확실히 양극성 장애보다는 경계성 인격장애가 안나의 증상과 더 잘 들어맞았다.

경계성 인격장애…… 참으로 생각하기 싫었던 진단이지만 현실을 다시 직시하자 새로운 통찰이 생겼다. 경계성 인격장애도 엄연한 정신질환이지만 '인격장애'라는 이름 때문에 병이 아닌 성격의 결함, 더 나아가 반사회성 인격장애처럼 인간으로서의 결격 사유쯤으로 간주되기가 쉽다. 안나의 의무기록을 살펴보니 분명히 첫 입원 시 진단에 양극성 스펙트럼 장애와 함께 경계성 인격장애라는 언급이 있었다. 그럼에도 불구하고 나는 애써 이 진단을 외면하고 있었는데, 이렇다 할 치료법이 없어 의사들이 이 병을 앓는 환자를 어려워한다는 사실을 알고 있었기 때문이다. 앞서 언급한 영화 「베티 블루 37.2」가 전형적인 경계성 인격장애 환자의 이야기를 모티브로 삼았기 때문에 그 영화의 끔찍한 결말이 머릿속에 남아 있기도 했다. 경계성 인격장애와 양극성 장애는 어떻게 다를까?

넷플릭스 영화 「블론드」는 세기의 연인 매릴린 먼로^{Marilyn Monroe}의 삶을 모티브로 삼은 조이스 캐럴 오츠의 동명 소설을 바탕으로 한 영화다. 지금도 매릴린의 죽음에 관해 권력에 의한 살해라는 음모론이 떠도는 가운데 영화는 좀더 설득력 있는 스토리를 펼친다. 그녀는 엄마가 벽에 걸린 사진 속의 인물을 가리키며 '저것이 네 아버지'라고 한 말을 평생 믿었다. 배우로 성공한 그녀에게 어느날 아버지로부터의 편지가 날아들자 매릴린은 그 편지들을 읽으며 언젠가 아버지를 만날 희망으로 삶의 무수한 질곡들을 버텨낸다. 그러나 옛 연인이 자살하면서 보낸 유품에서 '눈물에 젖은 네 아버지는 존재하지 않아'라고 적힌 카드를 발견하고, 그 편지들이 아버지가 보낸 것이 아님을 알게 된 후 그녀는 완전히 무너진다.

"나는 이기적이고 인내심도 없으며 불안정한 사람이다. 많은 실수를 저지르고 스스로 감정을 통제하지 못해 나 자신을 감당하기 힘들 때가 많다."[13]

세계 최초로 경계성 인격장애 치료 시설을 설립한 미국의 의사 제럴드 J. 크리스먼^{Jerold J. Kreisman}은 그의 저서 『내 속에는 내가 너무 많다』(원제 *I Hate You, Don't Leave Me*)에서 매릴린 먼로가 경계인이었을 가능성을 제시한다. 다음의 아홉가지 기준 중 다섯가지 이상에 해당하는 경우 경계성 인격장애를 의심해야 하는데, 진단에는 전문의의 판단이 필요하다.

① 실제 또는 상상 속에서 버림받지 않으려고 애쓴다.

② 불안정하고 강렬한 대인관계를 보인다.

③ 뚜렷한 정체성이 없다.

④ 낭비, 성관계, 약물 남용, 무모한 운전, 폭식 등 자신을 해칠 수 있는 행동을 두가지 이상 충동적으로 한다.

⑤ 자살·자해 성향이 있다.

⑥ 극심한 감정 기복과 과도한 반응을 보인다.

⑦ 만성적인 공허감을 느낀다.

⑧ 부적절한 방식으로 분노를 표현한다.

⑨ 스트레스를 받으면 일시적으로 망상적 사고 또는 심한 해리 증상이 나타난다.

아버지가 자신을 버린 것이 아니라는 믿음이 산산조각난 후 죽음을 선택할 수밖에 없었던 매릴린의 모습은 이 질환의 가장 큰 특징인 유기 불안(버림받는 것에 대한 불안감)과 겹쳐진다. 안나가 어렸을 때 여행지에서 잠깐 안나를 놓친 적이 있었는데 그때의 일을 아이는 아직까지도 생생한 기억으로 가지고 있다.

"한순간 엄마, 아빠가 보이지 않고 사방에는 모르는 사람들만 있었어. 그때 나는 엄마, 아빠가 나를 버렸다고 생각했어. 나를 찾으러 오지도 않을 거라고 생각했어. 울기 시작했고 사람들이 나를 이상한 아이처럼 보기 시작했어."

1분도 채 안 되는 짧은 시간이었지만 안나는 부모를 놓쳤다고 생각한 것이 아니라 바로 부모가 자신을 버렸다고 생각했다. 전형적인 유기 불안의 증상인데, 그때는 이를 전혀 알지 못했다. 안나가 병을 앓으면서도 오랜 기간 내색하지 않았던 이유도 부모가 자신의 상태를 알면 자신을 버릴 것이라는 어처구니없는 생각 때문 아니었을까 짐작한다.

미국 인구의 6퍼센트가 넘는 사람이 경계성 인격장애를 지닌 것으로 조사되었고 이 수치도 매우 과소평가되었다는 주장이 있다. 양극성 장애로 진단받았는데 나중에 경계성 인격장애로 진단이 바뀌는 경우도 많고 두 질환을 같이 진단받는 경우도 많을 정도로 증상이 중복된다. 경계성 인격장애 환자의 20퍼센트는 양극성 장애를 함께 진단받는다. 양극성 장애는 조증과 울증으로 표현되는 기분의 기복이 특징이고 경계성 인격장애 역시 심한 기분 변화를 보인다. 차이가 있다면 기분 변화의 빈도와 기간인데, 며칠에서 몇주 정도의 긴 시간 동안 증상을 보이며 주기가 긴 양극성 장애에 비해 경계성 인격장애는 기분 변화의 시간과 주기가 매우 짧다. 1년 365일이 위기 상황인 경우도 있다.『잡았다, 네가 술래야』라는 책은 경계성 인격장애인과 그들의 가족·연인들이 직접 쓴 사례들을 소개하는데 경계성 인격장애인과 산다는 것은 "안전밸브가 고장난 압력솥 안에서 사는 것과 같다."[14]는 구절이 나온다.

특별한 유발 요인 없이 병세의 악화가 일어나는 양극성 장애에 비해 경계성 인격장애는 사소한 인간관계의 갈등으로 지뢰가 터지듯 어려운 상황이 발생할 수 있다. 전형적인 사례가 이성과 교제하는 상황에서 아주 작은 일로도 죽 끓듯 기분이 변해 상대방을 몹시 힘들게 하는 경우이다. 다음은 『잡았다, 네가 술래야』에서 경계성 인격장애 아내와 생활하는 남편이 증언한 내용이다. 옛날에 우리는 이런 경우를 '의처증' 혹은 '의부증'이라고 불렀다.

"직장에서의 귀가 시간이 5분이라도 늦어지면 아내는 내게 전화를 걸어 어디 있는지 알아내려고 한다. (…) 아내는 끊임없이 호출기를 울려댄다. 친구들과 외출할 수도 없다. 아내가 너무 싫어하기 때문이다. 극장에서 영화를 보는 중에 호출당하는 수도 있다. 스트레스가 심해 이제는 아내가 같이 나가지 않는 이상 친구들과 어울리는 일도 그만두었다."[15]

극단적인 경우는 『미쳐있고 괴상하며 오만하고 똑똑한 여자들』에 나오는 '매 순간 자해와 자살 충동을 죽을힘을 다해 막아내고 있고 누군가 24시간 곁에 있지 않으면 금방 사고가 터지는'[16] 여성의 경우이다. 우울증이라고 기술되어 있지만 경계성 인격장애의 사례라고 생각한다.

『키라의 경계성 인격장애 다이어리』의 저자 키라 밴 겔더[Kiera]

Van Gelder는 열두 살 때 엄마가 근무하는 사립학교 입학시험을 앞두고 수학 노트를 잃어버린 후 옷장 안의 좀약을 먹고 자살을 시도한다. 물론 실패했지만 그녀는 자신이 다시 자살 시도를 할 것이라는 걸 알고 있었고 또 그렇게 했다. 그녀는 "나는 비교적 덜 정형화된 방식으로 자살과 관계를 맺고 있었다. (…) 자살은 코앞에서 적을 마주치는 경우에 대비해 주머니 속에 휴대하는 작은 청산가리 캡슐과도 같다."[17]고 말한다. 그렇게 20년을 산 후 비로소 그녀는 자신이 환자라는 것을 알게 되었다. 현재 그녀는 불교에 귀의해 화가와 작가로 활동하면서 경계성 인격장애 환자들을 돕는 활동가로 살고 있다.

아이의 병에 대한 새로운 이해가 생긴 후 나의 대응 방식도 달라졌다. 아이의 마음이 그렇게 쉽게 산산조각나는 이유도 알 수 있었고 내가 조금만 짜증을 내도 아이가 왜 그렇게 예민하게 반응을 하는지 이해할 수 있었다. 최소한 부모는 어떤 일이 있어도 너를 버리지 않는다는 신뢰를 아이에게 심어주는 것이 우선이었고 대화의 방식도 다시 고쳐나갔다. 경계성 인격장애를 가진 사람들의 마음은 설탕 유리보다도 더 바스러지기 쉬워서 이같은 상태가 '감정의 혈우병' '마음의 3도 화상'이라는 말로 불리기도 한다. 아이의 진단을 다시 살펴보게 되자 많은 상황이 바뀌었다.

조금이라도 삶을 살아내기 쉽게 하려면
: 수많은 증상들의 이해

'정신질환자'라고 하면 눈빛이 예사롭지 않고 이상한 말을 중얼거리거나 날뛰고 난동을 부리면서 남에게 폭력을 휘두르는 사람을 연상하게 되지만, 실제로는 누구에게도 말할 수 없는 고통을 삭여가며 움츠리고 홀로 조용히 괴로워하는 모습이 대부분이다. 양극성 장애의 증상이 조증과 우울증만 있는 것은 아니다. 아이를 괴롭히는 가장 주된 증상이 우울증이라고 생각하던 나는 아이와 같이 살게 되면서 무수히 많은 다른 정신적·신체적 증상들이 동반됨을 깨달았다. 우선은 불안, 그리고 공황장애가 큰 문제였다. 물론 이 두 증상은 우울 증상이 심해질 때 함께 심해지는 것이었다. 우리는 '불안'이라는 말에 꽤 익숙하기 때문에 정신질환 환자들이 느끼는 불안에 대해 오히려 잘 이해하지 못한다. 환자들의 불안 정도는 종종 그들의 생명을 앗아갈 만큼 심각하다.

불안장애는 그 자체가 진단명이며 세계질병부담 사업에서 지정한 장애를 가지고 살아가는 질환 순위의 상위권을 차지한다. 사람들이 긴장된 상황에서 느끼는 보통의 불안과는 달리 불안장애 환자들의 증상은 정상적인 생활을 방해할 정도인데, 걱정 때문에 집중하지 못하는 심적인 문제뿐 아니라 심장이 입으로 튀어나올 듯이 심장박동이 빨라지고 호흡이 가빠져 숨이 쉬어지지 않으며 식은땀을 흘리는 등의 신체 증상이 함께 나타난다. 이와 연결되는 좀더 심한 증상이 공황발작이다. 환자는 땅에 제대로 서 있을 수 없는 상태가 되어 길바닥에 널브러진다. 실제로 공황발작을 겪는 사람들의 말을 들어보면 그 순간에는 죽음밖에 떠오르는 것이 없다고 한다. 이경규, 레이디 가가, 아델을 비롯한 수많은 국내외 연예인들이 자신의 공황장애 경험을 공개해왔다. 최근에는 영국 왕실의 해리 왕자가 어머니 다이애나 비의 사망 후 공황장애 때문에 힘들었다고 밝혔다.

"사람이 많은 방에 들어가면 땀이 비오듯 하고 심장이 터질 듯이 뛰었다. 28세가 되어서야 이것이 치료가 필요한 병이라는 것을 알았다."[18]

불안장애도 여타 정신질환처럼 유전된다. 조현병이나 양극성장애만큼은 아니지만 다른 흔한 신체질환들보다는 유전성이 훨씬 높아서 부모에게 불안장애가 있는 경우 자식에게도 발현될 가능성이 일반적인 신체질환의 유전성보다 2배 정도 높다.[19] 연관 유전자들도 밝혀지고 있는데 세로토닌 수용체, 도파민 수용체 등 신경 전달에 관여하는 물질과 높은 연관성을 보인다. 물론 환경적인 요인도 매우 중요하다.

우리나라에서 2017년에 비해 2021년에 불안장애 환자가 32.3퍼센트 증가했고 공황장애 환자는 47퍼센트가 증가했다는 보고는 이 질환들에 대한 사회적 인지도가 높아졌다는 사실과 함께 과도한 경쟁과 미래에 대한 불확실성 등 질환을 촉발하는 요인들이 그만큼 악화되었다는 점을 보여준다.[20] 특히 비극적인 것은 이런 증가 추세가 젊은 층에서 가장 폭발적이라는 점이다. 기성세대가 그만큼 젊은이들에게 살기 어려운 세상을 물려준 셈이다.

아이의 이런 증상들을 제대로 이해하지 못했던 나도 많은 실수를 범했다. 록 그룹 U2가 내한 공연을 하던 날 안나는 상태가 좋지 않았지만 오래전 티켓을 샀다며 공연을 꼭 보겠다고 고집했다. 공연장이었던 고척 스카이돔의 무지막지한 은색 우주선 모양 건물을 바라보며 내가 공황이 올 것 같았지만 아이를 입장시켰다. 그 주변이 앉아서 기다릴 곳이라고는 없는 허허벌판이어서 '자기가 좋아하는 이벤트이니까 문제는 없겠지.' 하고 일단 집으로 돌아왔다. 그곳에서 아이에게 공황발작이 생겼는데 아이의 상태에 무지한 구급 요원들에게 처치가 아닌 폭행을 당하며 병원 응급실로 옮겨졌다. 그때 내가 공황발작이 무엇인지를 알았더라면 그냥 집에 오지는 않았을 것이다.

20세기 초반에는 공황발작이 '히스테리발작'이라고 불리며 특히 증상을 보이는 여성들에게 부정적인 이미지가 덧씌워지기도 했다. 그 영향은 100년이 훌쩍 지난 지금도 지배적이다. 겉으로 보기에는 멀쩡한 사람이 갑자기 쓰러져서 숨을 헐떡거리는 것을 관심받기 위한 연극이라고 보는 사람들이 여전히 많다. 환자들이 이런 일을 겪고 나면, 그리고 자신이 힘들 때 아무도 도와주지 않고 오히려 폭력의 대상으로 몰리는 상황을 경험하면 당연히 증상은 악화된다. 공황장애의 가장 큰 문제는 공황 그 자체보다도 또다시 이런 일을 겪지 않을까 하는 공포심이기 때문이다.

또다른 힘겨운 증상은 섭식장애였다. 증상이 심할 때 안나는 168센티미터의 키에도 체중이 42킬로그램밖에 나가지 않았다. 적정 체중에서 10킬로그램이나 넘도록 살을 발라낸 것이었다. 안나는 음식을 먹었다 하면 토했고 음식 자체를 많이 먹지 못했다. 백혈구 수치가 떨어져서 약을 먹는 것이 위험해지기도 했는데, 저러다가 심장 근육까지 빠져버려서 심장마비로 죽게 되는 것이 아닐까 걱정하기도 했다. 섭식장애가 어디까지가 질환의 문제이고 어디까지가 주변 환경의 영향인지를 파악하기는 쉽지 않았다.

아이를 이해하기 위해 섭식장애 때문에 죽음의 문턱까지 갔다가 돌아오는 젊은 여성의 이야기를 다룬 「투 더 본」^{To the bone} 이라는 영화를 아이와 함께 보았다. 안나는 그 영화에서 묘사되는 것처럼 음식을 입에 넣고 바로 토해내는 식의 극단적인 행동을 보이지는 않았지만, 누군가 42킬로그램이 된 안나에게 "어쩜 그렇게 날씬하냐"며 칭찬을 해주었을지도 모른다. 외모 품평은 의도를 떠나서 사람을 죽일 수 있다. 인스타그램은 최근 청소년들에게 들불처럼 번져나간 섭식장애 블로그 공유를 방치했다는 이유로 미국의 부모들에게 고소당하기도 했다.

의도적인 체중 감량 때문이 아니더라도 정신질환 환자는 다양한 이유로 위장 기능의 문제를 겪는다. 약의 부작용 때문일 수도 있고 위장의 반사 작용을 조절하는 신경세포의 문제 때문일 수도 있으며 질환 자체에서 발생하는 식욕의 저하 때문일 수도 있다. 나는 다양한 단백질 보충제를 구입해 아이의 식욕이 바닥으로 떨어졌을 때 우유에 타서 먹이는 방식으로 대처했다. 안나도 자신의 생활을 유지하기 위해 필요한 최소한의 열량이 있다는 인식은 지니고 있었으므로 조금씩 체중은 늘어났다.

수면장애 역시 치료가 아주 어려운 증상이었다. 보통의 불면증이 아니었다. 하루 한두시간밖에 못 자고 약을 먹어도 바로 잠에서 깼다. 나는 평생을 하루에 7시간 이상 자지 못하면 다음 날 일을 잘 못하는 잠꾸러기였기 때문에 안나가 불면증 때문에 겪는 고통을 상상조차 할 수 없었다. 어떤 양극성 장애 환자는 조증이 오는 경우 며칠씩 한잠도 안 자고 활동 과잉 상태를 보이기도 한다지만 우리 아이에게 불면은 명백한 고문이었다. 잠은 생명의 기본 현상이다. 포식자들의 위협에 상시 노출되는 초식 동물들도 목숨을 내놓을 수 있는 상황에 몰리게 하는 잠을 없애지 않는다. 수면을 충분히 취하지 못하면 뇌와 정신 건강에 문제가 생기는 것은 물론이고 암이나 면역질환에 걸리기 쉬운 상태가 되기도 한다.

불면의 밤은 강한 불안감과 쉴 새 없이 밀어닥치는 자살 충동으로 이어지기도 했다. 생지옥이 따로 없었다. 안나의 치료 목표들 가운데 가장 우선순위에 두었던 것이 수면이었다. 지금은 아이가 쎄로켈을 정시에 복용하고 증상이 심해질 때는 더 증량하면서 최소한의 수면을 취하는 수준으로 개선은 되었다. 하지만 생활 리듬을 흐트러뜨리는 경우, 예를 들어 늦은 시간까지 동영상을 본다든지 하는 때에는 언제든지 상황이 나빠질 수 있는 것이어서 규칙적인 취침 시간을 가지려는 환자 자신의 의지도 일정 부분 중요하다.

　우울 삽화에 동반되는 극심한 피로는 환자의 삶의 질과 신체 기능을 저하시키는 또다른 주요 증상이다. 멀쩡히 일하다가 갑자기 '잠수 타는' 사람들 가운데 다수가 이런 경우에 속할 것으로 짐작한다. 아예 자리에서 일어날 기운조차 없어 밥도 못 먹을 지경이 되면 옆에서 볼 땐 그냥 게으른 성미처럼 보일 뿐이지만, 입원하고 약물 치료를 시작하면 며칠 내에 상태가 좋아지므로 분명히 생물학적 요인이 있는 증상이라 할 수 있다. 이 시기를 잘 넘기면 환자는 다시 활력을 되찾는다. 아직 어떤 이유로 병적인 피로가 발생하는지는 알려져 있지 않다. 가장 유력하게 추정되는 원인은 수면 장애에서 파생되는 면역 이상과 전신 염증 반응, 활성산소 생성과 신진대사의 변화 등이다.[21] 최근에는 장내 미생물 균총 변화와의 연관성도 보고되고 있다.[22] 가족들은 환자가 정말 아파서 이러는 것이지, 게으름 떠는 것이 아니라는 사실을 이해하고 생활을 유지할 수 있도록 옆에서 도와주어야 한다.

이외에도 정신질환 환자가 가지는 신체 증상은 무궁무진하게 많다. 소화기 계통의 문제로는 복통, 구토, 설사, 변비 등 다양한 증상이 나타난다. 뇌와 연관이 있는 두통, 건망증, 졸림도 기본이다. 스스로 세상을 떠난 어느 행복 전도사는 자살 전 유서에 자신이 겪는 신체적 증상을 "700가지 통증"이라고 묘사했다. 아마도 섬유근통이었을 가능성이 높은데, 이렇게 형언할 수 없는 신체 통증을 동반하는 섬유근통 역시 정신질환 환자들을 따라다닌다. 병원에서 통증에 대한 온갖 검사들을 해도 원인은 알지 못하고 '꾀병' 환자 취급을 받으며 듣지도 않는 약만 한보따리 받는 일은 정신질환 환자를 두번 울게 한다. 쉬운 방법은 물론 없다. 안 나도 몸이 아프다는 말을 가끔 했고 섬유근통 환자에게 실시되는 압통점 검사를 해본 결과 섬유근통의 모든 소견이 나타났다. 근육을 움직일 때 뇌로 전달되는 신호가 통증 신호를 억제한다는 최근의 연구 결과가 있는데, 몸이 찌뿌드드할 때 운동을 하면 가벼워지는 현상을 예로 들 수 있다. 나는 아이에게 적절한 신체 활동을 권했고 아이는 원래 활동 지향적이었기 때문에 통증 관련 문제들은 진통제를 별도로 받지 않고도 잘 극복해나갔다. 병원에서 이런 환자들에게 진통제가 듣지 않는다고 마약성 진통제를 처방하는 순간 환자들은 중독에 빠진다.

아이가 진단을 받은 지 5년째로 접어든 어느 시기에 아이를 오래 보아온 젊은 의사가 주의력결핍과잉행동장애의 가능성을 제기했다. 아이는 즉각 부인했다.

"제가 집중력이 얼마나 높은데요."

하지만 주의력결핍과잉행동장애의 치료제인 콘서타^{concerta}는 안나의 병세를 바꾸어놓았다. 콘서타를 복용한 후 아이는 자신의 문제가 무엇이었는지를 더 명확히 파악하게 되었고 과업 수행력이 눈에 띄게 향상되었다. 나도 놀랐는데 안나가 어렸을 때 그런 조짐을 전혀 눈치채지 못했기 때문이다. 흔히 말하는 '어떤 사안에 대해 지속적으로 주의를 기울이는 능력이 없고 안절부절못하고 사고를 잘 치는' 성향은 아이에게서 볼 수 없었다. 그러나 다시 뒤돌아서 퍼즐을 맞춰보면 몇가지 이상했던 점은 분명히 있었다. 안나는 책상에 아주 오래 앉아 있지는 않았는데 공부를 잘하므로 짧은 시간에 공부를 마치기 때문이겠거니 했다. 부모의 작은 질책에도 안나는 과잉 반응을 하며 쉽게 울기도 했다.

다양한 정신질환과 마찬가지로 주의력결핍과잉행동장애에서도 뇌신경 전달과 구조의 이상 소견이 나타나고 이중 상당 부분이 조현병이나 양극성 장애의 이상 소견과 중복된다. 일각에서는 과잉 진단이라는 비판도 일고 있지만 분명한 점은 소아 시절에 주의력결핍과잉행동장애의 증상이 관찰되는 것은 뇌의 구조적인 문제를 시사한다는 사실이다. 주의력결핍과잉행동장애는 성인 환자의 경우 다른 정신질환으로 진단될 때도 많고 양극성 장애, 경계성 인격장애와 혼재하는 빈도가 높아서 정신건강의학과 의사도 진단을 어려워할 때가 있다.

아이와 같이 생활하기 시작한 후 1년 남짓한 기간 동안 나는 어떤 문헌에도 나와 있지 않은 것들을 알아가며 질환에 대한 이해를 넓힐 수 있었다. 물론 같이 사는 것이 쉬운 일은 아니었다. 하지만 아이를 위해서는 중요한 시간이었다.

전기충격치료를 해주세요

그해의 세번째 입원 후 우리는 의료진에게 안나의 치료에 대해 적극적인 의견을 개진할 필요를 느꼈다. 아이를 온종일 일어나지도 못하게 했던 약의 부작용을 직접 목격한 바 있었고, 실제로 이 질환의 우울 증상에 대해서는 써볼 만한 약들이 많지도 않은 상황이었다. 우리는 전기충격치료를 해줄 것을 요청했다.

이름만으로도 공포심을 불러일으키는 전기충격치료는 단극성 우울증에는 가장 효과적인 치료 방법이다. 그럼에도 불구하고 헤밍웨이나 실비아 플라스 같은 유명 인사들의 발언과 「뻐꾸기 둥지 위로 날아간 새」 같은 영화의 영향으로 정신질환의 대표적인 부정적 이미지로 각인되었다. 대부분의 정신건강의학과 치료 약제와 마찬가지로 전기충격치료가 어떤 방식으로 효과를 보이는

지는 잘 규명되어 있지 않다.

전기충격치료는 전신마취 후 70~120볼트 전압의 전류를 몇 초 동안 환자의 두피에 전달해 경련을 유도하는 방식으로 진행되는데, 800밀리암페어 정도의 직류가 흐르지만 두개골의 온저항impedence 때문에 발생한 전류의 1퍼센트만이 뇌를 통과하게 된다. 뇌의 회로가 잘못 얽혀서 어떤 방법으로도 교정되지 않을 때 마치 오작동하는 컴퓨터를 껐다가 다시 켜듯이 뇌 회로를 리셋하는 방식으로 작용한다고 이해할 수 있다. 「뻐꾸기 둥지 위로 날아간 새」에서 강간죄로 수감을 앞두고 있던 주인공은 단지 감방보다는 병동이 더 생활하기 편할 것 같다는 이유로 병도 없으면서 정신질환을 가장해 병동에 입원하게 된다. 영화에서는 질환도 없는 환자에게 마취도 하지 않고 강한 전류를 흘려서 격심한 전신 경련을 일으키는 장면이 나온다. 나처럼 의심이 많은 사람은 이런 영상매체가 제약회사의 마케팅에 이용된 것이 아닌지 의구심을 갖게 된다. 실제로도 마취를 하지 않은 환자에게 강한 전류를 흘려 넣은 결과 심한 기억력 상실이 생기고 격렬한 근육 수축으로 뼈가 부러지는 부작용이 있었다.

그러나 전기충격치료는 1938년 이탈리아의 정신과 의사 우고 체를레티Ugo Cerletti가 처음으로 도입한 이래 당시 시행되던 더 황당한 치료들을 바로 몰아내고 주요우울장애의 치료로 자리 잡았으며 전류의 조절, 마취의 도입, 근육 이완제 사용 등으로 프로토

콜이 개선된 후 현재는 미국 식품의약국에서 양극성 장애의 치료에도 공인을 받고 있다. 임산부의 우울증에는 어떤 약제보다 태아에게 안전한 치료로 이용된다. 하지만 많은 영상매체에서의 부정적인 이미지에 가려 약제가 듣지 않는 우울증에 이 치료가 극적인 효과를 가진다는 사실은 잘 알려져 있지 않다. 최근까지도 많은 사람들은 이 치료를 징벌과 연관지어 생각한다.

미국 매사추세츠주 주지사이자 1988년도 아버지 부시 대통령에 맞서 민주당 대선 후보로까지 나섰던 마이클 듀카키스의 부인 키티 듀카키스Kitty Dukakis는 오랜 세월 어떤 약도 듣지 않는 우울증으로 알코올과 암페타민에 의존해 살아가고 있었다. 남편의 대선 패배 후 걷잡을 수 없이 증상이 심해진 키티는 결국 전기충격치료를 시도했는데 결과는 극적이었다. 물론 완치는 아니고 증상이 재발할 때마다 치료를 받아야 했지만 어떤 약물로도 달성하지 못한 효과를 보였다. 그녀는 이 치료에 대해 그동안 사회에 널리 퍼진 부정적인 통념을 개선하기 위해 여러 홍보 활동을 펼치고 있고 2006년에는 자신의 경험을 정리하여 『쇼크』Shock (Avery 2006)라는 책을 출간하기도 했다.

물론 만만치 않은 부작용들도 있다. 가장 문제가 되는 것이 기억력 상실이다. 기억을 관장하는 해마에서 대뇌 피질로 가는 연결이 끊어지기 때문에 생기는 결과인데 주로 최근에 획득된 기억이 없어진다. 어니스트 헤밍웨이는 치료 후의 기억력 상실을 특히 힘들어하면서 전기충격치료가 자신의 작가로서의 역량을 파괴하는 치료라고 생각했다.

안나의 전기충격치료는 8회에 걸쳐 시행되었고 경과가 만만치는 않았다. 아이는 마취에서 깨는 과정을 특히 고통스러워하면서 자해 성향을 다시 드러내기도 했다. 그러나 우울 증상은 조금씩 나아졌고 과거에 약물 치료를 했던 경우보다는 빨리 호전되었다. 퇴원 후 매주 한번씩 유지 치료를 진행하면서 내 기억으로는 가장 기분 좋은 가을을 보낼 수 있었다. 하지만 역시 매주 단기 입원을 하는 상황은 안나로 하여금 생활을 되찾을 수 없게 했다. 아이가 언제까지 치료를 받아야 하나 나 역시 우려를 하던 중 이제까지 한번도 없었던 수준의 조증 발작이 일어났고 아이의 오른팔에 역대급의 자해 상처가 생겼다. 그러나 안나는 그 순간에 대해 아무것도 기억하지 못했고, 결국 다시 입원해야 했다.

낙관주의자인 부모는 또 일단은 긍정적으로 생각했다. 안나가 지난 5년간 가을과 겨울에 극심한 우울증을 겪지 않고 보낸 적이 한번도 없던 차에 조증이 생겼다는 것은 전기충격치료의 효과라고 판단했다. 전기충격치료는 다음번에 우울증이 또 심해지면 받는 것으로 하고 중단했다. 조증은 약물로 어렵지 않게 조절되었지만 팔에 남은 흉한 상처는 결코 없어지지 않을 터였다. 병동에 있던 어느날 아이는 전화 통화를 하면서 "나 여기서 너무 오래 살았어. 젊은 시절의 삶이 다 없어진 것 같아." 하며 흐느꼈다. 마음이 천갈래 만갈래로 찢어졌지만 나도 따라 울 수는 없었다.

"안나야, 네가 네 생활을 찾는 순간이 네 삶이 시작되는 순간이야. 그날 너는 세상에 다시 태어나는 거야."

여섯째 해

다시 삶으로

"모르는 척 기다려주는 것도 방법이야.

스스로 문 열어줄 때까지."

"엄마들은 그게 생물학적으로 불가능해요."

　　──영화「길복순」

위인은 병을 가지고 있었는가?

양극성 장애 환자의 증상은 환자마다 다 다르다. 조증이 심한 환자가 있는가 하면 삶을 잠식하는 울증 때문에 힘들어하는 환자도 있다. 드물게 울증은 경미하고 생활에 지장이 없는 경조증 무드mood가 지속되는 사람들도 있는데 고기능인으로 살아가는 경우가 많다.

지난 세기의 가장 위대한 정치인 중 한명인 윈스턴 처칠Winston Churchill이 양극성 장애를 가지고 있었는지 아닌지에 대해서는 논란이 많다. 긍정하는 사람들은 그가 기분이 좋지 않은 자신의 상태를 표현한 '검은 개'black dog가 전형적인 양극성 장애의 증상을 잘 형용한다고 말한다. 처칠은 아침 8시부터 새벽 2시까지 일하는 것으로 유명했고 달변이었으며 항상 말이 많았다. 묘하게 조증과 유사한 모습이다. 처칠의 정신질환을 부정하는 사람들은 양극성 장애를 가지고 있는 사람이 처칠처럼 많은 업적을 남기는 것은 불가능하다고 단언한다. 하지만 양극성 장애의 진단이 칼로 자르듯 명확하게 내려질 수 있는 것이 아니라, 일련의 형질의 스펙트럼 위에서 변동하는 특성이 있기 때문에 평면적인 이해만으로 판단하기는 곤란하다.

처칠의 어린 시절에 그를 가르친 교사들은 그가 산만하지만 자신의 흥미를 돋우는 일이 주어지면 잘 해냈다고 했는데, 지능 지수가 높은 주의력결핍과잉행동장애 아동에게 흔히 보이는 현상이다. 처칠의 모친은 그가 유모가 없으면 돌보기 어려울 정도로 활동성이 높았고 충동적이며 종종 위험한 상황을 즐기기도 했다고 말했다.[1] 젊은 시절에는 우울한 시기를 겪은 적도 자주 있었고 부인에게 우울증을 잘 치료한다는 의사에 관해 상의하는가 하면 기찻길이나 배의 갑판 난간 가까이는 가지 않는다는 말을 한 것을 두고 그가 자살 충동을 지녔었다고 보는 견해도 있다.

그의 가장 큰 업적, 제2차 세계대전 발발 전인 1933년 아돌프 히틀러가 독일에서 집권했을 때 누구보다도 먼저 제3제국과 나치즘의 위험성을 간파하고 영국을 전쟁의 위험에 대비하게 한 것도 인간의 어두운 심연을 꿰뚫어볼 수 있는 그의 성격적 특성에 기인한 것으로 생각된다.[2] 그러나 처칠의 가장 중요한 특징, 무궁무진한 에너지와 활력은 우울 증상과는 거리가 먼 것이기도 했다. 루스벨트 대통령은 처칠의 수다스러움에 대해 학을 뗀 듯이 말하기도 했다.[3] "(처칠은) 하루에 새로운 아이디어를 천개는 말한다네. 그중 쓸모있는 건 네개뿐이지만……" 2차대전이 끝나고 더이상 전쟁 시의 리더를 원하지 않는 영국 국민들에 의해 권력에서 물러났을 때 처칠은 "나는 은퇴하기에는 너무 젊어."라고 탄식했다. 그의 나이 72세였다. 그리고 5년 후인 1951년 보수당의 승리를 이끌며 그는 다시 수상의 자리로 돌아온다. 이미 여러번의 중풍을 겪은 이 노정객은 77세의 나이에 영국의 수장이 되는데, 미국 바이든 대통령이 78세에 대통령직에 오른 것을 두고 아직까지도 나이 논란이 많은 것을 감안하면 처칠의 복귀는 72년 전의 기준으로 매우 파격적인 일이었다. 두번째 임기 3년차에 또 중풍으로 쓰러졌다가 다시 일어난 처칠은 마지막 정치 인생에서 냉전 시대를 맞아 미국과의 관계를 공고히 함으로써 영국의 입지를 다지고 식민지들이 독립하면서 저물어가던 대영제국의 마지막 영광을 지켰다.

처칠이 정신질환을 가졌다고 주장하는 사람들은 정신질환이 있음에도 이렇게 위대한 업적을 남길 수 있다는 점을 믿고 싶어 하는지도 모른다. 처칠은 정치가였던 데다가 1953년에 노벨문학상을 수상한 문필가였으며 화가였다. 처칠의 정신질환 여부를 둘러싼 양측의 주장은 서로 꼬리를 물고 이어지지만 아마 가장 적확한 설명은 정신질환의 범주는 우리가 생각하는 것보다 훨씬 넓으며, 정상과의 경계도 모호하다는 것이 될 듯하다.

다시 독립 만세!

새해가 밝기 하루 전 안나는 갑자기 다리를 커터 칼로 베고 다시 응급실을 찾았다. "왜?"라고 묻기에도 이제 나는 너무 지쳐버렸고 숨이 막힐 지경이었지만 아이는 그 일이 있은 후 새해 들어 12개월 동안 자해를 하지 않았다. 최장 기록이었다. 불안장애가 심해져 2월에 잠깐 개방병동에 입원했다가 퇴원한 직후 안나는 일자리를 찾았다. 근무 강도가 높기로 악명 높은 프랜차이즈점이었다. 아이는 이전보다 더 마음에 드는 업종이라고 좋아했지만, 나는 아이에게 자립심이 생겨 기쁜 마음보다는 이번에는 또 어떤 사고가 날까 조마조마한 마음뿐이었다. 위태로운 순간들도 있었지만 의외로 아이는 적응해나갔고 입사 후 3개월이 지나 자신과 같이 입사한 친구들이 모두 사표를 쓰고 나간 후에도 꿋꿋이 버텼다. 일하다가 쓰러져서 병원으로 실려간 일은 있었지만 근무 강도 때문에 그런 일이 워낙 흔하다고도 했다.

그렇게 3개월을 버틴 어느날 안나는 다시 독립하겠다고 선언했다. 물론 부모는 반대했고 상태가 더 안정되어야 한다고 했지만 아이는 완강했다. 부모와 계속 같이 살면 건강이 안 좋아질 것 같다고도 했는데 생각해보면 나로서도 한계 상황이기는 했다. 밤에 바스락거리는 소리가 들리면 아이가 또 방에서 술이라도 마시나 걱정하느라고 잠을 이루지 못했다.

안나의 방문은 어릴 적부터 언제나 굳게 닫혀 있었다. 항상 방문을 열어놓아야 한다고 주장해 아이와 충돌하는 남편과 달리 나는 아이의 그런 행동이 비정상적인 것이 아니라 자녀들이 부모로부터 독립하고 싶어하는 의지의 산물이라고 생각해왔다. 하지만 아이가 병을 얻은 후에는 굳게 닫힌 방문 뒤에서 아이가 무엇을 하는지 궁금해 미칠 지경이 될 때가 있었다. 술을 먹고 있을까? 더 나쁜 것을 하는 건 아닐까?

정말 궁금해서 아이 방의 문을 두드리면 가끔은 허둥지둥 뭔가를 밀어놓는 소리가 들려왔고 내 마음은 더 가라앉았다. 안나는 가끔은 빼꼼하게 눈만 보일 때도 있었고 가끔은 내가 들어가지 못하게 빗장을 지르듯 자신이 문 밖으로 빠져나와 문 앞을 막아서기도 했다. 소주, 보드카, 필로폰이 내 머릿속을 가로질렀다. 방에서 부모가 보아서는 안 될 것이 꼭 나쁜 것들만은 아닐 터인데 나는 바로 최악의 상상으로 달렸다. 이제 더이상 이렇게 아이를 못 믿고 의심하며 같이 살 수는 없는 한계에 이르렀다고 생각하기도 했다. 결국 그해 7월 아이는 집에서 차로 15분 거리인 동네에 맘에 쏙 든다는 집을 찾아내고 이사를 떠났다. 같이 살기 시작한 지 1년 4개월 만의 일이었다.

아이가 아팠기에 얻은 것

가족 중에 정신질환자가 있다는 것은 어떤 미사여구로도 좋은 일이라고 할 수 없다. 때로는 그 가족에게 내려진 '천형'이라고 생각하는 사람들도 있다. 『어느 날 거울에 광인이 나타났다』의 저자 잭 맥더멋은 '양극성 장애는 내 인생에서 일어난 가장 멋진 일'이라고 말하기도 했지만 어디까지나 미국 백인 남성이라는 특별한 입장의 인생관에 뿌리를 둔 인식이기에 공감되지는 않는다. 나는 그것이 죄도 벌도 아닌 바로 인생이라고 생각한다. 우리는 정상 가족, 정상 신체 등 존재하지도 않는 완벽한 정상성 신화에 사로잡혀 인생이라는 잔혹한 도박에서 지는 패를 잡았다고 생각하는 경우 그것으로 인생이 끝났다고 절망하기 일쑤이다. 그러나 원래 인생은 잔혹하다. 그리고 우리는 이기는 패보다는 지는 패를 잡을 일이 훨씬 더 많다. 누군가가 항상 이기는 패만 잡는 것처럼 자랑을 일삼는 것을 보면 인생을 반도 모르는 덜 떨어진 사람이라고 속으로 비웃어도 된다. 사실이 그렇기 때문이다. 인생은 지는 패를 잡았을 때 이것을 어떻게 받아들이는지에 따라 성패가 갈린다. 현실을 냉정하게 살피고 최악을 피하는 방법을 찾으며 인생의 층위를 풍부하게 할 수 있다면 이기는 패를 잡는 것 못지않은 인생이 될 수 있다.

아이가 정신질환을 앓은 후 나에게도 많은 변화가 있었다. 원래부터 모임이나 많은 사람을 사귀는 것과는 거리가 먼 성격이었는데 아이의 뒷바라지를 위해 외부의 일들은 가차없이 잘라냈다. 마침 2020년부터 시작된 팬데믹의 영향으로 외부 행사가 전면적으로 금지되어 나로서는 이로운 상황이 되었다. 학회나 위원회 등의 사회적인 일들도 대부분 정리했다. 좋아하는 일을 하는 것은 괜찮지만 별것도 아닌 감투에 연연하며 삶을 사는 것 역시 내 성격과는 거리가 멀었다. 나의 일과는 병원에서 환자를 보는 일, 전공 논문을 쓰는 일, 그리고 그외의 원고를 집필하는 일로 국한되었다. 모두 내 안으로 침잠해서 조용히 아이를 돌보며 할 수 있는 일들이었다.

안나가 아프면서 눈앞이 아뜩해질 정도로 힘든 순간들이 많았지만 돌이켜보면 이만하면 잘 대처했다고 생각하기도 한다. 물론 앞으로도 힘든 일들이 수없이 많을 테지만 어제보다 오늘은 아주 조금이라도 나을 것이라는 희망을 가져본다. 잃은 것도 많지만 얻은 것들도 많다.

안나가 이렇게 아프지 않았다면, 어릴 때 그랬던 것처럼 반짝반짝 빛나는 아이로 자라 엄마 아빠가 익숙한 방식의 삶의 궤적에 들어갔다면 나는 아마도 삶의 깊이와 넓이를 별로 모르고 살았을 것이다. 사회적 약자, 소외된 자, 소수자들의 삶에 관해 별반 관심 갖지 않았을 것이다. 능력주의의 환상을 버리지도 못하고 사회정의나 공공선에 대해 반쪽짜리 관념을 지닌 채 살았을 것이다. 장애인 차별 문제에 대해서도 피상적인 문제의식밖에 가지지 못했을 것이다. 아이의 병은 부모에게 인생을 새롭게 가르쳤고 부모의 삶을 풍부하게 했다. 결국 부모는 얼마간 더 나은 사람이 될 수 있었다.

6년간 아이와 함께 폭풍우가 치는 바다를 표류하면서 그래도 운이 좋았다고 느낄 때가 많았다. 우리가 가지고 있는 물적·인적 자원은 아이에게 나름대로는 최선의 치료 조건을 큰 어려움 없이 제공할 수 있게 했다. 특히 인적 자원 측면에서 부모가 모두 의과대학 교수라는 점은 다른 이들은 접근하기 어려운 여러 혜택을 가능케 했는데, 의료진과 선후배 사이인지라 내가 답답할 때에 이메일을 보내 상시로 소통할 수 있었던 것은 특별히 운이 좋았던 예에 속할 터이다. 그럼에도 불구하고 우리도 천길 낭떠러지에서 떨어지는 것같이 힘든 일들을 많이 겪었다. 쉽게 드러내기 어려운 이야기를 하며 책을 내게 된 계기도 '우리도 이렇게 힘든데……' 하는 생각과 우리만큼 운이 좋지는 않은 분들에게 조금이나마 도움이 되길 하는 바람이 있었기 때문이다.

부모 서바이벌 가이드

아이가 아무리 아파도 부모가 해줄 수 있는 일에는 명확한 한계가 있다. 가장 중요한 원칙이지만 아픈 아이를 둔 부모는 종종 이 원칙을 잃고 구렁텅이로 빠지기 쉽다. 이런 말을 하는 내 자신도 어려울 때마다 수없이 되새겼던 원칙이기도 하다.

"해줄 수 있는 것을 해줄 뿐이다."

아주 구체적으로 경제적·심리적 한계를 설정하고 항상 환자와 대화하면서 조율해나가야 한다. 이 원칙을 늘 기억하면서 정신질환을 가진 아이의 부모가 해야 할 일들을 적어본다.

① 과도한 연민 대신 이해하기를 멈추지 않는다

아이는 천식이나 혈액암, 면역질환 같은 여느 신체질환과 다를 것이 없는 '뇌'의 질환을 가지고 있다. 다만 여타 질환들에 비해 이 질환은 아직도 알려진 바가 너무도 없다. 그렇기 때문에 아이의 질환을 오롯이 이해하기 힘들다. 최고의 전문의들에게도 정신질환의 진단은 쉽지 않다. 그만큼 정신질환은 오진도 많고 치료약을 찾는 것도 매우 힘든 질환이다.

뇌에 문제가 생기면 아이는 여느 신체질환과는 매우 다른 방식으로 아프게 된다. 기침을 하는 것도 아니고 열이 나는 것도 아니다. 우리가 받아들이기 어려운 말과 행동을 하는 방식으로 증상을 표출한다. 그 결과 우리는 아픈 아이 앞에서 화부터 내게 된다. 여타 신체질환과 달리 뇌에 생기는 이 질환은 병과 환자를 떼어놓고 보기 어렵게 만든다. 지극히 사랑하는 사람에게 생긴 나

뻔 병이 아니라, 사람이 나쁜 것으로 되어버린다. 정신질환 환자와 병을 떼어서 생각하는 것은 결코 쉬운 일이 아니지만 노력하면 어느 정도 가능하다. 상태가 좋지 않을 때 환자가 한 말을 마음에 담지 않는다. 상태가 좋지 않은 때의 일은 의식의 저 너머로 사라지기 쉬워 환자 자신도 그런 말을 했는지 기억 못 하는 경우가 많다.

이 질환의 가장 좋은 예후 인자 중 하나가 환자가 병식을 가지는 것이다. 많은 경우 환자 자신이 병을 부인하고 치료를 거부하므로 때로는 주변에서 병을 환자에게 인식시키는 데에도 긴 시간이 소요된다. 정신질환에 대한 사회의 깊은 낙인은 환자가 병을 인정하기 어렵게 하기에 부모부터 모든 편견과 잘못된 인식을 버려야 한다.

이 모든 것이 가능하려면 부모가 부단히 공부해야 한다. 정신질환에 관한 일반인 대상의 책들이 많이 나와 있다. 양극성 장애 환자들이 쓴 좋은 책들 중 내게 가장 인상적이었던 것은 리단의 『정신병의 나라에서 왔습니다』(반비 2021)이다. 이 책은 그야말로 서바이벌 지침으로 병의 증상, 병원 찾는 법, 약물 복용법 등 환자 본인의 경험을 생생하게 담아 단 한방울의 눈물도 없이 냉철하게 기술하고 있는 필독서이다.

약에 대한 것이 궁금하다면 일반 서적보다는 좀 어렵더라도 전문 서적을 읽어보는 것을 권한다. 『임상신경정신약물학』은 우리 아이가 스스로 읽어보고 많은 도움을 받은 책이다. 뇌의 작동에 관해서도 많은 흥미로운 책들이 있다.『뇌 과학의 모든 역사』『우울할 땐 뇌 과학』『세계를 창조하는 뇌, 뇌를 창조하는 세계』『뇌 한복판으로 떠나는 여행』『커넥톰, 뇌의 지도』『뇌가 지어낸 모든 세계』등은 뇌과학 분야의 베스트셀러들이다.[4] 아예 한글판 정신건강의학 교과서(대한신경정신의학회 엮음『신경정신의학』, 아이엠이즈컴퍼니 2017)를 읽어보는 것도 한 방법이다.

환자가 불쌍하다는 생각이 안 들면 이상한 일이겠지만 환자에 대한 지나친 연민은 도움이 되지 않는다. 얼음처럼 냉정하게 이성을 지켜야 환자를 이해하고 공감할 수 있다.

② 나의 마음을 먼저 다스린다

아이가 정신질환을 진단받으면 부모 먼저 정신이 나가는 경우가 많다. 나부터가 어떤 때에는 '이렇게 매일 스트레스 지수가 높은데 제명에 죽을 수 있을까?' 자문한 적도 많다. 예측할 수 없고 통제할 수 없는 나쁜 일을 두려워하는 삶은 그 자체로 고문이다. 삶의 우선순위를 끊임없이 조정하고 우선순위가 낮은 일은 가차없이 쳐냄으로써 스트레스 수위를 계속 조정하지 않으면 버텨낼 수 없다. 나와 같이 시간에 쫓겨가며 일하는 사람의 경우에는 과감하게 일을 줄이는 방법뿐이다. 그래야 정신줄을 잡고 있을 수 있다. 정신질환을 가진 가족과의 대화는 에너지가 대단히 많이 소모되는 일이라는 사실을 명심하고 항상 자신의 에너지 레벨을 점검하며 대화에 임해야 한다. 마음의 여유가 없을 때에는 차라리 멀찌감치 떨어져 에너지를 충전하는 편이 낫다.

다른 신체질환들에 비해 정신질환은 병의 실체를 파악하는 데 더 오랜 시간이 필요하다. 나도 아이와 함께 살기 시작한 진단 5년차에 아이의 생활을 밀착해서 들여다본 후에야 가까스로 감을 잡을 수 있었다. 아이의 자해 앞에서도 냉정해지는 것은 불가능해보이지만 시간이 흐르면 어느 정도 익숙해진다. 부모까지 당황해서 난리 치는 것은 상황의 개선이나 재발 방지에 도움이 되지 않는다.

이런 상황에 몰리면 부부는 다툴 수밖에 없다. 특히 유전 성향이 강한 병이기 때문에 이 병이 너에게서 왔느니 하면서 아무런 의미도 없는 상대 탓을 할 때도 있는데, 부질없는 일이다. 아이를 앞에 놓고 '너 때문에 그렇네.' 하면서 부부가 싸울 때 아이가 방에 들어가 자해를 하는 일은 드물지 않다. 나의 경우는 남편과 아이의 비슷한 점들(완벽주의, 강박성)을 들며 우스갯소리를 하는 것으로 넘겼다. "아빠가 너한테 병을 물려주고 싶어서 물려주셨겠니? 하하하."

아이가 아프면 그 짐은 오롯이 엄마의 몫이 된다. 물론 부모 모두의 몫이지만 경중을 비교할 수 없이 무거운 짐이 엄마에게 지워진다. 엄마는 아이를 향한 사랑으로 참고 견디지만 때로 한계에 봉착할 때도 있다. 나도 너무 힘들 때는 다 내팽개치고 먼 남국으로 도망가서 모형 우산이 딸린 음료수나 마시며 자빠져 살면 어떨까 하는 생각도 했다. 물론 그렇다고 행복하리라는 보장이 없어 실행은 하지 않았다. 하지만 잘못한 것도 없이 터무니없는 인생의 짐을 진 것에 대해 화날 때가 없다면 그것도 이상한 일이다. 21세기 최고의 페미니스트 작가 중 한명인 엘레나 페란테의 소설 『잃어버린 딸』*La figlia oscura*을 영화화한 「로스트 도터」The Lost Daughter 에는 두 딸을 버리고 도망간 어머니의 이야기가 나온다. 그녀는 이렇게 말한다. "아이들은 끔찍한 의무입니다."

모성은 결코 절대적인 것도 무조건적인 것도 아니다. 아이를 버리고 싶으면서도 사랑하는 것은 자연스러운 심리이다. 아픈 아이 앞에서 무거운 짐을 짊어진 엄마로서 양가감정이 일어나는 것은 너무도 당연하다. 자책할 일이 아니다. 나는 그럴 때마다 피식 웃으며 주문처럼 이 말을 외웠고 그 순간만큼은 마음의 고통이 어느 정도 덜어졌다.

"무자식이 상팔자."

외워볼수록 고금의 명언이긴 하다. 아이에 대한 절대적 모성이라는 신화에 사로잡혀 있으면 감정의 고갈로 향하는 고속도로를 탄 것이나 마찬가지이다.

고혈압, 당뇨병처럼 정신질환도 만성 질환에 속한다. 완전히 없앨 수는 없고 그로 인한 더 나쁜 결과를 약물의 도움을 받아 에

방하고 관리하며 함께 살아가는 병이다. 현대 의료의 허풍과 과대 선전에 사로잡힌 우리들은 어떤 병이든 완치될 것이라는 헛된 희망을 품지만 인간의 몸에 깃드는 많은 병들 중 완치되는 병은 거의 없다. 이 사실을 명심하고 긴 호흡으로 장기전을 뛸 태세를 가져야 한다. 이를 인정하지 않거나 모르는 환자와 그 가족들은 그들을 노리는 수많은 사기꾼들의 꼬임에 넘어가 무의미한 치료를 위해 엄청난 지출을 하고 경제적인 곤경에 처할 뿐 아니라 번아웃에 빠져 최악의 결과를 맞을 수 있다.

③ 돈 계산을 확실히 하자

"아버지, 제가 감옥에 가게 되었습니다. 이번 한번만 도와주십시오."

"차라리 감옥에 가거라. 그러면 내가 최소한 네 가족들을 굶기지는 않는다. 하지만 내가 너를 지금 도와주면 나는 그렇게도 못하게 된다."

사업에 실패할 때마다 부모에게 손을 벌리는 우리 주변의 흔한 자식들 이야기에 대한 이 풍자는 자식을 밑천이라고 믿어온 우리의 생각이 얼마나 잘못된 것인지 보여준다. 자식은 부모의 노후를 위협하는 가장 중대한 리스크이다. 자식에게 병이 있건 없건, 공부를 잘했건 못했건 정도의 차이일 뿐이다.

정신질환 환자를 부양하는 가족에게 재정적인 고려는 가장 중요한 사안이다. 가족들은 진단 초기에는 막연한 희망으로 아이를 위해 모든 지원을 다 해야 한다고 마음먹게 되지만 만성 질환의 성격상 그런 단기적인 접근에는 한계가 있다. 부모가 은퇴한 후에도 계속 지원해야 하는 경우가 대부분이라는 사실을 명심하자. 여기에서 재정적인 고려가 필요한 사안에는 병원비뿐 아니라 정상적인 취업 활동을 하지 못하는 환자의 생활비가 포함된다. 일반적인 가정에는 엄청난 부담이 될 수밖에 없다.

우리 집의 경우에도 아이의 병원비와 생활비를 합하면 매달 상당한 금액이 필요했다. 우리가 큰 부자는 아니지만 감당 가능한 수준은 되었기에 지원한 것이다. 하지만 부모가 죽은 뒤에도 한참 더 살아야 하는 아이를 생각하면 근심으로 마음이 무거워졌던 것도 사실이다. 양극성 장애 환자들은 조증이 오는 시기에 특히 금전 감각을 상실하기 때문에 재정적으로 큰 사고를 치는 경우가 흔하다. 그런 불의의 사고를 막을 수 있는 안전장치가 매우 필요하다. 극단적인 경우 성년후견제도를 이용할 수도 있지만, 이는 인권을 침해하는 일이기도 하므로 환자 당사자와 가족 간 대화와 이해가 우선되어야 한다. 하지만 정신질환을 앓는 사람들이 재정적인 문제에 몰리는 경우 최악의 결과가 빚어질 가능성이 높기 때문에 냉정하게 판단되고 결정되어야 한다. 운 좋게도 우리 아이의 경우는 엄마보다도 금전 감각이 나은 편이라 큰 사고를 일으킨 일은 없었지만 그래도 상태가 안 좋을 때에는 이유 없는 낭비를 했다.

병원비, 특히 환자가 입원을 하는 경우도 큰 부담이 된다. 문제는 정신건강의학과 병동에 입원할 때는 어느 정도 가격이 의료의 질을 결정한다는 것이다. 환자가 보호병동에 들어가는 순간 의료진과 보호사 들의 24시간 돌봄 아래 놓이기 때문에 가뜩이나 인건비를 깎는 의료 시스템에서 저렴한 가격으로는 좋은 돌봄을 받을 수 없다. 이는 우리나라 의료제도의 맹점을 드러내는 예로, 인건비는 깎고 검사는 과보상하는 체계에서 모든 의료행위가 운영된다는 점에 기인한다. 환자가 호소하는 다양한 신체 증상들은 검사를 통해서도 특이점이 발견되지 않는 경우가 많다. 특히 고가 검사인 뇌 자기공명영상 촬영의 경우가 그러한데, 정신질환 환자 대부분에서 이상 소견은 관찰되지 않는다. 따라서 입원비가 부담된다면 불필요한 검사들은 안 하겠다고 미리 말하는 것도 하나의 방법이다. 물론 환자들이 의료진의 눈치를 보게 마련이라 쉽게 말하기는 힘들다.

한가지 다행인 점은 양극성 장애 환자들의 상당수는 나이를 먹어가면서 얼마간 생활 기능을 되찾는 것이다. 많은 환자들이 서른을 넘어서는 부모에게 병원비 지원을 안 받게 되었다고 말한다. 물론 그렇지 않은 경우도 많다. 오래가는 환자의 병 때문에 가족까지 빈곤의 구렁텅이로 빠지지 않으려면 가족들도 환자의 병시중에 얼마나 지원이 가능한지를 수시로 계산하고 그에 맞춰

생활 계획을 짜야 한다. 무엇보다도 중요한 것은 언제까지나 가족이 재정적인 지원을 해줄 수는 없다는 점을 환자 자신도 인지하도록 하고 환자 스스로 자립해서 생활할 수 있게끔 하는 것이다. 환자가 적은 돈이라도 자신의 힘으로 벌어보는 것은 본인의 자긍심을 높이고 어엿한 사회의 성원으로 사는 데에도 매우 중요하다. 그 시기는 당연히 빠를수록 좋다.

많은 양극성 장애 환자들은 사회의 통상적인 근무시간에 맞춰 출퇴근하는 직장에 다니는 것이 어렵다. 야간 근무도 어렵다. 어쩔 수 없이 비정규직의 불안정한 직장들밖에는 선택지가 없는데 그래도 일을 안 하는 것보다는 낫다. 나는 아이가 알바를 하면서 (젊은이 착취 시스템이라는 것에 치를 떨면서도) 그런 일자리가 있다는 사실에 때로 감사했다. 아이가 일터에 나가는 것은 불완전하나마 아이의 삶의 틀을 만들어주었고 나도 아이가 일을 나간 날은 마음을 놓고 있을 수 있었다. 아이는 적은 액수이지만 자신의 자존심을 지킬 수입이 생겼고, 그 돈으로 생활을 기획할 수 있었다.

부모에게도 재정상의 많은 조정이 필요하다. 나는 조기 은퇴를 해서 완전히 다른 일을 하고 싶었다. 자본이 앞세워지며 점점 인간이 소외되는 의료 현장, 책임 떠넘기기 게임처럼 변질된 환자와 의사 관계, 돈 안 되는 연구는 하기 어려운 현실에 혐오감을 느끼고 있었고 이에 대해 내가 할 수 있는 일이 거의 없다는 절망에 더이상 의사 생활을 하기 싫었다. 아이가 아프지 않았다면 별문제가 없는 계획이었다. 하지만 현 상황에서 중요한 수입원을 없애는 것은 곤란하기 때문에 계획을 수정해야 했다. 하고 싶은 일을 하지 못하는 것은 감내할 수 있지만 하기 싫은 일을 해야만 하는 것은 역시 고단하기에 여러가지 방향으로 균형을 맞추려 하고 있다.

④ 가족을 지켜라

자녀가 정신질환을 앓고 있다는 사실은 다른 가족에게도 말하기 어렵다. 나도 가까운 직장 동료들에게는 업무상의 문제가 생길 경우 협조를 얻기 위한 차원에서 아이의 병을 알렸지만 나의 부모에게는 한참 동안 알리지 않았다. 여러가지 이유가 있었는데 개발도상국의 성장 패러다임 아래서 살아온 그 세대가 감당하기 어려운 일이기도 하고 알아봐야 실제적으로 도울 수 있는 일도 없기 때문이었다. 아이 일만으로도 힘든 내게 부모가 자꾸 해결하기 어려운 여러가지 일들을 부탁하는 통에 갈등이 생겼다. 가족 모임에 아이가 빈번히 빠지는 이유를 더이상 둘러댈 수 없게 된 후에야 부모에게 알렸는데, 가능했다면 안 알리는 편이 나았을 것이다.

어머니의 걱정은 내 신경을 몇 갑절 긁어놓기 일쑤였다.

"완치된다. 틀림없다."

—아이고, 이건 그런 병이 아닙니다. '하면 된다'는 안 통해요.

공염불도 하루이틀이지 매일 같은 소리를 듣다보면 성질이

난다.

　　"왜 이리 눈 밑에 주름이 많아졌니? 안색도 너무 안 좋아 보여

걱정이다."

　　—내가 괴물도 아니고 이 나이에 주름이 있으면 뭐가 어때

요? 그리고 안색이 좋으면 이상한 일이지요. 그런 말 들으면 더

안색이 안 좋아집니다. 그냥 보고도 못 본 척하세요.

　　이렇게 대꾸하고 싶은 말을 나 혼자 꾹꾹 누르고 있었고, 정말

패륜 일보 직전의 말이 목구멍 앞까지 튀어나오려 할 때도 있다.

　　"네가 너무 힘들어해서…… 이게 다 내 업보다."

　　—그런 건 업보가 아니라 인생이라는 거예요. 굳이 따진다면

결혼에 관심이 전혀 없었던 나를 집에서 내쫓다시피 서둘러 결

혼시켜놓고 딸이 명문가에 시집갔다고 동네방네 자랑하는 재미

로 평생 사셨으면서 뭐가 그렇게 속이 상하신 거예요?

　　인생의 다양한 굴곡에서 우리는 그 이유를 찾고 싶어한다. 누

군가에게 그것을 투사함으로써 불행을 덜어보고 싶은 마음이야

인지상정이나, 조금만 생각한다면 우리의 삶은 본질적으로 한치

앞을 내다볼 수 없는 불가사의한 것이다. 선의를 가지고 내린 결

정은 종종 칼날이 되어 돌아온다. 가족의 한 구성원이 가족의 질

병이나 그외의 잘못된 어떤 일의 원인을 꼬치꼬치 찾고 탓하기

시작한다면 지구상의 어느 가족도 무사할 수 없을 것이다. 나도 인간인지라 마음이 추슬러지지 않는 날에는 어머니를 만나지 않으려 하고 있다. 도움도 안 되는 넋두리를 듣고 있으면 마음이 더 엉켜버린다.

부부의 관계는 가장 큰 타격을 받는다. 아이의 질병 때문에 부부가 갈라서는 일은 비일비재하다. 한 사람이 주도하고 다른 한 사람은 그에 따르는 것이 가장 바람직하다. 주도하는 사람은 아주 특별한 경우가 아니라면 엄마가 되는 것이 바람직한데 대한민국의 아빠들처럼 자식과의 소통에 서투른 사람들은 없기 때문이다. 아직도 굳건히 존재하는 가부장제 상황에서는 결코 쉬운 일이 아니다. 권력이란 일이 잘못되는 경우 책임을 전가하는 권리이기 때문에 엄마들은 나쁜 결과에 대한 모든 책임을 뒤집어쓰게 되어 있다. 그것이 대한민국 가정의 작동 방식이었다. 자녀가 정신질환을 가진 가정이라면 이제 그런 방식은 깨끗이 버려야 한다. 정말 중요한 일들, 병원의 선택이나 재정적인 문제 등의 결정은 공유하되 근거도 없이 엄마에게 모든 책임을 돌리는 것은 피해야 한다.

우리 집의 경우 너무 자상한 아빠도 문제였다. 아이에 대한 지극한 사랑에서 나온 많은 행동들이 아이들에게는 자신을 옥죄는 결박으로 받아들여졌다. 아이와 같이 사는 동안의 여러가지 스트레스 중에서도 아이와 아빠 간의 갈등이 정말 큰 스트레스 요인이었는데, 퇴근이 늦어지는 날이면 집에 들어가기 공포스러웠던 적이 많다. 집에 가보면 또 두 사람이 어떤 일로 크게 충돌하지 않았을까 하는 걱정에 내게 공황발작이 생길 것 같았던 적도 있었다. 아빠는 식사 후 곧바로 설거지가 되어 있지 않으면 못 견디고, 아이는 요리하는 건 좋아하는데 먹고 난 걸 후딱후딱 치우지는 않기 때문에 갈등이 끊일 수 없었다. 서로 똑같이 빼닮은 강박 성향이 충돌의 원인이 되었다.

결국 성인이 된 자녀가 부모와 함께 사는 일 자체가 매우 어려운 것임을 인정하고 서로 맞추는 도리밖에는 없는데, 질환을 가진 자녀가 부모의 요구 사항에 맞추기는 어렵다. 큰 문제가 아니라면 부모가 맞춰줘야 한다. 이 단순한 명제를 받아들이지 못해 오늘도 많은 정신질환 환자의 가족은 파탄을 맞는다.

⑤ 선을 긋기

정신질환을 앓는 가족과의 생활은 부단한 선 긋기의 삶이다. 내가 해줄 수 있는 것과 없는 것, 환자가 해서는 안 되는 행동의 한계선, 내가 환자의 삶에 개입해서는 안 되는 경계선 등 수시로 수많은 임계선을 긋고 이를 지키느라 안간힘 써야 한다.

특히 가족들이 환자의 행동에 대해 어디까지 개입해야 하는지는 항상 어려운 문제이다. 정신질환 환자들은 뇌에서 작용하는 억압 기제가 병이 없는 사람에 비해 상당히 느슨한 경우가 많다.

바로 그 때문에 사회적 통념으로는 받아들여지기 어려운 언행이 나오기도 하고, 몇몇 예술가들의 사례처럼 놀라운 영감과 창조성이 발현되기도 한다.

작가 지망생인 수아 양은 양극성 장애를 진단받은 후 가족과의 불화로 집을 뛰쳐나와 자취 생활을 시작했다. 가뜩이나 수많은 맹수들이 혼자 사는 젊은 여성을 노리는 대도시 생활에서 그녀의 성적인 방종은 더 큰 문제를 가져왔다. 섹스 중독에 가까웠던 수아 양은 수시로 잠자리 파트너를 바꾸었고 어느날 길거리에서 처음 만난 외국인 남자와 호텔 방에 들어갔다가 거의 살해당할 위험에까지 빠졌으나 기지를 발휘해 친구의 도움을 받고 위기를 모면했다. 이후 그녀는 수많은 제약에 몸서리치면서도 다시 부모와 살게 되었다.

역시 양극성 장애 환자인 정우 군은 조증이 올라온 어느날 길에서 자신을 비웃는 듯 쳐다봤다는 이유로 한 노인의 뺨을 올려붙인다. 다행히 맞은 노인이 크게 다치지는 않았지만 정우 군은 그대로 경찰서에 갔다가 병원으로 이송되었다.

위의 두 사례처럼 자신을 위험에 몰아넣는 행위, 그리고 타인에게 위해를 가하는 행위에 대해 가족들이 어떻게 개입해야 할지를 정하는 것이 가장 어렵다. 두 경우 모두 병동 입원의 기준이 되기도 한다. 내 경우는 자신을 위험에 몰아넣는 행위에 대해서는 아이에게 수시로 그런 행위의 무위함과 위험성을 이야기하고,

문제가 생기는 경우에는 언제나 부모가 도울 수 있으니 말을 하라고 하는 선 이상의 개입을 하지는 않았다. 그러나 타해의 경우는 이야기가 다르다. 천만다행히도 우리 아이는 타해를 가한 적이 없고 그럴 위험성도 낮은 성격이어서 감사하게 생각한다. 그럼에도 불구하고 만약 그런 행동을 한다면 자유를 심각하게 속박할 수밖에 없음을 아이에게 딱 부러지게 이야기해왔다. 타해의 문제가 생기면 아이가 형사처벌을 받게 되고 최악의 경우 수감 생활을 할 수도 있는데 이는 부모의 영역을 훌쩍 벗어나는 일이 된다.

같은 맥락에서 마약도 선을 넘는 행위이다. 솔직하게 말한다면 대마초 정도는 환자가 치료 목적으로 써볼 수도 있다는 생각이지만 우리나라에서 대마초를 흡입했다가는 형사처벌을 피할 수 없기 때문에 어쩔 수 없다.

⑥ 소중한 건 바로 지금, 여기

몇년 전 현대 의료 시대의 죽음에 대한 왜곡을 심각한 문제로 보고 책을 출간한 일이 있는데(『죽음을 배우는 시간』, 창비 2020) 이를 계기로 여러 방송매체에서 요청을 받아 '슬기로운 죽음 준비'라는 주제로 여러번의 강연을 한 바 있다. 죽음을 잘 준비하는 여러 방법 중 내가 가장 강조한 것은 "바로 지금, 이 순간을 소중히 여기라."는 것이었다.

인간은 한시도 과거에 대한 집착에서 벗어나기 힘들다. '내가 왕년에는 이러이러했는데' 하는 자랑질은 인류의 만년 레퍼토리이다. 이렇게 좋았던(실제로는 그리 좋지는 않았을 가능성이 더 높다. 노스탤지어일 뿐……) 과거에 집착하게 되면 남는 건 '왜 지금 나를 제대로 대접해주지 않아?' 하는 분노와 원망뿐이다.

정신질환 환자의 가족에게도 똑같이 적용될 수 있다. 아이가 어렸을 때 아래위 두개씩 난 이빨을 보이며 구김살 하나 없이 예쁘게 웃던 모습, 어린이집에서 퍼즐 맞추기에 놀라운 재능을 보여 다른 엄마들이 같이 영재반을 만들자고 앞다퉈 제안했던 기억, 초등학교에 들어가서 어른스러운 말과 행동으로 정신없는 엄마를 오히려 위로했던 일 들을 기억 보따리에서 꺼내기 시작하면 나오는 것은 하염없는 눈물밖에 없다. 하지만 아이는 태어나는 순간부터 활시위에서 떠난 화살처럼 자유로운 존재이고 부모에게는 그 화살의 경로를 강제로 수정할 어떤 권리도 힘도 없다. 아이가 질병을 얻어 방황하거나 심지어는 부모보다 먼저 세상을 떠나게 되는 것도 인간사에서는 다반사로 일어난다. 이 사실을 인식하고 아이가 준 행복했던 기억들은 이따금씩 열어보는 보물상자로 간직하는 마음가짐이 필요하다.

오지도 않은 미래에 대한 집착 역시 인간을 불행하게 만드는 주요한 이유이다. 미래에 대해 확실한 건 오직 한가지, '나는 죽는다.'는 사실뿐이다. 그럼에도 불구하고 인간은 그 확실한 사실은 밀쳐내고 죽음을 포함한 많은 불행을 피하는 일에만 몰두해서 미래를 설계한다. 결과는 무한한 불안과 조바심뿐이다.

정신질환 환자의 가족에게 미래에 대한 걱정은 불안의 수준을 넘어 끊임없는 비탄의 원인이 된다. 많은 환자의 부모들이 "내가 저 아이보다 하루만 더 살고 죽게 해달라."고 절규하는 이유이다. 환자의 부모에게는 자신이 죽은 후 자식의 삶을 상상하는 것만으로도 끔찍한 법이다. 어느 겨울에 미국 시카고의 악명 높은 칼바람을 맞으며 걷다가 미시간 애비뉴 대로변에 앉아 구걸하는 노숙인을 보며 가슴이 철렁 내려앉은 적이 있었다. "저는 양극성 장애를 앓고 있는 참전 용사입니다."라는 팻말이 보였기 때문이다. 아이의 미래가 겹쳐 보이는 것을 억누를 수 없었다.

하지만 걱정하고 비탄한들 해결될 문제가 아니다. 부모로서 할 수 있는 일은 내가 죽은 후에도 자식이 스스로 삶을 영위할 수 있도록 힘닿는 데까지 돕는 것뿐이다. 에너지를 그러모아 정신질환자들의 권리와 복지 향상을 위한 사회운동을 펼치는 것은 부정적인 생각으로만 치닫는 미래에 대한 걱정을 조금이라도 승화할 수 있는 방안이다. 지금 내가 이 책을 쓰는 이유이기도 하다.

안나가 아픈 후 나는 항상 오늘이 너무 소중했다. 응급실을 가지 않고, 자해를 하지 않고, 밝은 목소리로 나와 연락이 닿은 아이의 지금이 내게는 가장 소중했다. 내일 어떻게 무너지더라도 오늘 하루를 잘 보냈다면 아이와 내가 함께 잘 산 인생이었다.

학력주의가 팽배한 우리나라에서 부모들은 아이가 학업을 마치지 못하는 것에 대해서도 크게 우려해 조금이라도 호전이 되면 아이를 학교에 밀어넣고자 하는 성향이 있는데 본인이 원하지 않는 한 전적으로 무의미하다. 본인이 원하더라도 병의 경과를 예상할 수 없는 기간에는 병 때문에 학업을 제대로 수행할 수 없는 일이 비일비재하기 때문에 결국 좌절과 경제적 손실만 가져온다. 적어도 1년 이상은 안정적인 상태가 유지된 후에야 가능한 일이다.

결과적으로 어떤 거창한 목표도 무의미하다. 양극성 장애는 일반인에 비해 환자의 연령 보정 사망률이 2배 이상 높은 질환이다. 악성 림프종 환자의 연령 보정 사망률이 일반인의 3~4배 정도인 것을 고려하면 양극성 장애의 위중함을 알 수 있다. 이렇게 놓고 보면 양극성 장애 환자들의 가장 중요한 목표는 삶 그 자체가 되어야 할 것이다. 이런 현실 앞에서 부모로서는 어떻게 하면 아이가 삶의 의미를 알고 살아갈 수 있도록 도울까 하는 생각 외에는 모든 것이 무의미해진다. 아이가 병을 이해하고 스스로를 다독여가며 나의 병도 다 나의 삶이라는 생각을 가지고 살 수 있는 방법을 아이와 함께 찾는 것 외에는 아무것도 의미가 없다.

우리는 모두 정신질환자이다

신경 다양성으로
바라보는 세상

바로 오늘, 아이들의 뼈가 자라고

피가 만들어지고 감각이 피어나고 있습니다.

아이에게 '내일'이라고 말해서는 안 됩니다.

아이들의 이름은 '오늘'입니다.

—— 가브리엘라 미스트랄 「아이들의 이름은 '오늘'」

도와주지는 못할망정

정신질환자의 가족은 환자의 질환으로 인한 어려움과 함께 주변의 낙인과 편견에 다중으로 고통받는다. 정신질환자 가족 모임이 형성되어 있는지 찾아본 적이 있는데 여타 질환들의 경우와 달리 모임을 찾기가 어려웠다. 그만큼 정신질환이 아직도 음지에서 벗어나지 못하고 있다는 반증이다. 다른 어떤 질환 못지않게 정신질환은 주변의 배려와 도움이 절실하다는 현실이 비극을 더한다.

공적·사적인 모임에서 아무렇지도 않게 "정신병자의 짓이로구먼" "부모도 정신병자겠지" "정신병자들은 다 가두어버려야 해" 하는 폭언을 내뱉는 사람들을 보면서 항변도 못하고 가슴이 무너지는 경험은 모든 질환자와 가족들이 감내해온 고통이다. 심지어는 정치인들조차 공식 석상에서 일말의 경각심도 없이 정신질환자들에 대한 혐오 발언을 내뱉는다.

더불어민주당 박용진 의원은 2018년 한 방송(「김진의 돌직구쇼」, 채널A, 2018. 8. 21)에서 만취한 남성이 여고생을 벽돌로 가격한 사건을 두고 "조현병 환자에 의한 이런 느닷없는 폭행, 이런 사건들이 있거든요. (…) 이분들에 대한 안전조치, 이분들에 의한 위험한 일들에 대한 안전조치, 두 경우를 다 어쨌든 경찰하고 같이 협력 체제를 구축해서 같이 해야 된다고 하는 것이 아주 일반적인 의견입니다."라고 발언했다. 심지어는 본인의 유세 현장에서 자신에게 욕설을 하며 접근했던 사람의 일을 두고 "눈빛에서 나타나는 적의가 보통이 아니더라고. 그때는 너무 당황해서 그냥 빨리 헤어지는 쪽으로 일을 정리를 해서 피했거든요. 자리를 피했는데 나중에 생각해보니까 조현병 환자겠구나."라고 덧붙였다. 박의원은 눈빛만 보고도 진단을 내리는 정신건강의학과 의사 노릇까지 하며 정신질환 환자들의 인권을 유린하는 발언을 서슴지 않았다.

검찰청 범죄통계에 따르면 2016년 기준 전체 범죄 200만여건 가운데 정신장애인이 저지른 범죄 건수는 8,300건으로 전체 범죄의 0.4퍼센트였다. 정신질환자 유병률을 놓고 보면 일반인에 비해 현저히 낮은 수준이다(정신장애 1년 유병률은 2016년 기준 12.6퍼센트이다).[1] 언론은 이런 현실을 감안하지 않고 강력사건의 범인이 정신질환자인 경우 그 사실을 부각해서 확성기를 틀어대며 일반인들의 편견을 부추긴다. 실제로 흉악 범죄자의 성별을 따져보았을 때 남성의 비율이 월등히 높지만, 이를 두고 범죄 예방을 위해 남성들을 가두어야 한다고 주장한다면 얼마나 황당한 일일지 생각해보라. 박의원의 경우도 정신질환자를 잠재적 범죄자로 취급할 뿐 아니라 공권력이 개입해서 관리해야 하는 대상이 되어야 한다고 보는 시각을 거침없이 드러냈다. 왜? 표를 얻는 데 더 유리하기 때문에? 전 시대 군사정권의 폭압에 맞서 인권을 수호하고 약자를 대변했던 민주당이 권력에 혈안이 된 이익집단으로 변질된 모습을 그대로 보여준 예이다.

이에 대해 마인드포스트 사회적 협동조합은 "박의원, 당신에게 묻고 싶다. 단지 정신적 병이 있다는 이유로 아무런 죄 없이 감옥 같은 시설로 들어가 10년, 20년 아니 30년 이상을 사회와 격리된 채 살아야 하는 것이 윤리적으로 타당한지를 말이다. (…) 만약 당신이 정신적 아픔으로 병원이나 수용소 같은 시설에 들어가 10년 동안 살게 된다면 당신은 당신의 인권과 인간적 존엄, 자유권, 평등권, 시민적 권리를 위해 국가에 자유와 자기결정권을 주장하지 않겠는가. 그런 당연한 질문과 요구도 아직 국가는 받아들이지 않고 있고 우리 정신장애인은 의료권력의 시선 아래에서 침묵해올 수밖에 없었던 생존자들이자 피해자들이다."라고 비판하며 사과를 요구했다.[2]

국민의힘 정치인들에 대해서는 개인적으로 기대하는 것이 아예 없기 때문에 일일이 열거하기도 어려울 만큼 많은 망언이 나왔어도 '그런가보다' 하고 있지만 성일종 의원의 2022년 6월 임대주택 관련 발언은 우리가 지금 어느 시대를 살고 있는지를 의심하게 하는 수준이었다. 그는 서울시 6·1 지방선거 당선자 대회 및 워크숍에서 임대주택 거주 환경을 지적하며 "여기(임대주택에) 못사는 사람들이 많다. 그래서 정신질환자들이 나온다. 방치할 수 없다. 사회문제가 된다."고 하고 "문제가 있는 사람은 격리하든지 이런 조치들을 사전적으로 하지 않으면 국가가 책임을 다 했다고 볼 수 없다."고 덧붙였다.

정신질환을 앓는 환자의 가족은 사회적 안전망이 빈약한 경우 바로 빈곤의 늪으로 떨어질 위험이 높다. 국민소득 4만 달러를 장담하면서도 복지제도는 OECD 국가들 중 바닥을 기도록 만든 당의 국회의원이 할 말은 결코 아니다. 망언 논란 후 박용진 의원은 바로 사과했지만 성일종 의원은 임대주택 거주자에게만 사과했을 뿐 정신질환 환자들에게는 어떠한 언급도 한 일이 없다. 우리가 툭하면 무심결에 입에 올리는 말, "미쳤군."이라는 말은 이런 정치인에게 아주 잘 어울리는 말이다.

격리의 역사, 잔혹의 역사

내가 의과대학을 다니던 시절에 들었던 우스갯소리로 이런 것이 있었다.

"내과 의사는 아는 건 있지만 할 수 있는 것이 없고, 외과 의사는 아는 건 없지만 할 수 있는 것이 있고, 정신과 의사는 아는 것이 없지만 무슨 일이든 할 수 있다."

'정신병원'은 공포 영화의 단골 소재이다. 정신질환자 치료의 역사를 보여주는 의학박물관을 방문하고 몸서리를 치지 않은 사람은 없을 것이다. 불과 몇십년 전까지도 정신질환자들은 효과도 입증되지 않은 고통스러운 시술을 치료라는 미명하에 받으며 죽어가야 했다. 현대 의학이 도입되기 전 정신질환자들은 마녀로 낙인찍혀 산 채로 태워지기도 했고 악령에 씐 것으로 몰려 죽도록 맞기도 했다. 근대 국가의 성립 이후 정신질환자의 치료는 종교의 영역에서 국가의 영역으로 옮겨가지만 나아진 것은 없었고, 환자들은 치료를 받는 것이 아니라 쇠사슬에 묶여 짐승과 같은 신세로 수용소에 갇히게 되었다.

프랑스대혁명기에 활동한 의사 필리프 피넬^{Philippe Pinel}은 친구가 정신질환을 앓다가 자살한 일을 계기로 정신질환 환자의 치료에 관심을 가지게 된 후 당시 일반적이었던 환자 수용시설들이 환자의 치료에 도움이 되기는커녕 오히려 환자들을 죽음으로 몰아넣을 수 있다는 점을 포착했다. 피넬은 고통스럽고 효과도 없었던 치료들을 지양하고 수많은 시간 환자들과 대화하며 그들의 질환을 이해해나갔다. 그가 근무하던 비세트르병원의 관리인이었던 장 바티스트 푸생은 오랜 시간 환자들과 접촉한 경험을 기록으로 남겨 피넬을 도왔다. 이후 파리 최대의 수용시설 살페트리에르로 직장을 옮긴 피넬은 환자들의 쇠사슬을 풀어주고 인간적 대우와 도덕적 치료를 제공하며 정신의학의 패러다임을 바꾼 전설적 인물로 남았다. 그러나 그보다 3년 전 비세트르병원에서 관리인 푸생이 가장 먼저 정신질환자들의 쇠사슬을 풀었다는 사실, 그리고 어떤 방법으로도 음식 먹기를 거부하는 환자들을 달래서 먹게 하는 데 능숙했던 푸생의 부인 마르그리트의 이야기는 거의 알려져 있지 않다. 피넬과 푸생 부부는 오랜 시간 서로를 도우며 정신질환자들의 치료에 헌신했고 피넬은 항상 푸생 부부의 공헌을 인정했다.

19세기 들어 정신질환은 종교와 철학의 영역에서 벗어나 의학의 범주로 들어갔고 뇌에 대한 이해가 진행되면서 많은 발전이 이루어졌다. 하지만 의학과 과학의 발전은 사회적 낙인과 편견의 극복에 큰 도움이 되지 않았다. 신경전달물질에 대한 이해가 깊어지면서 다양한 약물들이 개발되고 환자들의 치료에 도입되었지만 약은 언제나 불완전한 해결책이었다. 아직도 뇌와 뇌질환의 발생에 관해 미지의 영역이 훨씬 더 많았기 때문이다.

장 바티스트 푸생과 필리프 피넬이 정신질환자들의 쇠사슬을 풀었던 그날로부터 무려 160여년이 지난 1961년, 이탈리아 정신과 의사 프랑코 바살리아Franco Basaglia는 이탈리아 오지의 고리치아 정신질환자 보호소에 부임한다. 부유한 집안에서 태어났지만 반파시스트 저항운동으로 감옥에 가기도 했고 누구보다도 능력이 뛰어났지만 '너무 창의적이고 노예근성도 부족해서' 대학에서는 직업을 찾지 못한 끝에 얻은 일자리였다. 높은 담과 철문 안에 600명의 환자가 수용되어 있던 그곳에서 프랑코 바살리아는 큰 충격을 받는다. 중증의 환자들이 구속복을 입고 감금되어 있었고 병상에 묶인 채 배변하기도 했으며 정원으로 나갈 때조차 나무나 벤치에 묶여 있었다. 정신질환자들은 여전히 쇠사슬에 묶여 있었던 것이다.

고리치아에 소장으로 부임한 첫날, 수간호사가 그날밤 묶어두어야 하는 사람 명단을 건네며 공식 승인을 요청했을 때 그는 서명을 거부했다. 정통 정신의학계 관점에서 아무런 희망도 장래성도 없는 외진 곳으로 유배된 그는 누구도 그에게 아무런 기대를 하지 않았기에 도리어 변혁을 이룰 자유를 누렸다.

당시 이탈리아 사회에는 정신질환에 대한 인식 변화를 추구할 동인이 전혀 없었다. 국가는 정신질환자를 위험하다고 간주해 유폐하는 것으로 문제를 해결하려 했고 정신질환자 보호소는 일자리를 만드는 한편 자원을 끌어들이는 데만 혈안이었다. (그곳의 일자리는 전문성보다는 완력이 좋다는 이유로 채용되는 경우가 많았다.) 무엇보다도 가족들에게 질환자들을 보살필 의욕이 없었다.

바살리아는 가장 먼저 의사와 환자 간의 수직적인 관계를 없앴고, 환자들에게 환자복이 아닌 평상복을 입고 취침과 기상 시간을 스스로 정할 수 있는 자기결정권을 돌려주었다. 그리고 환자, 의사, 간호사 등 병원 구성원 전체가 참석하는 정기회의 아셈블레아를 만듦으로써 '미친 사람'들에게 목소리를 되찾아주었다. 환자들이 직접 수용소 안에 주점·클럽과 같은 공간을 만들어 협동조합처럼 운영하기도 했는데 이는 환자들 스스로 담뱃값을 넘어서 삶을 살아갈 돈을 얻을 방편을 마련하기 위해서였다. 아셈블레아는 환자들의 외출할 권리를 비롯해 병원 운영에 관한 모든 것을 자율적으로 결정했다. '치료공동체'가 탄생한 것이다. 바살리아는 한걸음 더 나아가 정신병원 폐쇄를 행동으로 옮긴다. 환자를 시설에 두는 것으로는 근본적인 개혁이 불가능하다고 생각했기 때문이다. 이탈리아 학회에서는 바살리아를 기피 인물로 대했다. 그러나 정신질환 환자의 고유한 증상이라고 생각되던 많은 문제들, 반복 행동이나 멍한 시선은 환자들이 수용소 밖으로 나가는 경우 오히려 좋아지는 일이 많았다.

바살리아가 가지고 있던 생각은 1960년대와 70년대에 일어난 '반정신의학'의 계보에 속한다. 당시의 전통적인 정신의학이 생물학의 관점에 치우쳐 있던 데 반하여 정신질환을 삶의 극심한 스트레스에서 오는 반응이라고 보는 관점, 특히 사회적 요인의 중요성에 관심을 두는 시각이 바살리아의 견해였다. 당시로서는 매우 급진적인 생각이었고 지금까지도 바살리아가 정신질환을 부정했다는 오해를 낳기도 한다.

환자들을 내보내면서 사고도 있었다. 미클루스라는 환자가 시설에서 나와 자신을 그곳으로 보냈던 아내를 살해하는 사건이 생기자 바살리아는 모든 비난의 화살을 맞게 되었고 위험한 환자를 내보내 사건을 일으켰다는 이유로 '과실치사'로 고발당하기도 했다. 신파시스트들은 바살리아와 그의 동료들을 '살인자를 풀어주는 소수의 저항가와 파괴분자 집단'이라고 매도했다. 그러나 한번 터진 봇물을 돌이킬 수는 없었다.

"우리는 너무 멀리 나가는 누군가 때문에 수천명의 사람들에게 법률상 사망 선고를 내릴 수 있는가, 사람을 낫게 하려는 치료를 포기할 수 있는가, 문제를 달가워하지 않는 어떤 방식이 요구한다고 해서 연약한 사람을 무자비하게 대하는 간수로 돌아갈 수 있는가?"[3]

바살리아의 저서 『부정되는 공공기관』*L'istituzione negata* (Baldini Castoldi Dalai 2010)은 많은 사람들에게 영감을 주었고 「풀어주어라」를 필두로 정신질환자 수용의 문제를 이야기하는 영상물들이 제작되어 호응을 얻었다. 물론 이따금 풀려나온 환자가 사건을 일으키는 일이 있자 그를 풀어준 의사가 고발당하는 경우도 있었지만 유죄를 선고받지는 않았다. 1978년 이탈리아는 정신질환자 보호소를 폐쇄하는 '180호 법'(일명 바살리아법)을 제정했다. 바살리아의 아내 프랑카 웅가로는 이렇게 말했다.

"이 법이 이탈리아에는 더이상 정신질환이 없다는 결정을 내리지는 않았지만, 이탈리아에서 정신적 고통에 대해 더이상 강제수용과 격리로 대응해서는 안 된다는 결정을 내린 것은 확실하다. 그러나 그렇다고 해서 사람들을 불안과 문제를 안고 있는 그대로 그냥 집으로 돌려보내는 것으로 충분하다는 뜻은 아니다."[4]

바살리아법이 통과된 후 2년 만에 사망한 남편의 뜻을 이어 프랑카는 이 법의 실현을 위해 헌신했다. 이후 정신질환자 보호소는 하나둘 문을 닫았고 1998년 마침내 모든 정신병원이 폐쇄되었다. 정신질환자들은 투표권을 돌려받았고 인권을 제한하는 모든 족쇄에서 해방되었다. 오늘날 이탈리아 사회는 보호소에 수용되어 있던 10만명의 환자 대부분을 받아들였다. 그러나 우리가 오해하지 말아야 할 점은 바살리아의 개혁이 아무런 대책 없이 환자들을 병원 밖으로 내몬 것은 아니라는 점이다. 가장 어려웠던 개혁은 법안이 통과된 후 환자들이 일자리를 구하고 주거를 확보할 수 있게 하는 지지 기반을 마련하는 일이었다. 이탈리아 사회는 그것을 해냈고 환자들은 사회로 돌아갔다. 그런 면에서 아무 대책도 없이 환자들을 병원 밖으로 내몬 미국과는 극명하게 대조된다. 미국의 경우는 환자 인권 보호를 위해서라기보다 병원 운영 면에서 이윤이 적게 남는 정신건강의학과 병동이 달갑지 않아 병동의 문을 닫은 것이다. 미국의 환자들은 결국 병동 대신 교도소로 직행하는 신세가 되었다. 흉악 범죄를 저질러서가 아니라 마약 중독 때문에⋯⋯

"이탈리아의 정신질환자 보호소는 그 안에서 일하던 사람들에 의해 폐쇄되었다. 그 과정에서 이들은 자기 자신의 일자리를 없애버렸다. 그것도 영영."[5]

바살리아에 대해 어디까지나 약물로 환자를 교정해야 한다는 관념에서 한발짝도 벗어나지 못했다고 비판하는 사람들도 있다. 그러나 질환자들을 사회로부터 격리시키고 위험을 막아야 한다며 망언을 서슴지 않는 정치인들이 여전히 존재하는 한국의 현실에 바살리아의 개혁은 분명한 이정표를 제시한다.

나도 아이가 자신을 해할 위험이 있을 경우 아이를 입원시켜야 했고 아이의 상태가 아주 불안정할 때는 장기 입원도 시켰지만, 소위 '시설' 입소는 선택지에 두지 않았다. 한달여간의 병원 입원으로도 사회로의 복귀는 어려웠다. 과격한 생각이지만 설령 아이가 죽을 위험이 있더라도 바깥세상에서 삶을 유지하는 편이 낫다는 생각을 지니게 된 것도 오랜 시간이 흐른 후였다.

정신보건개혁 페이스북 페이지를 개설한 정신건강의학과 의사 장창현 씨는 우리 사회에서 완전히 소거된 환자들의 목소리를 들어야 한다고 강조하며 "정신의학 시스템 속에서 당사자들은 그동안 아무것도 할 수 없는 존재, 어떤 이성적인 판단도 내릴 수 없는 무능한 존재로 치부돼왔다. 당사자의 목소리를 존중하지 않는 상황에서 의료적인 접근을 하면 오히려 부작용이 생길 수 있다. 정신의학은 어디까지나 당사자를 조력하는 역할에 머물러야지 그들의 삶을 만들어낼 수는 없다."라고 말한다. 그는 일주일에 느티나무의료협동조합, 살림의료협동조합, 녹색병원 세곳을 돌며 진료하는데 모두 '마을 주치의'를 표방하는 협동조합이거나 비영리 의료기관이다. 그는 이처럼 지역사회에 밀착된 의료기관이야말로 병원에서 벗어난 당사자들이 사회에 정착하고 삶을 회복할 수 있는 재활 시스템이라고 주장한다.[6]

정신과가 기가 막혀

정신건강의학과는 의사들 사이에서 조금은 특별하게 생각되는 과이다. 아마도 전통적으로 내려온 정신과 신체라는 이분법에 따라 정신질환은 신체의 병과는 다른 것이라는 통념이 작용한 결과일 것이다. 현대 의학이 다양한 진단과 치료 기술을 활용하면서 눈부신 성취를 자랑하는 데 비해 정신건강의학은 아직도 과학적인 접근과는 거리가 있다고 생각되는 방법론으로 연구를 하고 환자들을 치료한다. 뇌에 관한 여러 연구 결과들이 축적되고 있는 지금도 그런 모습은 크게 변화하지 않은 듯 보인다. 한 예가 약물 치료인데 많은 약들이 매우 주관적이고 모호한 척도에 따라 치료제로 공인된다. 그 결과 정신질환 환자들은 다른 어느 질환 환자보다 많은 약을 먹지만 효능이 없거나 부작용이 생겨 고생한다. 이런 현실은 다른 신체기관보다 뇌에 대한 이해가 한참 부족하다는 것을 반영한다.

정신질환을 오롯이 뇌에 생긴 기질적 문제로만 볼 것인지 사회·환경적 요인에 기인한 문제로 볼 것인지에 대해서는 매우 오랜 시간 동안 논쟁이 벌어져왔다. 환자의 진단도 오락가락하는 경우가 잦고 사용하는 약이 어떤 방식으로 작용하는지도 모를 뿐 아니라 많은 경우 그 약들이 효능은 없고 여러 부작용으로 오히려 환자에게 해가 된다는 이유를 들어 정통 정신의학에 반기를 드는 반정신의학이 그 극단적인 사례이다. 다른 극단에는 정신질환의 진단 기준인 DSM을 과도하게 적용해 너무 많은 환자를 만들어내는 사례들이 있다. 미국의 정신의학자 앨런 프랜시스Allen Frances는 저서 『정신병을 만드는 사람들』(김명남 옮김, 사이언스북스 2014)에서 지난 15년간 소아 양극성 장애는 40배, 자폐증은 20배, 주의력결핍과잉행동장애는 3배로 늘어난 '진단 인플레이션' 현상을 지적하면서 DSM이 새로운 장애를 포함할 때마다 수천만명의 새로운 환자가 생길 가능성을 경고했다. 그 이면에서 움직이는 위험한 손, 제약회사들에 대한 경보도 울리고 있는데 한 예로 20년 사이에 항우울제 사용이 4배 늘어났다는 점을 지적한다. 하천으로 떠내려간 항우울제가 물고기의 행동 양식을 변화시킬 가능성이 있다는 얼마 전의 보도는 많은 사람들을 놀라게 한 바 있다.

인간의 몸은 자연계 최고의 복잡계이다. 사람의 체세포 하나하나는 우주의 별과 같이 수많은 유전정보와 단백질 물질의 신호 전달에 맞춰 매 시각 다른 방식으로 작동한다. 몇백개 정도의 부품으로 조립된 기계들도 오작동하는 일이 많은데 인간의 몸이 오작동 없이 움직인다면 그것이야말로 이상한 일일 것이다. 현대 의료는 그러한 일시적이고 중요하지 않을 가능성이 높은 매일매일의 오작동을 첨단 기기를 들이대며 잡아내어 다량의 이상 상황을 만들어내는 방향으로 운영된다. 신체에서 가장 복잡한, 수천억개의 세포가 무한대의 경우의 수를 가지는 접속 방식으로 작동하는 뇌가 어느 한순간도 오작동을 하지 않을 것이라 기대하는 것은 어찌 보면 정말 터무니없는 일이다. 우리 신체의 다른 부분과 마찬가지로, 아니 그보다 훨씬 더, 뇌에는 어디까지가 정상 작동이고 어디부터가 오작동이라는 기준을 들이대기 어렵다. 이런 관점에서 정신건강의학과가 다른 의학 분야에 비해 덜 공고해 보이는 기반을 둔 것은 그리 이상한 일은 아닐 터이다.

치료되고 있는 건지 아닌지 가족들은 오리무중일 때가 많은

데 이때 우리는 한가지 지표를 제일 중요하게 보았다. 환자가 일상생활 기능을 어느 정도 하고 있는지이다. 학업을 수행할 수 있는지, 일을 할 수 있는지, 경제적으로 어느 정도의 수입을 얻을 수 있는지는 가장 객관적인 지표이다. 안나의 경우 진단 3년차와 4년차에는 전혀 일을 하지 못했으나 5년차에는 상태가 좋을 때 알바를 할 수 있었고 6년차에는 병원에 입원하지 않은 기간에는 대부분 일을 할 수 있었다. 많은 전문가들은 정신질환 환자의 상태를 개선시키는 데 가장 중요한 것은 약물보다도 환자가 사회에 수용되고 그 안에서 자신의 역할을 부분적이라도 담당할 수 있게 되는 것이라고 말한다.

입원에 대해서 너무 복잡하게 생각하거나 불필요하게 중대한 의미를 부여할 필요는 없다. 아직도 낙인 효과 때문에 정신건강의학과 병동에 입원했다고 하면 여타의 신체질환으로 인한 입원과는 완전히 다르게 받아들이는 경우가 있다. 여러 만성 질환과 마찬가지로 정신질환도 악화와 호전을 반복하는 파도타기를 하게 된다. 가급적 악화되지 않는 것이 바람직하지만 때에 따라 일상생활이 어려울 정도로 악화된다면 환자가 미리 입원하는 편이 낫다. 입원하지 않으려고 버티다가 사고를 치고 응급실로 가는 것보다는 그 편이 환자 자신에게도 훨씬 편하다. 안나의 경우 질환 초기에는 응급실을 통한 보호병동 입원이 이어졌으나 2년 전부터는 상태가 좋지 않으면 스스로 입원하겠다는 의사를 밝히고

개방병동으로 들어간다. 아직은 병 치료와 일상생활을 병행하면서 스스로 제동을 걸기 어려울 때가 있기에 삶에 이따금 브레이크를 잡아주는 수단으로 입원을 받아들이고 있다.

당신에게 줄 돈은 없어 — 당신은 그냥 죽어

아이의 진단 6년차에 접어든 시점에서 우리 가족은 진지하게 장애인 등록을 생각했다. 우리나라에서는 장애인복지법에 따라 관할 행정기관에 장애인 등록을 신청하면 진단 및 심사를 거쳐 장애가 인정될 경우 각종 복지 혜택을 지원한다. 아직도 '장애인'이라는 말을 큰 낙인으로 생각하는 사회 분위기이지만 우리 가족은 오래전부터 장애는 인생의 한 모습일 뿐이라고 생각해왔다. 따라서 자립을 간절히 원하는 아이가 병세가 조금 더 나아질 때까지만이라도 국가로부터 공식 부조를 받는 것이 매우 타당하다고 여겼다. 적어도 아이 입장에서는 부모에게 손을 벌리는 것보다 그 편이 자존심 회복에 더 나을 것이라고 판단했다.

2021년 말, 나는 담당 의사의 소견서와 의무기록들을 모두 준비해서 지역 행정복지센터에 장애인 등록 신청을 했다. 결과는 '불인정'이었다. 불인정 사유는 "환자의 증상이 양극성 장애에 부합하지 않는다."는 한줄이었다. 환자를 한번도 본 적 없는 사람들이 5년여 세월 동안 여러명의 전문의들이 진료해온 소견을 깔끔하게 짓밟았다. 정신질환은 장애로 인정받기 어렵다는 말이 떠올랐다. '열번이 넘는 입원과, 그에 따라 안정적인 취업 활동이 불가능한 상황도 장애를 인정받기에는 부족하다니, 부당하다!'고 생각하면서 이의 신청을 했다. 이의 신청은 지난번 제출된 내용에 뭔가 더 추가된 사항이 있어야만 받아들여진다고 했는데 그 3개월 사이 아이는 응급실을 한번 더 갔었고 입원도 한차례 했다. 이번에는 단단히 준비를 했고 아이의 증상이 진단에 적합하다는 것을 입증하는 해외 논문들과 양극성 장애에 대한 여러 국가들의 장애 인정 현황을 조사해 추가했다.

① '양극성 장애로 인한 증상이 아니다'에 대한 이의 제기

환자의 입원과 응급실 방문 이유는 극심한 불안과 공황, 자해, 자살 충동 때문이었습니다. 이들 증상은 모두 양극성 장애에 동반되는 증상입니다. Carvalho 등(*New England J Med*, 2020)과 S. McIntyre 등(*Lancet*, 2020)의 리뷰 논문들에서 모두 양극성 장애에서의 불안장애의 빈도는 70퍼센트가 넘는 것으로 보고하고 있습니다. 또한 자살 충동과 자해 역시 양극성 장애에 빈번히 동반되는 증상이고 결과적으로 양극성 장애의 자살률은 일반 인구의 30배를 넘습니다. 이상의 이유에서 환자가 지난 5년간 입원이나 응급실 진료를 받아야 했던 증상이 양극성 장애로 인한 증상으로 인정되지 않는다는 것은 타당하지 않습니다. 물론 경조증이나 우울증도 있었지만 입원을 해야 할 정도로 심각한 증상은 언제나 불안과 공황장애, 자살 충동이었습니다.

② 환자의 기능장애

입원 치료와 함께 외래 진료를 매주 받았습니다. 증상이 심했고 조절이 잘 안 되었기 때문입니다. 따라서 정상적인 학업이나 취업이 불가능했고 현재 가족의 도움이 없이는 생활을 할 수 없는 상태입니다. 정신질환은 의지로 해결할 수 없는 엄연한 신체질환입니다. 환자가 자립생활을 할 수 있을 정도로 호전이 되는 것이 최선이겠지만 그것이 언제가 될지 알 수 없고 그런 호전에는 질환의 특성상 자존감도 매우 중요합니다. 따라서 가족의 도움보다 국가에서 공적인 부조를 받는 것이 더 도움이 됩니다. 장애인복지법의 핵심이 장애인의 자립생활 지원이니만큼 환자가 남아 있는 기능을 활용하여 스스로 생활이 가능하도록 돕는 것이 목적일 것입니다. 2020년 11월 13일 국립정신건강센터 주최로 열린 '정신건강·의료서비스 접근성 향상을 위한 토론회'에서 광주정신건강복지사업지원단 김성완 단장은 정신질환자 치료에서 가장 중요한 초기 대응이 잘 안 되는 이유 중 하나로 정신장애인 등록 어려움을 꼽았고 "현 상황은 (정신질환자들이) 더 안 좋아지길 기다렸다가 등록해주는 것"이라며 "바람직하지 않다. 초기에 등록해서 사회에 적응할 수 있도록 도와야 한다."고 강조했습니다. 따라서 젊은 환자일수록 생활 자립의 도움이 효과적이고 그것은 개인적인 이유뿐 아니라 장기적으로 장애 부조를 최소화할 수 있는 방법이라는 사회적 이유도 있습니다.

③ 다른 나라의 사례

미국의 경우 양극성 장애를 1년 이상 앓고 있고 직업 수행을 못하며 1년 이상 장애가 지속될 것으로 판정되는 경우 사회보장국에서 장애 혜택 disability benefit 을 인정해주고 일반적으로 신청자의 3분의 2가 인정을 받는 것으로 알려져 있습니다.[7] 재향군인회에서 판정하는 양극성 장애 평가에 의거한다면 본 환자의 장애 정도는 중증에 해당하는 50퍼센트 등급에 가깝습니다.[8]

영국에서도 'Equality Act 2010'(평등법)에 의거해서 미국과 같이 1년 이상의 직업 수행이 불가능한 양극성 장애에 대해 장애를 인정합니다. 일본 후생성에서도 노동 활동이 어려운 양극성 장애는 3급 이상의 판정을 내립니다.[9] 이와 같이 정신질환자에 대한 적극적인 사회부조를 시행하는 선진국들의 사례를 참조하여 우리나라도 정신질환에 대한 편견을 극복하고 이들 환자의 조기 자립을 도와야 할 것입니다.

담당 교수도 진단서에 장애등급의 기준이 되는 전반적 기능

평가Global Assessment of Functioning, GAF 점수상 장애의 조건을 충족할 뿐 아니라 이 점수만으로 평가할 수 없는 심각한 추가적 생활 장애가 있다는 내용을 덧붙였다.

이의 신청을 하면서 양팔로 들지도 못할 만큼 많은 의무기록들을 추가로 제출했다. 결과는 동일했고 '불인정'이었다.

"양극성 장애로 인한 증상으로 인정되지 않고 그로 인한 기능 및 능력 장애가 있는 상태로 인정되지 않는다."

머릿속으로 아이가 자해로 영구적인 신체의 손상을 입는 정도가 되어야 장애를 인정받는 건가 하는 생각이 떠올랐다. 분명 이런 평가를 하는 사람들도 정신건강의학과 의사들일 터인데, 그들도 말로는 "환자를 최우선시한다."고 하며 다닐 거라는 생각을 하자 분노가 치밀어 올랐다. 정신질환이 장애로 인정받더라도 그 효력은 평생 가지 않고 환자가 2년 간격으로 재평가를 받는다. 물론 우리나라의 현실에서 재평가 후 탈락시키는 것은 어렵다고 생각해 판정에 신중을 기할 수는 있다. 그러나 그것은 엄연히 제도적으로 해결할 수 있는 문제이다. 상태가 호전되어 정신질환 환자가 취업 활동을 하게 된다면 고용노동부 연계 데이터로 얼마든지 확인할 수 있고 이를 기준으로 장애인 인정을 해제할 수 있다. 한번 혜택이 주어지기 시작하면 환자들이 상태가 호전된 후에도 일을 하지 않을 것이라는, 복지제도 운용에 대한 뿌리깊은 구시대적 편견이 깊게 깔려 있기도 하다. 환자가 가장 힘든 시기, 장기간 취업하지 못해 실업급여조차 못 받는 시기에 국가는 매몰차게 환자들을 몰아내고 있었다.

살고 싶어요, 일하고 싶어요

성년이 된 정신질환 환자에게 생활 자립은 가장 중요한 치료 목표이지만, 결코 쉬운 일이 아니다. 장애를 인정받고 장애수당을 수령하는 것이 가장 바람직하나 현실적으로 거의 불가능하기 때문이다. 장애를 인정받지 못하더라도 국가로부터 받을 수 있는 부조를 알아보자.

사회보장급여 제도 중에는 생계급여, 의료급여, 주거급여, 교육급여 등이 있고 의료급여를 제외하면 부양의무자의 존재 여부와 상관없이 지원된다. 이 가운데 생계급여는 소득인정액이 월 기준 중위소득 30퍼센트 이하(2023년 기준 1인 가구 월 62만 3,368원 이하)에 해당하면 지원받을 수 있다. 그러나 부양의무자 중 한명이라도 연 소득이 1억원을 초과하거나 일반 재산이 9억원을 초과하는 경우에는 제외된다. 저마다의 이유로 가족 해체가 비일비재한 오늘날에도 이 기준이 존재하는 것은 끊임없는 논란의 대상이 되고 있으며, 특히 부분적으로나마 자립을 원하는 환자들에게는 부모 잘 둔(?) 죄가 걸림돌이 된다. 주거비를 지원해주는 주거급여의 경우 소득인정액이 월 기준 중위소득 47퍼센트 이하(2023년 기준 1인 가구 97만 6,609원 이하)면 지원받을 수 있지만, 만 30세 미만 미혼 청년일 경우 혼자 독립해 살더라도 부모와 같은 가구로 분류되기 때문에 20대 미혼 환자들은 이마저도 지원받기 어려운 실정이다.

또 한가지 챙길 것이 의료비(비급여 의료비 제외)가 본인부담상한선을 넘긴 경우 국민건강보험공단에서 돌려주는 환급금이다. 신청을 제때 하지 않으면 소멸될 뿐 아니라 제대로 계산이 되었는지도 꼼꼼히 따져야 하므로 잘 살펴보아야 한다. 예를 들어 환자가 일을 못하는 기간에는 부모의 건강보험에 피부양자로 올라 있다가 일을 시작하게 되면 다시 본인의 건강보험으로 적용되는 불연속성이 생기는데, 아무래도 부모의 건강보험이 적용되면 본인부담상한선이 높아지고 환급금은 작아진다. 따라서 환자 본인이 일한 기간에 건강보험이 제대로 적용되었는지를 잘 계산해보아야 한다.

정신질환 환자에게도 일은 매우 중요하다. 비록 장시간은 어렵더라도 생활의 흐름을 만들 수 있는 최소한의 일을 하는 것은 정신질환자의 삶을 유지하는 데 필수적이다. 그러나 우리나라의 노동 시장은 환자가 아닌 사람들도 버텨내기 힘든 '갈아 부수는' 형태의 작업장들이 대부분이다. 장애인 판정을 받은 사람을 고용하면 보조금을 지급하는 제도가 실제로 현장에서 어떻게 운용되고 있는지도 깜깜한 경우가 많다. 큰딸의 일터에 지적 장애를 지닌 사람이 고용되었는데 밑도 끝도 없이 딸과 같은 그룹에 배정되었고, 큰딸은 작업 능력이 현저히 떨어지는 그의 일을 떠맡은 데다 감정 조절이 전혀 되지 않는 그의 욕받이 역할까지 하면서 우울 증상이 악화되기도 했다. 수당을 더 받은 것은 물론 아니었고 지적 장애인과 어떻게 같이 일을 해야 하는지 별도의 교육을 받은 것도 아니었다. 이 제도가 장애인에 대한 적절한 교육이나 배려는 전혀 없이 다른 직원에게 부담을 전가하는 식으로 운용되고 있음을 짐작할 수 있다.

장애 인정을 받으면 편하게 놀고 돈만 타 먹을 것이라는 무지한 편견과는 달리 많은 정신질환자들은 사회에서 자신의 자리를 찾기를 간절히 원한다. 낙인과 배제로 적절한 직업을 찾기 어렵기 때문에 자신이 아프다는 사실을 숨기면서 어떻게든 직장에 적응하려 하다가 병세가 악화되는 일도 많다. 그 결과 정신장애인의 고용률은 10명 중 1~2명 수준이며, 평균 가구소득의 절반에도 못 미치고 장애인 가구의 평균 소득보다도 훨씬 낮은 소득을 얻는다. 그럼에도 중증 정신질환자의 장애인 등록 비율은 10퍼센트대에 머물고 있다. 정신질환자 대다수가 기초수급으로 생계를 꾸려나갈 수밖에 없는 이유다.

일찍이 정신질환자들의 자조에 노력을 기울인 서구에서는 환자들이 전문직을 포함한 매우 다양한 직업 활동을 영위하고 있다. 우리나라도 정신질환에 대한 선입견을 버리고 제도적인 노력을 기울여 정신질환자 고용 대책을 체계적으로 마련한다면 환자 개인은 물론 사회적으로도 의미 있는 성취가 될 것이다.

크리스 록은 왜 뺨을 맞으며 웃고 있었나?

2022년 아카데미상 시상식에서 벌어진 폭력 사태는 세계인들을 놀라게 했다. 사회를 맡았던 크리스 록^{Chris Rock}이 남우주연상 후보에 오른 윌 스미스의 아내 제이다 핑킷 스미스의 탈모에 대해 농담을 하자 격분한 윌 스미스가 무대에 뛰어올라 크리스의 따귀를 때린 일 때문인데, 동영상을 보면서 나는 어딘가 위화감을 느꼈다. 그 위화감의 정체는 얼마 후 크리스 록의 발언으로 밝혀졌다.

"나는 비언어적 정보를 습득하는 능력에 장애가 있습니다."

크리스 록의 발언과 함께 내가 가지고 있었던 오래된 고민이 비로소 설명되었다. 비언어성 학습장애^{nonverbal learning disorder}는 말 그대로 언어 이외의 의사소통 정보를 해석하지 못하는 문제이다. 우리는 이런 사람들을 "눈치 없는 놈"이라고 부르며 구박해 왔다. 진행 순서와는 무관한 윌 스미스가 1억 명에게 중계되는 무대에 뛰어올라 자신을 폭행하려고 씩씩거리며 다가오는데도 얼어맞기 직전까지 하얀 이를 보이며 해맑게 웃는 크리스 록의 모습에서 느꼈던 위화감의 정체이다. 크리스 록은 50세가 넘어서야 자신의 문제를 진단받았다고 한다. 이같은 장애는 대부분의 의사소통을 말로 때우는 서구에 비해 말 반 눈치 반으로 작동하는 동아시아(일본은 우리나라보다 더 심해서 아예 속마음을 뜻하는 혼네本音, 겉마음을 뜻하는 다테마에建前를 나누는데, 이런 특성을 지닌 동아시아를 풍부한 맥락의 사회context rich society라고 부른다)에서는 종종 심각한 결과를 낳기도 한다. 동아시아 사회의 히키코모리 사례 중 상당수가 비언어성 학습장애에 기인하는 것이 아닐지 개인적으로 추측한다.

큰딸의 경우 적응장애가 있어 어린 시절부터 학교에서 만성적인 괴롭힘에 시달렸다. 초등학교 입학 직후부터 따돌림을 당했고 아이를 만만하게 본 한 급우는 집으로 놀러 와서 아이의 물건을 멋대로 가져갔다. 그 아이를 떼어놓으려다가 어른 싸움이 날 뻔했지만 나는 그 부모에게 자초지종을 다 말하지는 않았다. 그런 일을 당하고도 대응을 못 하는 내 아이의 문제가 더 크다고 생각하면서 아이도 나이를 먹으면 나아지겠지 하고 참고 지낼 수밖에 없었다. 아이는 말이 느리고 어휘력도 좋지 않아 지능이 낮은 것이 아닐까 의심했으나 지능에는 문제가 없어 일단 안심했다. 그러나 아이의 학년이 올라가면서 상황은 더 나빠졌다.

아이의 굼뜬 언행을 참지 못하는 교사가 있었다. 큰딸은 걸핏

하면 그에게 얻어맞고 걷어차였으며 이유도 모른 채 추운 겨울에 다섯시간 동안 복도에 나가서 무릎을 꿇은 채 손을 들고 있기도 했다. 어느날 아이가 주머니에 물건을 많이 가지고 있다는 이유로 그는 아이를 앞으로 불러내서 주머니 안의 물건들을 꺼내 프로젝션 화면에 보이도록 올려놓게 했다. 아이의 물건들을 비춰 보이면서 급우들 앞에서 내뱉은, 시를 쓴다던 그 교사의 말은 그러나 그리 시적이지는 않았다. "이런 애는 괴물이야." 하지만 아이는 부모에게 그런 이야기를 하지 않았고 다 자기가 잘못해서라고 생각했다.

아이가 교사에게 좌표를 찍힌 후에는 당연히 급우들로부터의 괴롭힘이 뒤따랐다. 친구들이 괴롭혔다는 말을 아이한테 들을 때마다 나는 그저 아이가 착하고 모질지 못해 그런 험한 상황에서 자신을 잘 방어하지 못하기 때문이라고 생각했다. 하지만 중학교 진학 후 문제는 심각해졌고 나는 학교폭력의 다양한 면을 알게 되었다. 학급에서 1등인 아이가 공부를 잘하는 딸아이를 경쟁 상대로 보고 다른 아이들을 들러리 삼아 집단적으로 아이를 괴롭혔는데, 이에 대해 학급 담임에게 문제제기를 하자 담임은 오히려 문제의 원흉이 된 아이를 감싸고 돌았다. 학급에서 공부를 잘하는 것은 때로는 폭력에 대한 완벽한 면죄부를 의미했다.

나는 그 길로 짐을 싸서 이사했다. 공부를 잘 시켜서 아이를 꼭대기에 놓겠다는 생각은 없었다. 이사 가는 곳은 아이들이 공부밖에는 관심이 없어서 상대적으로 악질적인 괴롭힘 문화는 덜한 환경일 것이라 생각했고 그 예상은 어느정도 맞았다. 엄마의 정보력이 빵점이어서 상당히 불리했던 그 학군의 학교에서 큰아이는 그래도 큰 사고나 괴롭힘 없이 학업을 마쳤고 대학에 진학했다.

문제는 취업 후에 다시 생겼다. 학창 시절에 당했던 방식의 집단 따돌림이 다시 돌아왔다. 아이가 그나마 마음 편하게 일할 수 있는 곳은 비정규직 알바 자리뿐이었으나 그곳은 그곳대로 또 괴롭힘이 있었다. 자존감도 형편없어졌다. 부모와 자신의 현격한 사회적 지위의 차이, 그리고 자신을 이해하지 못하는 부모의 맹목적인 동기 부여는 아이를 더 괴롭게 했고 만성적인 우울증도 찾아왔다. 나도 결국 어느 선에서 아이의 현실을 인정하고 더이상의 채근은 하지 않으면서 간신히 부모 자식 관계의 평형이 이루어졌다. 둘째 딸이 진단을 받으면서 큰아이의 문제도 다르게 보이기 시작했다. 부계에서 내려오는 어떤 형질은 상당히 겹치기도 했는데 강박성이 그중 하나였다. 큰딸은 물건에 대한 집착, 즉 저장 강박 성향이 있었고 이 때문에 어릴 때에는 주머니 안에, 커서는 집에 물건을 많이 쟁이고 다녔다. 그러나 그 긴 세월 동안 나는 이것이 의지만으로는 해결할 수 없는 문제인 줄을 몰랐다.

드라마 「이상한 변호사 우영우」는 많은 사람들에게 정신장애가 무엇인지를 깊게 고찰하는 계기를 마련해주면서 신드롬적인 현상을 일으켰다. 과거에 아스퍼거 증후군^{Asperger's syndrome} 으로 불린 자폐증은 이제 그 다양성이 반영되어 자폐스펙트럼 장애로 불리게 되었다. 아스퍼거 증후군의 대표 주자로 거론되는 일론 머스크^{Elon Musk} 역시 남아프리카공화국에서 보낸 어린 시절의 학교생활에 잘 적응하지 못했다. 또래 친구들과 어울리기보다는 책 속에 빠져서 지냈고 학교에서는 두들겨 맞는 것이 일과였다. 계단에서 밀쳐져 어깨뼈가 부러지고 코뼈가 부러졌다.[10] 훗날 머스크는 어린 시절 '사회적인 코드'를 읽지 못하던 자신의 문제가 아스퍼거 증후군 때문이었다고 밝힌다.

일론 머스크처럼 크게 성공해서 유명한 사람이 자폐스펙트럼 장애 환자였다는 사실에 기인해 '자폐인＝고지능자'라는 선입견이 자리잡았고 「이상한 변호사 우영우」는 그런 선입견을 강화할 수 있다는 이유로 많은 비판을 받았다. 윤진철 전국장애인부모연대 사무처장은 "고기능 자폐인의 (등장) 빈도만 높아지는 건 그렇게 미디어에 소비되고 있다는 것이고, 편향된 인식을 심어줄 수 있다."고 문제를 제기하면서 장애를 가진 사람들이 모두 뛰어난 능력을 지니고 있는 것이 아니라 의사 표현 방식이 같지 않을 뿐 모두가 다른 능력을 하나씩 갖고 있다고 생각해야 한다고 강조했다. 드라마 방영을 앞두고 비판 성명을 냈던 한국 성인자폐(성)자조모임은 "한국 창작자들은 그동안 자폐 당사자를 무능력하고 이상한 존재라는 전형과 서번트 증후군이나 초능력을 섞어 묘사하며 당사자를 객체화했다."면서 "고등교육을 이수하고 괜찮은 일자리를 얻는 모습을 그려 자폐 당사자에 대한 유인원화를 피하고자 한 노력에는 박수를 보낸다."고 비꼬았다.[11]

크리스 록의 문제인 비언어성 학습장애는 자폐스펙트럼 장애와 중복되는 특징을 가진다. 사회적 의사소통 장애, 주의력결핍과잉행동장애와도 상당 부분 중복된다. 큰딸의 경우 운 좋게도 의사인 부모마저 눈치 못 챌 정도로 경증이어서 독립생활을 할 정도의 생활 기능을 유지하는 데에는 문제가 없었을 뿐이다. 하지만 역설적으로 우리 사회가 경미한 정도의 장애를 가진 사람을 어떻게 대하는지도 알 수 있다. 비언어성 학습장애는 인구 3~4퍼센트에서 존재하는 비교적 흔한 장애이다.[12] 우리가 살면서 주변에서 "멍청한 놈" "일머리 없는 놈"이라고 핀잔을 준 사람이 얼마나 되는지 가슴에 손을 얹고 생각해보면 체감할 수 있다. 이런 아이들이 우리나라에서 군대에 가게 되는 경우 얼마나 파멸적인 결과가 초래될지 떠올려 보고 나는 아이가 아들이 아니라는 것을 정말 다행으로 여겼다.

비언어성 학습장애는 신경 발달의 문제에서 기인하지만 정신질환을 분류하는 DSM-5에서는 자폐스펙트럼 장애와 별도로 구별하는데 그 기준은 질적인 차이보다는 양적인 차이에 더 가깝다. 사회적·감정적인 상호 관계가 완전히 불가능한지, 부분적으로만 어려움이 있는지에 따라 진단이 갈라진다. '나무위키'에 연관되는 문제인 '사회적 의사소통 장애'에 대해 구구절절한 묘사가 되어 있으니 이 문제를 마침내(!) 깨달은 나와 같은 부모님들은 참조하시기 바란다.

우리는 모두 정신질환자이다

비언어성 학습장애와 사회적 의사소통 장애는, 통념상 심각한 장애로 생각되면서도 대부분의 사람들이 자신과는 상관없다고 여기는 자폐스펙트럼 장애가 실제로는 얼마나 다양한 양상으로 발현되는지를 알 수 있게 한다. 또 한가지 유념할 것은 자폐스펙트럼 장애, 양극성 장애, 주의력결핍과잉행동장애, 우울증 등 신경·정신질환의 많은 특징들이 중복되고 증상의 정도가 매우 다양하다는 점이다. 정신건강의학과에서 오진이 흔한 이유가 여기에 있다. 양극성 장애를 단극성 우울증으로 진단하고 우울증 약을 처방해 증상이 나빠진 예는 매우 많다.

둘째 딸의 진단도 양극성 스펙트럼 장애였다. 전형적인 조증을 발현하는 고전적인 양극성 장애와 달리 이 질환의 증상에는 매우 다양한 층위가 있다는 것이 밝혀진 후 만들어진 진단이었다. 살면서 생활에 활력을 잃는 우울 증상을 한번도 경험하지 않은 사람은 거의 없을 것이다. 그렇다면 우리는 어디까지를 질병이라고 정의해야 할까? 나는 세상에 할 말 없는 악인은 없다고 믿고 가급적 사람의 좋은 면만 보려 하는 편이다. 그럼에도 '정말 저런 사람은 세상을 나쁘게만 만드는, 없는 게 나은 사람이 아닐까?' 하는 사람이 손가락에 꼽을 정도로 있기는 하다. 이렇게 내가 아는, 주변인들을 괴롭히고 피폐하게 만드는 사람들 중 정신질환 진단을 받은 사람은 없다. (이런 사람들은 정말 큰 문제를 일으켜서 처벌받게 되는 상황이 될 때에만 자신의 정신적 취약성을 호소하기도 한다.) 누가 환자이고 누가 정상인인가?

1990년대에 사람이 타인이나 주변 환경에 반응하는 방식은 다양하다고 주장하며 어떤 사고, 학습, 행동 방식만이 옳고 그외의 것은 장애라고 규정하는 것에 대해 반대를 표명하는 신경 다양성 Neurodiversity 운동이 일어났다. 처음에는 자폐스펙트럼 장애 환자들을 중심으로 시작되었지만 점점 양극성 장애, 강박장애, 불안장애 등 다양한 정신질환 환자들로 범위가 넓어지고 있다. 또한 사회정의의 차원에서 시작했던 운동의 방향도 점차 과학적인 접근을 통해 '치유' 중심의 의료적 시각을 탈피하려는 움직임으로 변환이 일어나고 있다.[13]

다음의 예를 살펴보자. 10세의 민선이는 자폐스펙트럼 장애를 진단받았다. 민선이는 가족이나 또래집단과의 의사 소통에는 심각한 어려움이 있지만 그림을 매우 잘 그리는 재능이 있다. 특히 한번 본 사물은 다시 안 보고도 사진처럼 정확하게 그려낼 수 있다. 41세인 민선이의 아빠는 명문 대학을 나오고 대기업에 근무하고 있다. 사교성이 높아 승진도 빠르다. 하지만 그림은 전혀 못 그린다. 성인이 된 지금까지도 사과 하나 제대로 못 그린다.

우리는 누구도 민선이의 아빠가 그림을 못 그리는 것을 장애라고 생각하지 않는다. 신경 다양성의 접근은 민선이 아빠가 그림을 못 그리는 것과 민선이가 사회와의 소통을 못 하는 것은 신경적으로 서로 다른 부분의 차이점 때문이지 어느 쪽이 더 낫거나 못한 능력의 차등이라고 여기지 않는다. 민선이의 아빠는 '정상인'이 아닌 "신경 전형적neurotypical 사람"이라고 명명하고 민선이는 "다른 재능을 가진" 아이라고 부른다.[14]

이런 접근은 많은 환자들이 사회에서 제 몫을 하게 하는 데 크게 기여한다. 전형적인 것이 다수의 자폐스펙트럼 장애와 양극성 장애 환자들에게 공통적으로 나타나는 소리 민감성의 예이다. 소리 민감성을 지닌 환자들은 소음이 있는 환경에서는 일을 할 수 없지만 소음 소거 헤드셋을 착용하는 경우 누구보다도 과업을 잘 해치울 수 있다. 장애를 바라보는 의료적 시각은 장애란 '비정상' 상태이므로 마땅히 치유해서 '정상'으로 만들어야 한다는 것이다. 일각에서는 이를 '치유 폭력'이라고 부른다. 다른 시각은 장애도 인간 삶의 한 모습이기에 우리가 삶의 방식을 바꾸어서 누구라도 자유롭게 자신의 삶을 영위할 수 있도록 해야 한다고 주장한다.

윈스턴 처칠의 예에서 볼 수 있듯 양극성 장애의 어떤 특징은 무시무시한 성취로 이어진다. 우리에게 무한한 기쁨을 선사한 수많은 예술가들의 경우도 그러했다. 우리는 어떤 점에서 정신질환의 특질들에 크게 빚지고 있는 것이다. 안나는 여행 중 맹장염 증상이 생겨 호텔 방에서 종일 꿍꿍 앓은 일이 있는데 그 와중에도 핸드폰만 가지고 권력자를 조롱하는 곡을 만들어 나를 놀라게 했다. 그런 재능은 어쩌면 아이가 가지고 있는 병과 불가분의 관계일지도 모른다. 그렇다면 그것은 정말 병일까? 비정상일까?

스티브 실버만Steve Silberman은 저서 『뉴로트라이브』(강병철 옮김, 알마 2018)에서 영국의 물리학자 캐번디시로부터 미국의 동물학자 템플 그랜딘에 이르기까지 인류의 역사에 기여한 많은 자폐인들의 이야기를 서술하면서 이런 문제들을 인류의 기술과 문화 진보에 이바지해온 자연발생적인 인지적 변이로 봐야 한다고 주장한다. 자폐증을 연구해 그 이름이 자폐의 대명사가 된 아스페르거Hans Asperger는 자폐인들이 사물을 통념대로 받아들이지 못하는 바로 그 특성이 창조력의 근원이 될 것이라고 확신했다. 세상을 바꾼 사람들 중에는 인구집단 평균을 벗어난 사람들이 많다. 결국 신경 다양성 개념을 받아들이고 적용해나갈 때, 우리가 더 건강하고 안전하며 행복한 미래로 나아갈 수 있을 것이다.

앞 장에서 정신질환이 유전성이 강한 질환이라고 언급했기 때문에 많은 분들은 아마도 그런 환자가 있는 집안을 피하기만 하면 된다고 너무 쉽게 생각할지도 모른다. 이전 시대에도 정신질환 환자는 집안의 평판에 누가 된다고 생각해서 감추기만 했다. 틀렸다. 우리가 사회생활을 하면서 정신질환 진단을 받은 적도 없고 겉보기에는 멀쩡해 보이는 사람에게 몹시 데는 일이 얼마나 많은가? 인간이 가지고 있는 수많은 뇌 회로의 연결 문제들 중 일상생활을 어렵게 할 정도 혹은 자신을 파괴할 정도의 심한 이상만이 수면에 떠올라 진단된다. 그리고 그런 진단을 받은 사람들을 우리는 정신질환자라 부르고 낙인찍는다. 그러나 낙인이 없다고 해서 절대적인 정상성이 보장되는 것은 결코 아니다. 우리 몸에 생기고 없어지는 어떤 문제보다도 정신질환에서의 이상과 정상의 경계는 모호하다.

대대로 정신과 의사 집안에서 자라고 인류학을 가르치는 로이 리처드 그린커Roy Richard Grinker는 학생들에게 미국 어린이 중 8~9퍼센트는 주의력결핍과잉행동장애 증상을, 2퍼센트는 자폐증 증상을, 그리고 8~10퍼센트는 불안장애, 11퍼센트는 우울증, 2.5퍼센트는 양극성 장애, 1퍼센트는 조현병을 앓고 있다고 알려주었고, 한 학생이 "그럼 이제 아무도 정상이 아닌가요?"라고 묻자 그렇다고 대답했다. 그는 저서 『정상은 없다』(정해영 옮김, 메멘토 2022)에서 '정상'이란 오랫동안 사회가 누구를 받아들이고 누구를 거부할지를 결정하기 위해 쓴 개념이며 유해한 허구에 불과하다는 점을 지적한다.

파렴치한, 너무나 파렴치한: 정신질환을 양산하는 사회

정신질환에서 주변 환경의 영향을 이야기하지 않는 것은 이야기의 절반밖에 말하지 않는 것과 같다. 마치 천식 환자에게 약만 주고서 호흡기에 유해한 환경에 계속 노출되게 하는 것과 같다. 그동안 한국사회는 정신질환의 문제를 전적으로 가족의 문제로 개인화하며 책임을 전가함으로써 환자와 그 가족에게 다중의 낙인을 찍고 굴레를 씌워왔다. 하지만 정신적 고통의 급증을 가져오는 사회의 문제를 고찰하지 않는다면 상황은 점점 나빠질 것이다.

석사를 마치고 연구원으로 재직하던 재연 양이 나를 찾았다. 그만두고 싶다는 이유였다. 얼마 전까지만 해도 연구에 많은 열의를 보이던 유망한 사람이었는데 이유가 궁금했다.

"쉬어야 할 것 같습니다. 우울해서 극단적인 생각을 할 때까지 있어요."

내가 재연 양에게 마련해줄 수 있는 연구 여건은 타 대학과 비교해서 결코 좋은 것은 못 되었다. 내가 처한 현실에서 할 수 있는 최대한을 해줄 수 있을 뿐이었고 그러한 여건 아래서 연구자가 해외 학회에서 인정받는 수준의 연구 업적을 계속 유지하는 것은 너무도 힘들었다. 도와줄 것은 없을지, 쉬는 방법 말고는 없을지 대화했지만 결국 '잠시 쉬다가 꼭 돌아오라.'는 말밖에는 해줄 것이 없었다. 하지만 그녀가 돌아올 리 없다는 것은 내가 더 잘 알았다.

재연 양이 사직한 후 얼마 안 되어 이번에는 은혜 양이 사직서를 들고 왔다. 이유는 같았다. 우울해서 힘들다는 것이었다. 나는 그렇게 두 젊은 연구자를 잃었다. 1년 후 이번에는 대학원생이 중도 하차를 했다. 우울함 그리고 극단적인 생각, 이 두가지가 반복되고 있었다. 이런 상황에서 내가 연구실을 계속 꾸려나가는 것이 타당한 일일지 깊이 고민하고 있는데 남편이 그날 있었던 대학원생 면담 이야기를 해주었다.

"제가 어느날 인터넷에서 밧줄을 구입하려 하고 있었어요."

결국 대한민국 최고의 대학에서도 같은 문제가 일어나고 있었다. 한 사람이 아프면 개인적 문제이겠지만 여러 사람이 아프면 사회문제이다. 내 아이의 문제와 겹쳐 보면서 우리가 지금 어떤 세상에서 살고 있는지 다시 성찰해야 했다. 어린이 교양지 『고래가 그랬어』의 발행인 김규항 씨의 몇년 전 칼럼이 다시금 기억났다.[15]

지난 몇해 동안 한국에서 발간된 책 가운데 가장 파렴치한 책을 꼽는다면 단연 『아프니까 청춘이다』일 것이다. '청년의 지옥'이라 불리는 사회에서 기성세대의 한 사람이 청년에게 할 첫번째 말은 '미안하다'여야 한다. 좀더 사리분별이 있는 사람이라면 '현실을 바꾸자, 나도 함께하겠다'여야 한다. 그런데 아프니까 청춘이라니.
(…)

정규직의 정리해고와 비정규직화를 중심 틀로 하는 노동유연화 정책은 대기업보다는 중소기업, 정규직보다는 비정규직 순으로 조직력이 약한 노동 부문과 세대로 내려갈수록 모순을 강화했고 결국 노동의 출발점에 선 청년들 앞엔 비정규직과 알바만 기다리는 극단적 상황에 이르렀다.

2020년에 죽음의 준비에 관한 책을 낸 후 관련 강의를 하러 다니며 사람들을 만나는 가운데 가장 경악했던 점은 20대의 젊은 이들에게서 내가 전달하는 메시지의 호응도가 가장 높았다는 것이다. 강의실 뒷자리에 앉아 흐느끼는 사람들도 심심치 않게 보았다. 그들에게 죽음은 먼 미래가 아니었다. 우리는 도대체 젊은 이들에게 어떤 세상을 만들어준 것일까? 국회미래연구원의 최근 연구에 따르면 "미래는 지금보다 더 좋아질까?"라는 물음에 20대는 6.5퍼센트, 30대는 10퍼센트만 동의했다.[16]

1930년대 세계 대공황 당시 거시경제 정책을 통한 정부의 역할을 강조한 존 메이너드 케인스의 이론에 반기를 들고 오로지 사회 운영의 기본 원리를 자연 발생적인 힘, 특히 경쟁에만 의존해야 한다고 주장한 프리드리히 하이에크는 1974년에 노벨경제학상을 받았다. 그의 이론은 나치 독일의 악몽과 같은 전체주의에 대한 반발에서 비롯된 자유주의의 극단을 추구했지만 불행히도 그로 인해 (아마도 자신은 원하지 않았겠지만) 자본주의의 지옥문이 활짝 열렸다. 그는 가치관, 도덕관 등은 모두 개인이 결정하는 것이라 주장했고 따라서 공동선이나 공공의 이익이라는 개념을 완강히 거부했다. 마거릿 대처와 로널드 레이건 같은 힘센 정치인들이 하이에크의 이론을 적극 받아들이면서 자본가들은 그 기회를 놓치지 않았다. 범지구적인 시장주의는 국가가 개입하는 모든 형태의 규율을 무력화하는 무기로 이용되었고, 그런 시류에 약삭빠르게 올라탄 하버드 경영대학의 마이클 포터 같은 학자에 의해 주창된 경쟁제일주의는 1980년대 이후의 세계를 풍미했던 신자유주의와 결합하여 세상을 무섭게 바꾸어버렸다.

인류는 표면적으로는 과거 어느 세대와도 비교가 안 될 만큼 풍요로워 보인다. 그리고 엄청나게 불행해졌다. 한병철 교수가 통찰한 대로 "자기 착취의 메커니즘이 작동하는 피로사회"가 되어버린 현대에 인간은 잠시도 휴식을 가지지 못한다. 쉬면 누군가에게 뒤처질 것이라는 끊임없는 불안에 삶의 여유는 산산조각이 났다. 여기에 스마트폰으로 상징되는 기술제일주의와 과잉 데이터는 그나마 남아 있던 인간적인 삶의 조각들을 마저 분쇄해버렸다. 남은 것이라고는 죽을 때까지 옆 사람도 아닌 전세계와, 심지어는 로봇과 경쟁해야 하는 각자도생의 지옥이었다.

지금의 젊은이들은 우리가 자랄 때와는 차원이 다른 경쟁에 내

몰려 어린 시절부터 잠도 못 자고 때로는 적성에도 맞지 않고 의미도 없는 온갖 공부 노동을 치르며 학대에 가까운 유년기를 보냈다. 대학에 들어가도 천정부지로 올라간 등록금 마련과 취업 준비에 캠퍼스의 낭만이라고는 느껴보지도 못한 채 자신을 갈아가며 살았지만 정작 그들을 기다리는 것은 불확실한 미래뿐이었다. 몇년 전 나라를 두동강 낸 조국 전 법무부 장관의 자녀 입시 관련 논란이 사람들을 분노하게 했던 것은 그들만의 방법으로 온갖 스펙을 만들어서 자녀를 의과대학에 입학시켰다는 사실이 아니었다. 부모가 법정에 서야 할 정도의 무리수를 써서라도 자녀를 안정된 체제 안으로 넣으려는 이 사회 엘리트들의 모습에서 사람들은 그들에게 지금의 헬조선 현실을 개선할 의지가 전혀 없음을 읽었기 때문이다. 몇년 후 이런 스펙 쌓기가 더욱 진화했다는 것을 우리는 한동훈 법무부 장관의 자녀들을 보며 다시 알게 된다. 이제 공직 후보자 인사청문회를 준비하는 사람들은 공직 후보자의 자녀들 문제부터 뒤져보는 것이 관행이 되었다.

그러나 어떤 무리수를 써도 이미 안정된 미래란 없을지도 모른다. 의사들은 일찌감치 자본가들에게 포획되어 소신은 고사하고 전문성까지 위협당하기도 한다. 100년 걸려 두배로 늘어난 변호사 수가 다시 두배로 늘어나는 데에는 몇년밖에 걸리지 않았다. 대기업의 요구에 맞춰 양성된 고급 인력들이 직업 현장에서 살아남을 수 있는 기간은 길지도 않다. 그리고 이들은 밀려 나갈 때까지 죽도록 경쟁하지 않으면 안 된다.

이런 현실은 물론 우리나라에 국한되지 않는다. 미국에서 돌풍을 일으킨, 공부 잘하게 해주는 약 애더럴Adderall 열풍은 온 세상이 경쟁에서 밀리지 않기 위해 정신적 도핑에 몰두하고 있는 세태를 보여준다. 기성세대가 지금이 자신들이 젊었을 때보다는 발전된 사회임을 인정하면서도 고개를 갸우뚱하는 이유는 오늘의 젊은이들이 과연 자신들보다 행복할까에 대해 결코 확신할 수 없기 때문이다. 대다수의 젊은이들이 최저임금의 불안정한 직장에 내몰리고 소위 안정권에 진입한 이들도 언제 자신의 처지가 바뀔지 몰라 불안해하는 사회. 젊은이들은 과거 어떤 시대에도 없었던 그런 시기를 살고 있다. 중세의 농노들도 자신이 노동을 하면 어떤 결과를 얻을지는 예측할 수 있었고 공동체 안에서 서로에게 기대가며 살았다.

사회학자 엄기호 씨는 저서 『단속사회』에서 망한 사회의 정의를 앞 세대가 뒤 세대에게 물려줄 것이 없는 사회라 했는데 언젠가부터 우리 사회가 바로 그렇게 되었다. 젊은이들은 손가락 몇 번 놀리면 수치적으로 정확한 정보를 즉각 얻을 수 있는데 굳이 시대착오 작렬하는 늙은이들의 훈계 섞인 말을 들을 이유가 없어졌다. 같은 책에서 저자는 사람들이 자신과 같거나 비슷한 것에는 끊임없이 접속해 있으면서 타인의 고통같이 조금이라도 자신과 다른 것은 철저히 차단하고 외면하며 이에 개입하지 않으려 하는 상태를 '단속'이라고 이름 붙이며 "다름과 차이를 차단하게 되면서, 서로의 경험을 참조하며 나누는 배움과 성장은 불가능해진 '사회'. (…) 책임은 오롯이 개인이 감당해야 하는 '사회'. 타인의 고통을 외면하는 '사회'. 이 세계를 과연 사회라고 부를 수 있을까?"라고 질문한다.[17]

젊은이들은 존재적 불안을 홍수처럼 밀려 들어오는 정보들을 습득하며 무마하려 한다. 하지만 늘어나는 것은 불행감과 박탈감, 우울증뿐이다. 한술 더 떠 테크놀로지의 발전은 정보 과잉의 대혼돈 시대를 사는 현대인들의 정신을 송두리째 흔든다. 사람들로 하여금 현실과 가상 세계를 혼동할 정도로 몰입하게 하는 메타버스가 지향하는 바는 정확히 조현병 환자들의 병리 증상이다. 돈이 된다면, 자본축적에 도움이 된다면, 아마도 기술은 이용자들의 정신 건강에는 아랑곳하지 않는 방향으로 발전할 것이다. 우리는 이미 미국 IT 기업들의 행태에서 그런 사례들을 익히 보아왔다. 굳이 최첨단 기술이 아니어도 신자유주의의 세계는 우리에게 정신 건강을 해치는 '미션 임파서블'의 매일을 살아낼 것을 요구한다. 파견직 노동자는 파견업체의 요구(매출을 늘려라)와 일터의 요구(반품을 줄여라)라는 완전히 상반된 요구에 시달리며 정신적 혼돈을 겪는다. 의사들이라고 상황이 낫지는 않다. '환자에게 최선을 다하겠다.'는 소명의식은 한 환자에게 시간을 오래 할애할 수 없게 하는 '수입을 늘려라.'라는 병원의 요구에 의해 산산조각이 난다.

나는 가끔 엉뚱하게도 2012년에 인류가 멸망한다고 예언했다던 마야력이 맞은 것이 아닐까 의심할 때가 있다. 나중에 이 멸망론은 마야인들의 순환주기에 대한 몰이해의 결과일 뿐이라고 비판받았지만, 나는 2012년을 기점으로 인류에게 뭔가 중대한 일이 일어난 것은 사실이라고 생각한다. 지금 우리가 망한 세상을 살고 있다는 징후는 어디에든 있다. 젊은이들이 결혼도 하지 않고 자녀를 낳을 수 없는 세상, 여름 기온이 섭씨 50도를 넘다가 곧장 홍수가 밀어닥쳐 국토의 3분의 1이 잠겨버리는 나라들, 이미 임계점을 넘겨버렸다는 탄소배출량, 나날이 사라지는 생물종들. 그럼에도 멈춤 없는 경제성장을 부르짖는 수많은 국가의 지도자들……

그들에게 생존의 기로에 놓인 약자들, 꾸역꾸역 만들어지는 의미 없는 재화를 소비할 능력이 없는 사람들, 어쩌면 우리들 대부분은 더이상 안중에 없는지도 모른다. 고소득자 감세안 정책을 하루 만에 철회하면서 그 이유로 '국민적 고통에 대한 우려'가 아닌 '금융시장 대혼란'을 꼽은 영국 트러스 내각의 사례는 인구집단의 최정점에 자리잡은 인간들의 시각을 잘 보여준다.

조용한 멸종 중이라 해도 크게 틀림이 없을 이 세상, 이 파렴치한 세상에서 젊은이들에게 지금보다는 조금이라도 더 나은 미래를 물려주기 위해 무엇을 해야 할지 앞 세대는 한시도 생각과 행동을 멈추어서는 안 된다. 인간을 쉴 틈 없는 경쟁에 내몰고 조금만 뒤떨어지면 언제 어디서든 다른 존재로 대체될 수 있는 부품으로 전락시키면서 '잉여로움'을 시대의 키워드로 만든 마이클 포터 같은 자들도 오늘날 말기 자본주의 사회의 도래를 바라보며 자신의 경쟁제일주의가 오류였음을 인정했다. 그 뛰어난 지력으로 일세를 풍미하고 세상을 엉망으로 만든 자들에게 개념 없이 맞장구친 죗값을 기성세대는 어떤 형태로든 치러야 한다.

맺음말

안나가 걸어간다. 안나의 뒷모습을 지켜보면서 자식은 아무리 장성해도 부모에게는 영원한 아이이며 특히 아픈 자식은 더욱 그렇다는 것을 다시금 실감한다.

안나가 넘어질 때마다 일어나는 것을 도우며 부모가 곁에서 항상 지켜준다는 믿음을 심어주려 하지만 안나도, 우리도 그것이 언제까지고 가능하지 않다는 것을 잘 안다. 진단 7년째인 안나는 올해에도 입원을 했다. 그러나 응급실은 1년 반 넘게 방문하지 않았다. 퇴원하자마자 또 일을 하고 싶어했지만 안나가 할 수 있는 일은 많지 않다. 이전의 경험들로 보아 대한민국의 청년 일자리 현실에서 안나가 일을 해서 버는 돈보다는 그로 인해 병이 악화되어 병원비로 들어가는 돈이 더 크다는 계산이 끝난 터라 부모 입장에서 아이가 너무 조바심 내지 않도록 안심시켜주는 것이 최선이다. 아파서 입원해 일을 그만두면 실업급여조차 받을 수 없다는 현실도 경험으로 알고 있다. 하지만 이제 우리는 안나와 잠시 연락이 닿지 않아도 그렇게까지 불안해지는 않는다. 절망과 고통의 시간 동안 안나가 삶을 사랑하는 방법을 아주 조금은 배웠기를 바란다.

책을 써야겠다는 생각은 가지고 있었지만 정작 실행에 옮기는 것은 쉽지 않았다. 정신질환의 낙인이 시퍼렇게 살아 있는 세상에서 이런 이야기를 하는 것이 우리 가족에게 어떤 영향을 미칠지 두려웠기 때문이다. 낙인뿐 아니라 인간의 수만큼 다양한 생각을 거리낌 없이 표출하는 것도 가능한 곳이 요즘 세상이다.『내 아들은 조현병입니다』(정지인 옮김, 심심 2019)를 쓴 퓰리처상 수상 작가 론 파워스는 '자식을 이용한다'는 세간의 비난을 두려워했고, 우울증을 치료하기 위해 남미의 정글로 떠난 제임스 프리먼의 다큐멘터리「더 라스트 샤먼」에는 '부자 부모 둬서 여행 경비도 부모한테 받은 주제에'라는 댓글이 달렸다. 하지만 결국 부모의 우직한 소명의식이 사사로운 우려를 이겼다. 아이는 누구에게도 밝히고 싶지 않았을 자신의 고통을 공개하는 데 동의해주었다.

우리는 운이 좋았다. 아이의 병세가 생사를 오가는 심각한 상태에서도 아이는 한번도 부모와의 연결 끈을 놓지 않았다. 극히 일부분의 시간을 제외하면 아이와의 진지한 대화도 항상 가능했다. 세상에는 우리처럼 운이 좋지 못한 환자 가족들이 훨씬 많다는 사실을 안다. 그렇기에 우리의 이야기가 혜택받은 자들의 배

부른 소리로 들릴 가능성이 높다는 것도 안다. 물론 부질없는 희망을 심어주는 이야기를 하려는 것은 결코 아니다. 지금도 우리는 내일 어떤 일이 생길지 모르는 연약한 삶의 기반 위에 놓여 있다. 안나의 지난 7년은 이 병의 긴 경과를 감안한다면 이제 초기 단계를 간신히 넘긴 상황일 뿐이다.

정신건강의학 전문가가 본다면 한없이 모자란 이야기를 용기내어 하게 된 이유는 세상을 조금이라도 나은 쪽으로 바꾸는 데 작은 목소리를 보태고 싶다는 생각에서였다. 큰 변화는 언제나 어렵다. 하지만 바위를 뚫는 물처럼 일상의 작은 변화들이 모이면 불가능해 보이는 일도 이루어진다. 이를 가능하게 하는 것은 보통 사람들의 용기와 인내이다. 정신질환 환자들의 가족에게 가장 필요한 것이 용기, 인내, 그리고 회복 탄력성^{resilience}일 텐데, 이미 많은 가족들이 환자를 돌보면서 거의 수도자의 경지에 도달할 정도로 그런 특성들을 체득했을 것이라 생각한다.

큰 변화를 가져올 수 있는 작은 변화 중 하나가 '언어'를 바꾸는 것이다. 정신질환 환자에게 하는 '미쳤다'는 말을 '아프다'로 바꿔보도록 노력한다면 환자에 대한 낙인이 어느정도 옅어질 수 있다. 한걸음 더 나아가 '정신질환'이라는 말 자체를 '뇌질환'으로 바꿔보는 것도 의미가 있다. 사실이 그러하고, 뇌도 엄연히 신체이므로 마치 여타 신체질환과는 달리 의지나 성격의 문제라는 편견을 만드는 말은 지양하는 것이 좋겠다는 취지이다. 물론 그런다고 낙인이 사라지지는 않겠지만 적어도 환자를 이해하는 데에는 도움이 된다. '성격장애' 역시 마찬가지이다. '성격'이라는 말이 들어가는 순간 '아프다'는 현실은 지워지고 '결격 인간'이라는 낙인만 깊어진다. 실제로 미국에서는 성격장애들이 진단 목록에서 삭제되고 있다.

2015년 미국 스탠퍼드대학교의 타냐 루어먼 박사는 인도와 가나의 연구자들과 함께 조현병 환자의 환청을 연구해 놀라운 결과를 얻었다.[1] 가나의 환자들이 듣는 환청은 주로 신과의 대화, 삶에 대한 긍정적인 내용들이었던 반면 미국의 환자들이 듣는 환청은 자신 혹은 타인을 해하라는 내용이 대부분이었다. 인도나 가나의 환자들은 부정적인 환청을 듣는 비율이 각각 20퍼센트, 10퍼센트에 지나지 않았다. 정신질환 환자들은 사회의 병폐를 가장 예민하게 떠안는 존재들이다. 정신병동이 통념처럼 사회에 해를 끼칠 위험이 있는 환자들을 격리하는 곳이 아니라, 사회로부터 위해를 당한 영혼들을 보호하는 곳이라는 말은 이런 사실에서 비롯한다.

이 책은 남편 정천기 교수와의 공저라 해도 큰 무리가 없다. 정천기 교수는 신경외과 의사로 뇌 연구에 평생을 바쳤고 이 책에서 뇌와 관련한 부분은 남편과의 긴밀한 논의를 통해 집필했다. 책에는 마치 나 혼자만 힘들었던 것처럼 기록되어 있지만 남편이 없었다면 나는 이 어려움을 헤쳐나가지 못했을 것이다. 책을 펴내는 과정에서 많은 도움을 준 최지수, 하빛, 신채용 편집자에게도 큰 감사를 보낸다. 내가 놓쳤던 부분들을 꼼꼼하고 예리하게 보완하는 하빛 편집자와 일을 하며 우리나라의 출판사도 이제 외국의 유명 출판사에 못지않은 유능한 분들이 많다는 생각을 했다. 멋진 표지를 만들어준 이경란 님께도 감사드린다.

아이가 아프면서 많은 분들께 도움을 받았다. 홍경수 교수님, 백지현 교수님, 최정석 교수님에게 가슴에 다 담을 수도 없는 감사를 보낸다. 자신의 담당 환자도 아닌데 부모의 넋두리를 들어준 정명훈 선생님, 안용민 교수님에게도 감사한다. 큰딸을 10년 넘는 세월 동안 부모의 부족한 부분을 채워가며 돌보아준 장덕환 선생님께도 말로 다할 수 없는 감사를 드린다. 박성희 선생님께도 큰 감사를 드린다. 환자의 마음이 산산조각 날 때마다 긴 시간 동안 무한한 참을성으로 한땀 한땀 기워준 송인목 선생님에게 감사함을 표현할 말은 찾을 수조차 없다. 누구에게도 밝히기 싫은 자신들의 아픔을 열어 보인 두 딸의 용기에 무엇보다 감사한다.

책을 시작하며

1 「디어클라우드 나인, 샤이니 종현 유서 공개 "난 늘 혼자였다"」, 『MBN』 2017. 12. 19.

첫째 해: 부인과 낙관

1 최상운 『우리가 사랑한 고흐』, 샘터 2015, 317~18면.

2 Willem A. Nolen, Erwin van Meekeren, Piet Voskuil, and Willem van Tilburg, "New vision on the mental problems of Vincent van Gogh: results from a bottom-up approach using (semi-)structured diagnostic interviews," *International Journal of Bipolar Disorders* 8, 2020.

3 고흐에 대한 이상의 인용은 모두 같은 글.

4 최상운, 앞의 책 342면.

5 보건복지부 국립정신건강센터·대한신경정신의학회 「국가정신건강정보포털 질환별 정보」, https://www.mentalhealth.go.kr/portal/disease/diseaseDetail. do?dissId=25.

6 Lewis L. Judd and Hagop S. Akiskal, "The prevalence and disability of bipolar spectrum disorders in the US population: re-analysis of the ECA database

taking into account subthreshold cases," *Journal of Affective Disorders* 73(1－2), 2003.

7   Kathleen R. Merikangas, Hagop S. Akiskal, Jules Angst, Paul E. Greenberg, Robert M. A. Hirschfeld, Maria Petukhova, and Ronald C. Kessler, "Lifetime and 12-month prevalence of bipolar spectrum disorder in the National Comorbidity Survey replication," *Archives of General Psychiatry* 64(5), 2007.

8   Alize J. Ferrari et al., "Global, regional, and national burden of 12 mental disorders in 204 countries and territories, 1990-2019: a systematic analysis for the Global Burden of Disease Study 2019," *The Lancet Psychiatry* 9(2), 2022.

9   Carmen Moreno, Gonzalo Laje, Carlos Blanco, Huiping Jiang, Andrew B. Schmidt, and Mark Olfson, "National Trends in the Outpatient Diagnosis and Treatment of Bipolar Disorder in Youth," *Archives of General Psychiatry* 64(9), 2007.

10 Yoon-Sun Jung, Young-Eun Kim, Arim Kim, and Seok-Jun Yoon, "Trends in the prevalence and treatment of bipolar affective disorder in South Korea," *Asian Journal of Psychiatry* 53, 2020.

둘째 해: 먹구름

1   V. Y. Skryabin, A. A. Skryabina, M. V. Torrado, and E. A. Gritchina, "Edvard Munch: the collision of art and mental disorder," *Mental Health, Religion & Culture* 23(7), 2020.

2   뭉크에 대한 이상의 인용은 모두 Conor Bezane, "Bipolar Geniuses: Edvard Munch," https://www.conorbezane.com/thebipolaraddict/bipolar-geniuses-edvard-munch/.

3   메리 매콜리프『파리는 언제나 축제, 1918~1929』, 최애리 옮김, 현암사 2020, 176면.

4   Howard Markel, "How mental health struggles wrote Ernest Hemingway's final chapter," *PBS NEWSHOUR*, July 21, 2020; Rob Dickie, "Running From

Crazy: Exploring the Hemingway family legacy of mental illness and suicide," https://www.mhfestival.com/news/talking-heads/95-film-preview-running-from-crazy.

5 Eudie Pak, "The Many Wives of Ernest Hemingway," https://www.biography.com/news/ernest-hemingway-wives.

6 테드 창 『숨』, 김상훈 옮김, 엘리 2019, 502면.

7 "조울증을 앓는 두 아들, 그래도 감사합니다!" 「새롭게 하소서」, CBS, 2021.5.17.

8 Rafael Delerue, "The Impacts Of Repressive Culture In New Zealand," *SCOOP*, 27 July 2020.

9 Jill Sakai, "How synaptic pruning shapes neural wiring during development and, possibly, in disease," *Proceedings of the National Academy of Sciences* 117(28), 2020.

10 C. Xie et al., "A shared neural basis underlying psychiatric comorbidity," *Nature Medicine* 29(5), 2023.

11 Laura Starecheski, "Take The ACE Quiz? And Learn What It Does And Doesn't Mean," https://www.npr.org/sections/health-shots/2015/03/02/387007941/take-the-ace-quiz-and-learn-what-it-does-and-doesnt-mean.

12 C. Christ, M. Ten Have, R. de Graaf, D. J. F. van Schaik, M. J. Kikkert, J. J. M. Dekker, and A. T. F. Beekman, "Mental disorders and the risk of adult violent and psychological victimisation: a prospective, population-based study," *Epidemiology and Psychiatric Sciences*, 17 January 2019.

13 Celso Arango et al., "Risk and protective factors for mental disorders beyond genetics: an evidence-based atlas," *World Psychiatry* 20(3), 2021.

14 Emily Stella Scott, Catarina Canivet, and Per-Olof Östergren, "Investigating the effect of social networking site use on mental health in an 18-34 year-old general population: a cross-sectional study using the 2016 Scania Public

Health Survey," *BMC Public Health* 20, 2020.

15 Philippe Verduyn, David Seungjae Lee, Jiyoung Park, Holly Shablack, Ariana Orvell, Joseph Bayer, Oscar Ybarra, John Jonides, and Ethan Kross, "Passive Facebook usage undermines affective well-being: Experimental and longitudinal evidence," *Journal of Experimental Psychology General* 144(2), 2015; Hayeon Song, Anne Zmyslinski-Seelig, Jinyoung Kim, Adam Drent, Angela Victor, Kikuko Omori, and Mike Allen, "Does Facebook make you lonely?: A meta analysis," *Computers in Human Behavior* 36, 2014; Ethan Kross, Philippe Verduyn, Emre Demiralp, Jiyoung Park, David Seungjae Lee, Natalie Lin, Holly Shablack, John Jonides, and Oscar Ybarra, "Facebook use predicts declines in subjective well-being in young adults," *PLoS One* 8(8), 2013, 12번 참고문헌 참조.

16 Mary Sherlock and Danielle L. Wagstaff, "Exploring the relationship between frequency of instagram use, exposure to idealized images, and psychological well-being in women," *Psychology of Popular Media Culture* 8(4), 2018; Katerina Lup, Leora Trub, and Lisa Rosenthal, "Instagram #instasad?: exploring associations among instagram use, depressive symptoms, negative social comparison, and strangers followed," *Cyberpsychology, Behavior, and Social Networking* 18(5), 2015; Natalia Macrynikola, Emelyn Auad, Jose Menjivar, and Regina Miranda, "Does social media use confer suicide risk? A systematic review of the evidence," *Computers in Human Behavior Reports* 3, 2021.

17 지아 톨렌티노 『트릭 미러』, 노지양 옮김, 생각의힘 2021, 59~60면.

18 Jean Twenge, "How Much Is Social Media to Blame for Teens' Declining Mental Health?," Institute for Family Studies, April 11, 2022.

19 「무엇이 20대 여성을 절박하게 하나 … 급증하는 극단선택」, 『연합뉴스』 2021. 10. 1; 「20대 여성 자살률, 전연령대 통틀어 가장 높아」, 『GOOD NEWS』 2021. 10. 1.

20 「20대 여성의 고통은 사회적이라는 데서 출발해야 한다」, 『한겨레』 2020. 12. 3.

21 「코로나19: 일본에서 코로나 이후 여성 자살이 급격히 늘어난 까닭」, 『BBC NEWS 코리아』 2021. 2. 18.

22 「'조용한 학살', 20대 여성들은 왜 점점 더 많이 목숨을 끊나」, 『한겨레』 2020. 11. 13.

23 같은 글.

24 Constance Jensina Ulff-Møller, Anders Jørgen Svendsen, Louise Nørgaard Viemose, and Søren Jacobsen, "Concordance of autoimmune disease in a nationwide Danish systemic lupus erythematosus twin cohort," *Seminars in Arthritis and Rheumatism* 47(4), 2017; J. Kaprio, J. Tuomilehto, M. Koskenvuo, K. Romanov, A. Reunanen, J. Eriksson, J. Stengård, and Y. A. Kesäniemi, "Concordance for type 1 (insulin-dependent) and type 2 (non-insulin-dependent) diabetes mellitus in a population-based cohort of twins in Finland," *Diabetologia* 35(11), 1992.

25 Tuula Kieseppä, Timo Partonen, Jari Haukka, Jaakko Kaprio, and Jouko Lönnqvist, "High concordance of bipolar I disorder in a nationwide sample of twins," *American Journal of Psychiatry* 161(10), 2004; Rikke Hilker, Dorte Helenius, Birgitte Fagerlund, Axel Skytthe, Kaare Christensen, Thomas M. Werge, Merete Nordentoft, and Birte Glenthø, "Heritability of Schizophrenia and Schizophrenia Spectrum Based on the Nationwide Danish Twin Register," *Biological Psychiatry* 83(6), 2017; Paolo Fusar-Poli, Oliver Howes, Andreas Bechdolf, and Stefan Borgwardt, "Mapping vulnerability to bipolar disorder: a systematic review and meta-analysis of neuroimaging studies," *Journal of Psychiatry & Neuroscience* 37(3), 2012.

26 Elizabeth Landau, "Hemingway family mental illness explored in new film," CNN, January 23, 2013.

27 마리엘 헤밍웨이에 대한 이상의 인용은 모두 같은 글.

28 "America's Children: Key National Indicators of Well-Being, 2021," https://

www.childstats.gov/americaschildren21/health4.asp.

셋째 해: 삶의 증발

1 Tony Sokol, "Netflix's Hollywood and The Real History of Vivien Leigh," *Den of Geek*, May 2, 2020.

2 "Bipolar Personality Disorders Case Study Examples," https://www.wowessays. com/free-samples/bipolar-personality-disorders-case-study-examples/.

3 Drew Barrymore, *Little Girl Lost*, Atria 1990, 3면.

4 같은 책 5면.

5 B. M. von Holdt et al., "Structural variants in genes associated with human Williams-Beuren syndrome underlie stereotypical hypersociability in domestic dogs," *Science Advances* 3(7), 2017.

6 Marie T. Banich/Rebecca J. Compton 『인지 신경과학』, 3판, 김명선·강은주· 강연욱·김현택 옮김, 박학사 2014, 25~26면.

7 대한의학회 『제23차 신경해부학 통합강좌』, 2012, 172면.

8 같은 책 15면.

9 매튜 코브 『뇌 과학의 모든 역사』, 이한나 옮김, 심심 2021, 397면.

10 바버라 립스카·일레인 맥아들 『나는 정신병에 걸린 뇌과학자입니다』, 정지인 옮김, 심심 2019, 331면.

11 매튜 코브, 앞의 책 336~37면.

12 Paul M. Thompson et al., "ENIGMA and global neuroscience: A decade of large-scale studies of the brain in health and disease across more than 40 countries," *Translational Psychiatry* 10, 2020.

13 Tadafumi Kato, "Current understanding of bipolar disorder: Toward integration of biological basis and treatment strategies," *Psychiatry and Clinical Neurosciences* 73(9), 2019.

14 정천기 외 『사람 뇌의 구조와 기능』, 범문에듀케이션 2014, 18장.

15 Bo Bi, Dongfang Che, and Yuyin Bai, "Neural network of bipolar disorder:

Toward integration of neuroimaging and neurocircuit-based treatment strategies," *Translational Psychiatry* 12, 2022.

16 Wu Jeong Hwang, Yoo Bin Kwak, Kang Ik K. Cho, Tae Young Lee, Harin Oh, Minji Ha, Minah Kim, and Jun Soo Kwon, "Thalamic Connectivity System Across Psychiatric Disorders: Current Status and Clinical Implications," *Biological Psychiatry Global Open Science* 2(4), 2022.

넷째 해: 폭풍 치는 밤바다

1 "Jimi Hendrix: Famous Bipolar Musician," http://www.famousbipolarpeople.com/jimi-hendrix.html.

2 Charles R. Cross, "'Cobain On Cobain' has some new Nirvana bon mots," *The Seattle Times*, 24 February 2016.

3 Michael Azerrad, "Inside The Heart And Mind Of Kurt Cobain," *Rolling Stone*, 16 April 1992.

4 "Kurt Cobain," https://en.wikipedia.org/wiki/Kurt_Cobain.

5 「"가족 연락하고 싶은데 아무도 안 도와줘요" 어느 정신요양원의 추석」, 『한겨레』 2017. 9. 30.

6 Michael S. Roth, "President Richard Nixon and LSD guru Timothy Leary, crazy in their own ways," *The Washington Post*, January 12, 2018.

7 Anderson Cooper, "Psilocybin Sessions: Psychedelics could help people with addiction and anxiety," CBS NEWS, August 16, 2020.

8 Roland R. Griffiths, Matthew W. Johnson, William A. Richards, Brian D. Richards, Robert Jesse, Katherine A. MacLean, Frederick S. Barrett, Mary P. Cosimano, and Maggie A. Klinedinst, "Psilocybin-occasioned mystical-type experience in combination with meditation and other spiritual practices produces enduring positive changes in psychological functioning and in trait measures of prosocial attitudes and behaviors," *Journal of Psychopharmacology* 32(1), 2017.

9 Song Y, Rhee SJ, Lee H, Kim MJ, Shin D, and Ahn YM, "Comparison of Suicide Risk by Mental Illness: a Retrospective Review of 14-Year Electronic Medical Records," *Journal of Korean medical science* 35(47), 2020.

10 Louise Brådvik "Suicide Risk and Mental Disorders," *International Journal of Environmental Research and Public Health* 15(9), 2018.

11 「가족 떠난 뒤 지옥이 된 집 … 자살 유가족에게 새로운 희망 움트도록」, 『한겨레』 2022. 4. 19.

12 Peter Dome, Zoltan Rihmer, and Xenia Gonda, "Suicide Risk in Bipolar Disorder: A Brief Review," *Medicina* 55(8), Kaunas 2019.

13 마르셀 랑어데이크 『동생이 안락사를 택했습니다』, 유동익 옮김, 꾸리에 2020, 19면.

14 같은 책 216면.

15 마르치오 바르발리 『자살의 사회학』, 박우정 옮김, 글항아리 2017, 129면.

16 Lesley Stahl, "Scientists are using MRI scans to reveal the physical makeup of our thoughts and feelings," CBS News, November 24, 2019.

17 Favazza, A. R., "The coming age of self-mutilation," *Journal of Nervous & Mental Disease* 186(5), 1998.

18 Annarosa Cipriano, Stefania Cella, and Paolo Cotrufo, "Nonsuicidal Self-injury: A Systematic Review," *Frontiers in Psychology* 8, 2017.

19 Sally McManus, David Gunnell, Claudia Cooper, Paul E. Bebbington, Louise M. Howard, Traolach Brugha, Rachel Jenkins, Angela Hassiotis, Scott Weich, and Louis Appleby, "Prevalence of non-suicidal self-harm and service contact in England, 2000-14: repeated cross-sectional surveys of the general population," *The Lancet Psychiatry* 6(7), 2019.

20 「10대 청소년 자해 등 극단적 선택 매년 35.61% 증가」, 『헬스조선』 2022. 6. 24.

21 Ulrich W. Preuss, Martin Schaefer, Christoph Born, and Heinz Grunze, "Bipolar Disorder and Comorbid Use of Illicit Substances," *Medicina* 57(11), Kaunas 2012.

22 Jerome Sarris, Justin Sinclair, Diana Karamacoska, Maggie Davidson, and Joseph Firth, "Medicinal cannabis for psychiatric disorders: a clinically-focused systematic review," *BMC Psychiatry* 20, 2020; Rabia Khan, Sadiq Naveed, Nadeem Mian, Ania Fida, Muhammad Abdur Raafey, and Kapil Kiran Aedma, "The therapeutic role of Cannabidiol in mental health: a systematic review," *Journal of Cannabis Research* 2, 2020.

다섯째 해: 있는 힘껏 병을 끌어안아보기

1 https://www.goodreads.com/author/quotes/6765.Virginia_Woolf.

2 https://www.sparknotes.com/lit/dalloway/quotes/character/septimus-warren-smith/.

3 버지니아 울프 『댈러웨이 부인』, 정명희 옮김, 솔 2019, 34면.

4 베로니카 오킨 『오래된 기억들의 방』, 김병화 옮김, RHK 2022, 62면.

5 Stephen Trombley, *Virginia Woolf and Her Doctors*, Thesis submitted to the University of Nottingham for the degree of Doctor of Philosophy, October, 1980, 130면.

6 버지니아 울프 『자기만의 방』, 오진숙 옮김, 솔 2019, 20면.

7 "Women's History Month: The Rose Remembers Virginia Woolf and Sylvia Plath," March 31, 2021, https://scholarblogs.emory.edu/marbl/2021/03/31/womens-history-month-the-rose-remembers-virginia-woolf-and-sylvia-plath/.

8 Sally Brown and Clare L. Taylor, "Plath [married name Hughes], Sylvia," Oxford Dictionary of National Biography, 1 September 2017, https://www.oxforddnb.com/view/10.1093/ref:odnb/9780198614128.001.0001/odnb-9780198614128-e-37855.

9 Attila Németh, "Psychiatric disorder of Sylvia Plath," *Psychiatria Hungarica* 34(2), 2019.

10 수 클리볼드 『나는 가해자의 엄마입니다』, 홍한별 옮김, 반비 2016, 280면.

11 이주현『삐삐언니는 조울의 사막을 건넜어』, 한겨레출판 2020, 198면.

12 "7 Tips To Explain a Bipolar Diagnosis To Your Child," https://www.bphope. com/kids-children-teens/7-tips-to-explain-a-bipolar-diagnosis-to-your-child/.

13 제럴드 J. 크리스먼·할 스트라우스『내 속에는 내가 너무 많다』, 공민희 옮김, 센추리원 2015, 6~7면.

14 폴 메이슨·랜디 크레거『잡았다, 네가 술래야』, 김명권·정유리 옮김, 모멘토 2007, 14면.

15 같은 책 58~59면.

16 하미나『미쳐 있고 괴상하며 오만하고 똑똑한 여자들』, 동아시아 2021, 266면.

17 키라 밴 겔더『키라의 경계성 인격장애 다이어리』, 서민아 옮김, 필로소픽 2016, 88~89면.

18 Katie Wright, "Harry opens up about panic attacks: why do they happen?," *INDEPENDENT*, 10 January 2023.

19 Michael G. Gottschalk and Katharina Domschke, "Genetics of generalized anxiety disorder and related traits," *Dialogues in Clinical Neuroscience* 19(2), 2017.

20 「5년 새 청소년 우울증·불안장애 환자 최대 127% 급증」,『약사공론』 2022. 6. 24.

21 Morris G, Stubbs B, Köhler CA, Walder K, Slyepchenko A, Berk M, Carvalho AF. "The putative role of oxidative stress and inflammation in the pathophysiology of sleep dysfunction across neuropsychiatric disorders: Focus on chronic fatigue syndrome, bipolar disorder and multiple sclerosis." *Sleep Medicine Reviews* 41, 2018.

22 Safadi JM, Quinton AMG, Lennox BR, Burnet PWJ, Minichino A, "Gut dysbiosis in severe mental illness and chronic fatigue: a novel trans-diagnostic construct? A systematic review and meta-analysis," *Molecular Psychiatry* 27(1), 2022.

여섯째 해: 다시 삶으로

1 Carol Breckenridge, "Leading Churchill Myths: The Myth of the 'Black Dog'," International Churchill Society, https://winstonchurchill.org/publications/finest-hour/finest-hour-155/the-myth-of-the-black-dog/.

2 "A Point of View: Churchill, chance and the 'black dog'," BBC, 23 September 2011.

3 Nassir Ghaemi, "Winston Churchill and his 'black dog' of greatness," The Conversation, January 23, 2015.

4 뇌과학 분야의 베스트셀러들의 서지사항은 다음과 같다. 박원명·김찬형『임상신경정신약물학』, 시그마프레스 2019; 매튜 코브『뇌 과학의 모든 역사』, 이한나 옮김, 심심 2021; 앨릭스 코브『우울할 땐 뇌 과학』, 정지인 옮김, 심심 2018; 디크 스왑『세계를 창조하는 뇌, 뇌를 창조하는 세계』, 전대호 옮김, 열린책들 2021; 장 디디에 뱅상『뇌 한복판으로 떠나는 여행』, 이세진 옮김, 북하우스 퍼블리셔스 2010; 승현준『커넥톰, 뇌의 지도』, 신상규 옮김, 김영사 2014; 엘리에저 스턴버그『뇌가 지어낸 모든 세계』, 조성숙 옮김, 다산북스 2019.

우리는 모두 정신질환자이다: 신경 다양성으로 바라보는 세상

1 「성인 27.8% 평생 한번 이상 정신건강 문제 경험」,『MEDICAL observer』2021. 12. 27.

2 「박용진 의원 망언(妄言), "조현병 환자 위험하니 경찰이 관리해야"」,『마인드 포스트』2018. 8. 24.

3 존 풋『정신병원을 폐쇄한 사람』, 권루시안 옮김, 문학동네 2020, 246면.

4 같은 책 462면.

5 같은 책 491면.

6 「어떤 의사의 죽음, 그후 1년」,『시사IN』2020. 1. 10.

7 "Bipolar Disorder and Social Security Disability," Disability Benefits Help, https://www.disability-benefits-help.org/disabling-conditions/bipolar-

disorder-and-social-security-disability.

8 "Understanding Your VA Rating for Bipolar Disorder," https://www.veteranslaw.com/disability-ratings/va-rating-for-bipolar-disorder/.

9 「雙極性感情障害の障害年金事例と認定基準」, 障害年金研究室, 2022. 9. 16, https://shougainenkin-labo.jp/archives/2110.

10 "How a Tragic Childhood Lifted Elon Musk to the Top," https://www.youtube.com/watch?v=O7XkUSETXT4; "Elon Musk's father recalls Tesla chief's 'unusual' childhood, says his son dreamt of becoming a millionaire when he was young," *The Economic Times*, Jun 2, 2022.

11 「'우영우'는 무엇을 위한 판타지일까」, 『미디어오늘』 2022. 7. 14.

12 Amy E. Margolis et al., "Estimated Prevalence of Nonverbal Learning Disability Among North American Children and Adolescents," *JAMA Network Open* 3(4), 2020.

13 Nicole Baumer and Julia Frueh, "What is neurodiversity?," Harvard Health Blog, November 23, 2021, https://www.health.harvard.edu/blog/what-is-neurodiversity-202111232645.

14 https://my.clevelandclinic.org/health/symptoms/23154-neurodivergent.

15 김규항 「88만원 세대와 88억 세대」, 『경향신문』 2015. 2. 16.

16 박성원 「청년세대가 미래를 기대하지 않는 이유」, 『한겨레』 2023. 3. 19.

17 엄기호 『단속사회』, 창비 2014, 9~10면.

맺음말

1 T. M. Luhrmann, R. Padmavati, H. Tharoor, and A. Osei, "Differences in voice-hearing experiences of people with psychosis in the U.S.A., India and Ghana: interview-based study," *The British Journal of Psychiatry* 206(1), 2015.